Aus dem Programm
Huber: Psychologie Sachbuch

Inge Strauch
Barbara Meier

Den Träumen auf der Spur

Ergebnisse der
experimentellen Traumforschung

Verlag Hans Huber
Bern Göttingen Toronto Seattle

Die Deutsche Bibliothek – CIP-Einheitsaufnahme

Strauch, Inge:
Den Träumen auf der Spur : Ergebnisse der experimentellen
Traumforschung / Inge Strauch ; Barbara Meier. – 1. Aufl. –
Bern ; Göttingen ; Toronto : Huber, 1992
  (Huber-Psychologie-Sachbuch)
  ISBN 3-456-82127-1
NE: Meier, Barbara:

1. Auflage 1992
© 1992 Verlag Hans Huber, Bern
Druck: Hubert & Co., Göttingen
Printed in Germany

/ 0041 -31- 312 1414

Inhaltsverzeichnis

Vorwort

Dieses Buch richtet sich an Leser, die in Ergänzung zu ihrer eigenen Traumerfahrung genauer wissen möchten, wie die Welt der Träume allgemein beschaffen ist. Wir geben einen Einblick in die Methoden und Ergebnisse der Traumforschung und unternehmen den Versuch, die Erscheinungsweise der Träume umfassend darzustellen. Wir beschreiben ausführlich, mit welchen Gestaltungsmitteln Träume ihre Themen umsetzen, wie sich Träume in ihren Inhalten auffächern, woher sie ihre Bausteine nehmen und wie Träume in den Schlafverlauf und die Wacherfahrung eingebettet sind.

Unsere Aussagen über den Traum beruhen auf der Auswertung von Träumen, die wir im Schlaflabor unter standardisierten Bedingungen erhoben haben. Die Träumer waren vorwiegend junge Erwachsene, die mehrere Nächte im Labor verbrachten und mehrfach aus dem Schlaf aufgeweckt und nach ihren Träumen befragt wurden.

Wir verfolgen die verschiedenen Aspekte der Traumerfahrung, indem wir uns in erster Linie auf die Ergebnisse eigener Untersuchungen stützen. Die vielen Arbeiten, die Traumforscher in den letzten 35 Jahren veröffentlicht haben, können wir nicht in vollem Umfang referieren, wir haben aber einzelne Studien ausgewählt, um die Entwicklung der Traumforschung aufzuzeigen und um die ganze Breite der Fragestellungen zum Traum zu veranschaulichen.

In unserem Forschungsansatz beschäftigen wir uns damit, wie Träume sind und wie die Traumerfahrung allgemein charakterisiert werden kann. Demgegenüber tritt der persönliche Sinngehalt, der aus einem Traum gedeutet werden kann, in den Hintergrund, weil wir uns hier in einen Bereich des Traumerlebens begeben, der nur individuell dargestellt werden kann und sich darüber hinaus einem experimentellen Zugriff entzieht.

Die Träume, die in diesem Buch Grundlage unserer Auswertung sind, wurden größtenteils im Rahmen von Lizentiatsarbeiten erhoben. Je nach Fragestellung wurden weitere Informationen zu den Träumen eingeholt oder spezielle Codierverfahren erprobt, die wir zum Teil ebenfalls in unsere Darstellungen einbezogen haben. Wir danken Renata Ackermann, Myriam Borioli, Regula Brändli, Jean-

7

Martin Büttner, Micha Gross, Sonia Hofer, Richard Korbel, Ulrike Kunz, Ariane Loepfe, Mario Marques, Ursula Niederer, Thomas Sacher, Roberto Saredi, Michael Spitz, Stephan Stauffer, Beat Steiger, Fränzi Straumann und Doris Waldvogel, die die Träumer im Schlaflabor betreut haben. Sie alle haben im Laufe der Jahre dazu beigetragen, eine große Zahl von Träumen zu sammeln und unsere Traumdatenbank zu füllen.

Ganz besonders danken wir Lotte Böhringer für ihre aufmerksame und hilfreiche Durchsicht des Manuskripts.

Eine Annäherung
an das Thema Traum

Über den Traum ist schon viel nachgedacht, gesagt und geschrieben worden. Das Thema Traum ist unerschöpflich, weil die Vielfalt der Träume unbegrenzt ist, es ist anregend, weil wir nicht wissen, wie Träume entstehen und es ist schließlich herausfordernd, weil es bis heute noch keine eindeutige Antwort auf die Frage gibt, warum wir träumen. Darüber hinaus sind Träume aber auch besonders faszinierend, weil sie den Einblick in eine Erlebniswelt eröffnen, in der wir losgelöst vom Wachzustand ein zweites Leben zu führen scheinen. Wir schaffen uns in den Träumen eine eigene Welt, in der wir Erfahrungen machen, die wir als ebenso wirklich erleben wie unsere Existenz im Wachzustand.

Träume sind ganz persönliche Erlebnisse, nur der Träumer selbst erlebt seinen Traum. Auch wenn wir träumend mit unserer Umwelt in Beziehung treten, teilen wir nur scheinbar unsere Erfahrungen mit anderen Menschen. Erst wenn wir uns rückblickend an den Traum erinnern und ihn nach dem Aufwachen berichten, können wir ihn in die Wachwelt einbeziehen. Träume gehören zwar ganz der Privatsphäre an, sie sind aber auch immer auf die Gemeinschaft bezogen, da alle Menschen träumen und die Träume den Menschen und seine Welt zum Gegenstand haben.

Viele weitverbreitete Vorstellungen über die Erscheinungsweise der Träume sind von der Alltagserfahrung geprägt. Im individuellen Erleben beeindruckt in erster Linie das Ungewöhnliche, und so sind es gerade die auffallenden Merkmale der Träume, die wir im täglichen Leben beachten und die unser Interesse an ihnen wachhalten.

Welche besonderen Merkmale machen Träume so interessant?

Träume sind für uns immer wieder eine Überraschung, können wir doch nicht vorhersagen, ob sie sich einstellen, wann sie auftreten und womit sie sich beschäftigen. Auch wenn allein der Träumer der Erfinder seines Traums ist, so ist er doch ein unbewußter, nichtwissender Gestalter, da er das Traumthema nicht auswählen und auch das Erinnern seines Traums nicht willentlich herbeiführen kann. Der Traum entzieht sich der bewußten Kontrolle und geschieht gleichsam ohne unser Zutun, daher haben auch viele Menschen Mühe sich vorzustellen, daß sie die Urheber ihrer Träume sind.

Träume versetzen uns dann in Erstaunen, wenn ihre Inhalte und ihr Verlauf nicht mit unserer wachen Welt übereinstimmen: Es treten Personen und Gegenstände auf, denen wir unseres Wissens noch nie in Wirklichkeit begegnet sind, wir können mit Menschen sprechen, die jahrelang aus unserem Gesichtskreis entschwunden sind, wir befinden uns an unbekannten Orten, bewegen uns ohne Einschränkung in Raum und Zeit oder wir verhalten uns auf eine Art und Weise, die uns im Wachen befremden würde. Solche vom Wacherleben und Wachverhalten abweichenden Merkmale sind gemeint, wenn von dem bizarren Charakter der Träume gesprochen wird.

Träume beeindrucken uns auch dann besonders nachhaltig, wenn das Traumgeschehen einen dramatischen Verlauf nimmt und wenn wir gefühlsmäßig stark beteiligt sind. Wir können in Träumen in die abenteuerlichsten Begebenheiten verwickelt sein, wechselnde Situationen in rascher Folge durchleben und im Mittelpunkt von Ereignissen stehen, die sich dramatisch zuspitzen. Träume können von intensiver Freude und Glücksgefühlen begleitet sein oder sich so bedrohlich entwickeln, daß wir voller Angst aus dem Traum erwachen und alle Anzeichen körperlicher Erregung spüren.

Bei weitem aber das Auffallendste am Traum ist das ihm eigene Wirklichkeitsbewußtsein. Erst nach dem Erwachen erweist sich der Traum als ein während des Schlafs phantasiertes Erleben. Detlev von Uslar hat in seinem Buch ‚Der Traum als Welt' (1964) diese Eigentümlichkeit des Phänomens Traum eingehend beschrieben. Er sieht den Traum zunächst als eine eigene Seinsweise an, als eine wirkliche Welt, in der sich der Träumer befindet. Erst mit dem Erwachen vollzieht sich die Wandlung, der Umschlag, indem das Erleben während des Schlafs nachträglich als Traum, als eine ‚nicht

10

wirkliche' Welt, erkannt wird. Diese zweite Sichtweise liegt auch dem Wort Traum zugrunde, das aus dem germanischen ,draugma' = Trugbild hervorgegangen ist.

Für viele Menschen schließlich haben Träume vor allem deshalb eine große Anziehungskraft, weil aus ihnen eine Bedeutung erschlossen werden kann, die sich sinnvoll in das Wacherleben einordnen läßt. Träume lassen sich verstehen und deuten als Aussagen über die aktuelle Lebenssituation, als Versuche, die Vergangenheit zu verarbeiten und als Ausdruck von Hoffnungen und Befürchtungen, die sich auf die Zukunft richten. Mit einer Deutung der Träume gewinnen wir Einblick in Bereiche unserer Person, die uns im Wachen nicht notwendig bewußt und zugänglich sein müssen.

Wie ist der Traum zu definieren?

Die Frage, wie Träume zu umschreiben sind, ist gar nicht so leicht zu beantworten, wenn man länger über sie nachdenkt. Träume sind zwar ein Alltagsphänomen und jedermann hat eine Vorstellung davon, was ein Traum ist, aber im Grunde ist eine Definition des Traums nur einfach und eindeutig, wenn wir uns mit der Feststellung begnügen, daß es sich um das Erleben während des Schlafs handelt. Diese weite und allgemeine Umschreibung geht von dem Bewußtseinszustand aus, in dem wir träumen, sie macht aber noch keine Aussagen über die Art und das Wesen der Träume.

Das Kriterium des Bewußtseinszustands unterteilt Schlaf- und Wacherleben relativ zweifelsfrei, während eine Bestimmung des Traums, die von seinem Inhalt und seiner Qualität ausgeht, weniger scharf trennt, da auch außerhalb des Schlafzustands traumartige Phänomene auftreten können. So ist beispielsweise der Tagtraum ein Erleben im Wachzustand, das mit dem Traum qualitativ verwandt sein kann. Genauso wie Vorstellungen im Wachzustand traumartig sein können, gibt es aber auch gedankenartiges Erleben während des Schlafs, das nicht die traumhaften Merkmale aufweist, die üblicherweise von einem Traum erwartet werden.

Die folgenden Beispiele sollen einen ersten Einblick in die qualitative Vielfalt der Träume geben. Bei allen drei Berichten handelt es sich um Träume, die eine 23-jährige Studentin im Zeitraum von vier Tagen am Morgen nach dem Aufwachen in ihr Traumtagebuch eingetragen hat.

„Am Rathaus-Platz ist in Richtung Bahnhof eine Grenzstation. Ein Zollbeamter steht dort, Leute passieren ihn, die er ab und zu kontrolliert. Ich höre von Umstehenden, daß neuerdings die Grenzübertritte aufgelockert seien, man könne ganz gut schmuggeln. Ich nähere mich dem Beamten und frage ihn, wie oft er die Leute durchsuche. Er antwortet, meist durchsuche er jeden fünften. Ich denke mir, daß unter diesen Umständen das Schmuggeln doch eine riskante und unsichere Sache sei."

„Ich gehe mit mehreren Leuten am Rheinufer spazieren. Wir wollen nach Breisach. Der Weg ist noch weit, man sieht nur Flußlandschaft und in der Ferne ein Dorf. Das Ufer ist feucht, hier scheint eine Überschwemmung gewesen zu sein. Ich gehe als erste. Ich höre, wie meine Freundin Rita aufschreit, hinter ihr ist die Böschung eingebrochen und sie wäre fast den Hang heruntergerutscht. Sie geht noch einmal zurück, blickt lachend nach unten, beugt sich aber zu weit vor und rutscht nun wirklich ab. Ich gehe auch zurück und lache sie aus, wie sie dort hilflos im Schmutz sitzt, doch ehe ich mich recht versehe, geben auch meine Füße nach und ich lande neben ihr."

„Irgendein Verbrechen, das mit mir zusammenhängt, ist geschehen. Alles wiegt sich schon in Sicherheit, aber die Beweiskette muß geschlossen werden. Ein großer Schäferhund, der mein Vertrauter ist, führt mich durch einen dunklen Wald, es geht steil bergan, ich komme nur langsam mit. Wir suchen neue Spuren der Täter. Da findet der Hund triumphierend das kleine Ei, das irgendwie mit der Sache zusammenhängt. Ich lobe ihn und wir schleichen weiter. Ich sehe eine Schattengestalt, die meinen Weg kreuzt und nach rechts verschwindet. Urplötzlich steht ein anderer vor mir. Im aufzuckenden Feuer erkenne ich einen blauen Matrosen. Ich lasse mich fallen und täusche vor, tödlich getroffen zu sein, halte die Luft an. Ich weiß, daß der Matrose nur französisch spricht und suche verzweifelt nach Vokabeln. Noch einmal blitzt das Feuer auf, ich habe große Angst."

Der erste Traum wirkt alltäglich und realitätsnah. Er hat zwar eine ‚Grenzsituation' zum Thema, die aber nicht besonders dramatisch ist und in der auch keine Ungereimtheiten auffallen. Die Träumerin verhält sich bei ihrem Grenzübergang angemessen und sie denkt vernünftig. Es könnte sich hier um eine Begebenheit handeln, die tatsächlich stattgefunden hat, obwohl Zollbeamte in Wirklichkeit vielleicht nicht so bereitwillig über ihre Tätigkeit Auskunft geben. Es könnte sich aber auch um eine Szene handeln, die sich die Studentin im Wachen ausmalte, als sie mit dem Gedanken des Schmuggelns spielte. Allerdings ist das Bühnenbild dieses Traums dennoch ungewöhnlich, was erst durch eine Zusatzinformation aufgedeckt wird. Der Platz, auf dem sich der Traum abspielte, befand sich mitten in einer Stadt, in der die Träumerin lebt, und dort ist in Wirklichkeit gar keine Zollstation. Hier ist also in den Traum ein bizarres Element eingebaut, das sich auf die Räumlichkeit der Szenerie bezieht.

Der zweite Traum ist zwar schon phantasievoller als das erste

Beispiel, doch könnte sich ein solches Mißgeschick mit Freunden nicht auch im Wachen bei einem Spaziergang nach einer regenreichen Zeit abgespielt haben? Einerseits wäre das durchaus denkbar, andererseits ist es etwas merkwürdig, wie plötzlich im Traum die Böschung einbricht. Dieser Vorfall wird durch das feuchte Ufer zwar angekündigt, trifft die Traumpersonen aber unvorbereitet. Ein zweites ungewöhnliches Element wird wiederum erst durch eine ergänzende Information zum Traum aufgespürt. Die Freundin Rita, die als erste den Hang herunterrutscht, ist eine Schulfreundin, die die Träumerin seit einigen Jahren nicht mehr gesehen hat und die zudem immer an einem anderen Ort lebte. Hier wurden im Traum Elemente, die räumlich und zeitlich nicht miteinander verbunden sind, zusammengefügt.

Den dritten Bericht würden wir wohl am leichtesten als Traum einordnen, weist er doch die prägnanten Merkmale auf, die gewöhnlich von Träumen erwartet werden: Er hat zum Thema ein geheimnisvolles Verbrechen, dem die Träumerin in Begleitung eines kundigen Hundes auf die Spur kommen muß. Im Verlauf der abenteuerlichen Suche passieren merkwürdige Dinge. Die Handlung nimmt einen dramatischen Verlauf in der Begegnung mit dem Schatten und dem bedrohlichen Matrosen. Das Geschehen steigert sich zu einem angstvollen Höhepunkt, als die Träumerin selbst fürchten muß, Opfer eines Anschlags zu werden und nur mit einem Totstellreflex ausweichen kann. In diesem Traum beeindruckt die mythologische Darstellung, die über die gleichnishafte Abbildung einer Lebenslage hinausgeht, indem sie in symbolhafter Verdichtung eine existentielle Situation der Selbstfindung zum Ausdruck bringt.

In diesen Beispielen sind bereits die facettenreichen Vorstellungen und Gedanken angedeutet, die sich während des Schlafs einstellen können. Gemeinsam ist diesen Träumen eine szenische und geschehensorientierte Ausgestaltung und daß die Träumerin sie im Augenblick des Erlebens für wirklich gehalten hat. Die drei Träume sind aber, obwohl sie von derselben Person innerhalb kurzer Zeit erinnert wurden, sehr verschieden im Ausmaß ihrer Traumhaftigkeit und in der Dramatik ihres Ablaufs. Sie veranschaulichen daher auch, wie schwierig es ist, eine Definition zu finden, die die ganze qualitative Vielfalt der Träume umfaßt.

Der amerikanische Traumforscher Calvin Hall, der von vielen Menschen Hunderte von Träumen gesammelt und klassifiziert hat, versucht in seinem Buch ‚The meaning of dreams', mit einer vorsichtigen Definition formale und inhaltliche Merkmale des Traumerlebens auf den ‚größten gemeinsamen Nenner' zu bringen:

> „Der Traum stellt eine Folge vorwiegend visueller Bilder dar, die während des Schlafs erlebt werden. Ein Traum hat gewöhnlich eine oder mehrere Szenen, außer dem Träumer noch mehrere Personen und eine Folge von Handlungen und Interaktionen, an denen der Träumer meist beteiligt ist. Der Traum ähnelt einem Film oder einem Drama, in dem der Träumer sowohl Beteiligter als auch Beobachter ist." (*Übersetzung d. Verf.*, 1953, p. 2–3)

Hall hat hier nicht die Herkunft und die Bedeutung des Traums angesprochen, sondern er hat versucht, allgemeine Aussagen über die Erscheinungsweise der Träume zu machen, die sich auf ihre Struktur und ihre Inhaltsklassen beziehen. Ein Vorzug einer solchen deskriptiven Definition liegt darin, daß sie direkt am Phänomen überprüft werden kann. Wir können untersuchen, ob die von Hall festgelegten Traumkennwerte notwendig oder sogar hinreichend sind, um Träume umfassend zu bestimmen.

Welche Zugänge zum Traum haben sich eröffnet?

Die beiden Fragen ‚Woher kommt der Traum?' und ‚Welche Bedeutung haben Träume?' sind über die Jahrhunderte hinweg verfolgt worden und es wurden immer wieder neue Antworten vorgeschlagen. Alle diese Traumtheorien waren von Anfang an verknüpft mit den jeweiligen philosophischen und psychologischen Vorstellungen über den Menschen und seine Welt und über den Zusammenhang zwischen Leib und Seele. Widersprechende Aussagen über Entstehung und Bedeutung der Träume polarisieren sich beispielsweise in den Auffassungen, daß Träume körperlichen Ursprungs sind (‚Träume kommen aus dem Magen') oder auf psychische Quellen zurückgehen (‚Träume sind die Sprache der Seele'), daß ihnen Sinnhaftigkeit (‚Träume spiegeln die unbewußten Motive') oder Bedeutungslosigkeit (‚Träume sind Schäume') zugesprochen wird.

Da gegensätzliche Hypothesen über Herkunft und Bedeutung des Traums stets gleichzeitig existierten, läßt sich ein Wandel in der Auffassung des Traums nicht eindeutig in kulturgeschichtliche Phasen einordnen. So hat bereits Aristoteles der verbreiteten Vorstellung seiner Zeit, Träume seien Botschaften der Götter und Dämonen, die Aussage gegenübergestellt, sie könnten ebenso gut aus ‚Bewegungen der Sinnesorgane' entstehen. Ein vergleichbarer Gegensatz in bezug

14

auf die Herkunft des Traums findet sich auch noch in der heutigen Zeit. Träume entstehen nach Ansicht der Neurophysiologen Allan Hobson und Robert McCarley (1977) aufgrund von zufälligen Aktivierungen bestimmter Nervenzellen im Hirnstamm. Demgegenüber wird von Vertretern der Parapsychologie, die das Auftreten telepathischer und prophetischer Träume für erwiesen halten, weiterhin ein übersinnlicher Ursprung bestimmter Träume überliefert.

Die Herkunft und die psychologische Bedeutung des Traums sind in zahlreichen Theorien und Deutungsregeln immer wieder neu formuliert worden, seit Sigmund Freud 1900 in seiner ,Traumdeutung' aufgezeigt hat, daß der Traum als ein sinnhaftes psychisches Phänomen anzusehen ist, dem ein unbewußter latenter Wunsch zugrundeliegt. Abwandlungen in nachfolgenden Traumtheorien stellen zwar auch den psychologischen Gehalt des Traums in den Mittelpunkt, beziehen sich aber auf ein anderes Verständnis von Sinnhaftigkeit. So legt etwa Medard Boss (1953) Träume als Darstellungen der existentiellen Lebenssituation aus, Thomas French (1954) schreibt ihnen die Funktion zu, aktuelle psychische Konflikte zu verarbeiten und C. G. Jung (1928) sieht in Träumen eine Vorausschau auf den individuellen Reifungsprozeß.

Die Theorien zum Traum und die Praxis der Traumdeutung haben in der langen Geschichte der Traumpsychologie immer schon eine bevorzugte Stellung eingenommen. Es waren also die Herkunft und die Bedeutung des Traums, die die Überlegungen zum Traum am stärksten angeregt haben. Demgegenüber ist der Zugang zum Traum, mit dem aufgezeigt werden soll, wie Träume ,wirklich' sind, weniger beachtet worden. Eine solche Untersuchung des Traums ist aber nicht zuletzt deshalb notwendig, weil viele Aussagen über Träume seit langem überliefert werden, die sich an ihren auffallenden und nicht an ihren allgemeinen Merkmalen orientieren. Wenn Träume immer wieder als bizarr, dramatisch und gefühlsbetont beschrieben werden, dann fehlt hier die Überlegung, ob das Besondere am Traum auch das Typische repräsentiert.

Ausgewählte Traumbeispiele veranschaulichen zwar einzelne Aspekte des Traumerlebens, erlauben aber keine verbindlichen Aussagen über die Natur der Träume. Nur mit systematischen Untersuchungen auf breiter Grundlage kann deshalb abgeklärt werden, was das Besondere und was das Typische an Träumen ist und ob Träume nicht eine viel reichere Palette an Erlebnisweisen und Ausdrucksformen zeigen als gewöhnlich angenommen wird.

Wenn wir genau erfassen wollen, wie Träume eigentlich sind,

bestimmen wir ihre Erscheinungsweise unabhängig von ihrem Deutungsgehalt. Für eine Grundlagenforschung des Traums ist es durchaus sinnvoll und angemessen, zunächst einmal auf den Spuren von Hall von einer beschreibenden Definition des Traums auszugehen. Dies sehen wir als die beste Voraussetzung an, um gezielte Hypothesen über die Entstehung und Funktion des Traums aufzustellen.

Wie hat sich Traumforschung historisch entwickelt?

Während es eine Psychologie des Traums schon seit altersher gibt, ist die Geschichte der Traumforschung vergleichsweise jung. Ihre Geburtsstunde ist nicht eindeutig zu bestimmen, weil es davon abhängt, wie weit oder wie eng Forschung definiert wird.

Die systematische Beobachtung, ein wesentliches Kriterium empirischer Forschung, wurde bereits in den Arbeiten einzelner Traumpsychologen in der zweiten Hälfte des 19. Jahrhunderts eingesetzt. So hat beispielsweise der französische Gelehrte Alfred Maury seine eigenen Träume sorgfältig beobachtet und darüber hinaus versucht, sie durch Außenreize zu beeinflussen (Maury 1865). Sein Zeitgenosse und Landsmann Marquis d'Hervey de Saint-Denys hat 1867 ein Buch veröffentlicht, dem seine eigenen, fünf Jahre lang gesammelten Träume zugrundeliegen, die er in 22 Notizbüchern aufgeschrieben und mit Zeichnungen illustriert hat. Er war besonders daran interessiert herauszufinden, inwieweit das Traumgeschehen kontrolliert werden kann und ob im Traum kreative Problemlösungen stattfinden.

Die amerikanische Psychologin Mary Whiton Calkins hat in der Geschichte der Traumforschung einen bedeutsamen Platz, weil sie als erste Träume nicht nur beobachtet, sondern 375 Träume, die sie und ihr Partner nach dem Aufwachen aufgeschrieben hatten, systematisch ausgewertet hat. So kodierte sie beispielsweise auf der Inhaltsebene, welche Gruppen von Personen in Träumen auftraten und in welcher Szenerie sich die Träume abspielten. Die Gestaltung des Traums erfaßte sie, indem sie die Sinneswahrnehmungen aufschlüsselte, und die Quellen des Traums versuchte sie aufzuspüren, indem sie den Bezug des Traums zu der Lebenssituation einstufte. In ihrer 1893 erschienenen Arbeit legte sie diese Bestandsaufnahme der Träume anhand von sorgfältig interpretierten Tabellen vor.

Zu Beginn dieses Jahrhunderts war die experimentelle Psychologie bereits begründet und erlebte einen raschen Aufschwung. Traumuntersuchungen auf breiter empirischer Grundlage gab es aber nur selten im Vergleich zu den zahlreichen Arbeiten, die über das Wacherleben veröffentlicht wurden. Die wenigen Traumuntersuchungen gingen weiterhin vorwiegend von Selbstbeobachtungen aus, verwerteten aber ein umfangreiches Traummaterial, um die Phänomenologie der Traumvorgänge differenziert zu erfassen. So analysierten die deutschen Psychologen Friedrich Hacker (1911) und Paul Köhler (1912) mit großer Akribie die Vorstellungs- und Gedankentätigkeit in Hunderten von Träumen, die sie in ihren Tagebüchern aufgeschrieben hatten, aber ihre Ergebnisse wurden damals nicht in weiterführenden Arbeiten aufgegriffen.

Das Forschungsthema Traum wurde aber nicht etwa deshalb vernachlässigt, weil Psychologen an diesem Phänomen desinteressiert waren, sondern weil sie nicht über geeignete Methoden verfügten, um die Erlebnisvorgänge während des Schlafs verläßlich zu erfassen. Träume schienen sich jedem Experiment zu entziehen und keine der Bedingungen zu erfüllen, die für ein Experiment Voraussetzung sind: Das Traumgeschehen konnte nicht willkürlich beobachtet, sondern nur unwillkürlich erinnert werden, es war nicht systematisch zu provozieren, sondern fand sich offenbar nach Belieben ein und deshalb konnte es im Versuch nicht planvoll variiert, sondern nur so, wie es sich gerade einstellte, nachträglich aufgenommen werden.

Die Untersuchung der Träume war also mit einer entscheidenden Einschränkung belastet. Alle Fragestellungen der Traumpsychologie, ob sie sich auf die Phänomenologie oder die Bedeutung des Geträumten bezogen, waren auf die spontanen, meist nur sporadisch erinnerten Träume angewiesen. Die gesamte, im nicht-experimentellen Bereich überaus umfangreiche, Traumliteratur gründete daher auf ausgelesenen Träumen, bei denen man sich nicht sicher sein konnte, ob sie für die ganze Breite des Erlebens repräsentativ waren und ob sie überhaupt während des Schlafzustands erlebt wurden. Diese Einschränkung hatte allerdings keinen Einfluß auf die Praxis der Traumdeutung. Mit dem kasuistischen Zugang zum Traum, der seine Deutung zum Ziel hat, soll nicht das Traumgeschehen selbst objektiviert werden, sondern hier dienen die Trauminhalte lediglich als Codes, um unbewußte dynamische Prozesse aufzudecken.

Bis hinein in die fünfziger Jahre befand sich die empirische Traumforschung in einer überaus ungefestigten Position. Auf der einen Seite gab es zahlreiche Techniken und Regeln, mit denen Psychotherapeuten die Träume ihrer Patienten zu deuten verstanden, auf der anderen Seite wußte man aber über die Grundlagen des Träumens noch sehr wenig. Viele einfache, aber entscheidende Fragen zum Traumgeschehen konnten nicht mit Gewißheit beantwortet werden. So war noch nicht einmal sicher, ob überhaupt jeder Mensch Träume erlebt. Einerseits konnten viele Menschen nahezu jeden Morgen einen Traum erzählen, andererseits behaupteten nicht wenige Menschen, noch nie geträumt zu haben.

Über die Häufigkeit und den Zeitpunkt des Träumens im Schlafverlauf wurde viel spekuliert, da hier die individuellen Angaben besonders stark voneinander abwichen. Manche Menschen meinten sich zu erinnern, die ganze Nacht hindurch geträumt zu haben. Andere vertraten die Ansicht, ihr Traumerleben würde sich nur im Stadium des Einschlafens einstellen, während wiederum andere aus ihrer Erfahrung folgerten, es müsse der Übergang vom Schlaf zum Erwachen sein, der das Aufsteigen von Traumerfahrungen ermögliche. Obwohl die Meinungen über den Zeitpunkt des Erlebens im Schlaf alle Möglichkeiten einschlossen, wurde doch den Schlafphasen, die dem Wachzustand zeitlich am nächsten liegen, eine bevorzugte Stellung eingeräumt, sei es, weil hier die Phänomene noch am leichtesten zu beobachten waren oder weil es plausibel erschien, daß Träume mit dem Wachzustand verwandt sind.

Über die Dauer einzelner Träume meinte man dagegen verbindlichere Aussagen machen zu können. Viele Menschen, die am Morgen nach dem Aufwachen noch einmal einschlafen, erinnern sich nach erneutem Erwachen an einen langen Traum und stellen dann mit Überraschung fest, daß sie tatsächlich nur wenige Minuten geschlafen haben. Auf diese Beobachtungen stützt sich eine in der Traumliteratur jahrzehntelang vertretene Behauptung, beim Träumen würden auch die kompliziertesten Vorstellungsabläufe auf eine kleine Zeitspanne zusammengedrängt, der Traum müsse daher als ein Sekundenphänomen verstanden werden.

Noch unumstrittener und hartnäckig dominierte in der Traumliteratur die Meinung, ein Traum werde durch ein Signal aus der Umwelt, einen Außenreiz, ausgelöst. Als Kronzeuge wurde immer wieder der berühmte Guillotine-Traum von Alfred Maury (1865) zitiert, der unwiderlegbar zu zeigen schien, daß der auf den Nacken des schlafenden Maury gefallene Bettpfosten in Bruchteilen von Sekunden einen detaillierten und dramatischen Traum von der französischen Revolution, der in Maurys Hinrichtung gipfelte, hervorgerufen hatte. Gegenüber der Eindringlichkeit dieses Traumbeispiels verstummten alle Gegenargumente, und man ging auch darüber hinweg, daß Maury diesen Traum erst zehn Jahre später aufgezeichnet hatte.

Die Fragen, ob alle Menschen träumen, wie oft sie träumen, wann Träume auftreten und wie lange sie dauern, konnten nicht mit Sicherheit beantwortet werden, solange es kein von der Eigenbeobachtung unabhängiges Kriterium gab, das in irgendeiner Form das Erleben im Schlaf anzeigt. Die Grundlagen des Träumens konnten erst gezielter untersucht werden, nachdem eingehendere Kenntnisse über die Physiologie des Schlafs vorlagen, die wiederum erst gewonnen werden konnten, als geeignete Meßmethoden zur Verfügung standen.

Eine Vorausschau auf die Phase der psychophysiologischen Traumforschung vermittelt ein historisches Traumbeispiel. Im Jahre 1910 schrieb Paul Köhler folgenden Traum auf:

> „An einem unbekannten Orte liege ich auf einem Sofa. Ein bekannter Herr steht vor mir, der mich eben aus dem Schlafe aufgeweckt hat. Er sagt: ‚Sie haben eben einen Traum gehabt, der dauerte 35 Minuten.' Ich schnell und sehr erstaunt: ‚Nanu?!, wie haben Sie das 'rausgekriegt?' Der Herr: ‚Das ist doch eine sehr einfache Sache!' Ich schnell: ‚Ich danke! Einfache Sache! Bisher wissen wir noch fast gar nichts über die Dauer der Träume.' Der Herr unterbricht mich: ‚Ich sage Ihnen, ein Freund von mir hat die Sache ganz glänzend festgestellt und mir geschrieben, es sei sehr einfach!'" (1912, S. 461–462)

Köhler führt dieses Beispiel als Beleg dafür an, daß ein Träumer durchaus fähig sei, eine falsche Traumaussage treffend zu kritisieren, heute würden wir diesen Traum anders beurteilen, indem wir sagen, der Träumer bezweifelt zu unrecht eine bekannte Tatsache. Im Jahr 1953 ist nämlich der absurde Traum von Köhler in Erfüllung gegangen, denn seither wissen wir, daß Träume tatsächlich 35 Minuten dauern können und der Herr, der ‚die Sache ganz glänzend festgestellt hat', ist der Amerikaner Eugene Aserinsky.

Aserinsky, ein Doktorand des bekannten Schlafforschers Nathaniel Kleitman an der Universität Chicago, registrierte die Augenbewegungen schlafender Probanden, um die Aktivität der Hirnrinde während des Schlafs zu untersuchen. Im Laufe seiner Experimente machte er die unerwartete Entdeckung, daß außer den langsamen, gleitenden Augenbewegungen, an denen er eigentlich nur interessiert war, phasenweise während des Schlafs schnelle, ruckartige und gleichgerichtete Augenbewegungen einsetzten, die den Fixierbewegungen der Augen im Wachzustand auffallend ähnlich waren. Den beiden Wissenschaftlern kam der Gedanke, diese schnellen Augenbewegungen zu den Traumvorgängen in Beziehung zu setzen und diese Hypothese durch Aufweckversuche zu überprüfen. Zehn Schläfer wurden insgesamt 27mal aufgeweckt, wenn sie ihre Augen ruckartig bewegten, und sie konnten sich in 20 Fällen an einen lebhaften Traum erinnern, während 23 Kontrollweckversuche aus Phasen der Augenruhe nur in 4 Fällen mit einem Traumbericht beantwortet wurden. Damit war ein erstes ‚objektives‘ Merkmal entdeckt, das den Vorgang des Träumens anzuzeigen schien, und der entscheidende Anstoß für systematische psychophysiologische Traumexperimente war gegeben (Aserinsky & Kleitman, 1953).

Allerdings hatten Aserinsky und Kleitman die schnellen Augenbewegungen als Begleiterscheinung der Traumtätigkeit doch nicht zum ersten Mal entdeckt. Schon George Trumbull Ladd, Professor der Philosophie an der Yale University, hatte 1892 in einer Arbeit über das Einschlaferleben die Vermutung geäußert, daß der Mensch während lebhafter Träume seine Augen so hin und her bewege, wie er es bei der Wahrnehmung seiner Umwelt im Wachzustand tun würde. Viele Jahre später machte der amerikanische Psychologe Edmund Jacobson (1938), heute noch vielzitiert wegen des von ihm entwickelten Entspannungsverfahrens, aufgrund gelegentlicher Beobachtungen auf dasselbe Phänomen aufmerksam. Er schlug sogar vor, zum Beweis den Schläfer während dieser Augenbewegungen zu wecken und ihn nach seinen Träumen zu fragen. Die ahnungsvollen Hinweise dieser beiden Autoren blieben jedoch unbeachtet, erst im Anschluß an die unabhängige Entdeckung der schnellen Augenbewegungen durch Aserinsky und Kleitman wurden sie in der Literatur wieder aufgestöbert.

Daß die erneute Entdeckung der schnellen Augenbewegungen während des Schlafs dieses Mal intensive nachfolgende Experimente auslöste und zu einer Belebung der experimentellen Traumforschung führte, ist mindestens auf zwei Faktoren zurückzuführen. Einmal ergriff das Team an der Universität Chicago, dem sich der Mediziner und Psychologe William Dement anschloß, selbst die Initiative, den überraschenden Ergebnissen durch weitere Experimente auf den Grund zu gehen, und zum anderen lag zu dieser Zeit bereits ein umfangreiches Wissen über die Physiologie des Schlafzustands vor, zu dem die neuen Erkenntnisse in Beziehung gesetzt werden konnten.

Die Schlafforschung, ebenso vernachlässigt wie die Traumforschung, war allerdings schon etwa drei Jahrzehnte früher in ein neues Stadium eingetreten, nachdem es dem Jenaer Psychiater Hans Berger

1924 gelungen war, die elektrischen Potentialschwankungen des menschlichen Gehirns aufzuzeichnen. Berger stellte 1931 zum ersten Mal die Veränderungen des Elektroenzephalogramms (EEG) im Schlafzustand fest. Spätere systematische Untersuchungen zeigten bald, daß der Schlaf kein einheitlicher Zustand ist, sondern daß im Verlauf des Schlafs mehrere unterscheidbare Stadien auftreten, die sich in einem zyklischen Prozeß abwechseln.

Erst die Methoden und Erkenntnisse der Schlafforschung haben es ermöglicht, die Physiologie des Schlafs mit der Psychologie des Traumerlebens in Beziehung zu setzen. Von entscheidender Bedeutung war zum einen, daß jetzt festgestellt werden konnte, ob einem Traumbericht der Schlafzustand vorausgegangen war. Zum anderen konnte man jetzt untersuchen, ob verschiedene Merkmale des Schlafzustands bestimmte Erlebnisaspekte des Traums signalisieren.

Im Laufe der letzten Jahrzehnte hat sich die psychologische empirische Traumforschung zur psychophysiologischen Traumforschung erweitert. Heute werden nicht nur die psychologischen Aspekte des Traums untersucht, sondern es besteht darüber hinaus die Möglichkeit, körperliche Prozesse zu erfassen, die während des Erlebens ablaufen. Die psychologischen Aspekte des Traums werden aber weiterhin sowohl mit altbewährten wie mit neuen Methoden angegangen. So sind es in erster Linie nicht die ursprünglichen Fragestellungen zum Traum, die sich entscheidend verändert haben, sondern es sind die Methoden zur Untersuchung und Auswertung des Traumgeschehens, die reichhaltiger geworden sind.

Methoden zur Erhebung von Träumen

Im Laufe der letzten Jahrzehnte sind die Methoden zur Erhebung der Träume vielfältiger geworden. Die Selbstbeobachtung wurde ergänzt durch die Fremdbeobachtung, kasuistische Traumbeispiele wurden erweitert mit systematischen Traumsammlungen und zu den Aufzeichnungen spontan erinnerter Träume ist die gezielte Traumaufnahme hinzugekommen.

Eine wesentliche Einschränkung muß jedoch gleich an den Anfang gestellt werden: In der Traumforschung gibt es keine Methode, mit der es gelingt, den Inhalt des Traums einzufangen und den Verlauf des Traumgeschehens unmittelbar zu beobachten. Mit allen Methoden der Traumerhebung können wir uns dem Traumerleben nur indirekt und nachträglich annähern. Der Traum selbst ist ein psychisches Phänomen, das sich nur dem Träumer erschließt und über das nur er in introspektiver Rückbesinnung nachträglich Auskunft geben kann.

Aber auch dem Träumer ist das Traumerleben nicht immer in gleicher Weise zugänglich, weil Träume sich nicht auf Wunsch einstellen, weil sie vielfach gleich nach dem Aufwachen dem Gedächtnis wieder entgleiten und weil sie nicht selten schwer zu beschreiben sind.

Träume sind private Erlebnisse, bei denen keine Beobachter zugelassen sind, der Träumer ist der einzige Zeuge des Traumgeschehens. Wollen wir einem anderen Menschen Einblick in unsere Träume geben, dann müssen wir sie erst in eine mitteilbare Form bringen. Diese notwendige Umsetzung des Traumerlebens bringt allerdings mit sich, daß in einem solchen Traumbericht nur das zum Ausdruck kommt, was wir in Worte fassen oder etwa zeichnerisch darstellen können.

Wenn wir Träume nicht nur für uns behalten möchten als persönliche Erfahrungen, die beeindruckend, bereichernd oder auch beängstigend sein können, sondern wenn wir Träume festhalten wollen, um weiter über sie nachzudenken oder um sie auszuwerten, dann ist es unumgänglich, sie in Sprache zu übersetzen und in irgendeiner Form aufzuzeichnen.

Die Sammlung von spontan erinnerten Träumen

Traumforschung setzte zu dem Zeitpunkt ein, als einzelne Gelehrte begannen, ihre eigenen Träume systematisch zu beobachten und aufzuschreiben. Bereits im letzten Jahrhundert haben Alfred Maury und d'Hervey de Saint-Denys solche Traumtagebücher geführt und von diesen Traumsammlungen interessante Einsichten und Aussagen über das Wesen des Traums abgeleitet.

Traumtagebücher können jedoch auf sehr verschiedene Weise geführt werden. Wesentliche Gesichtspunkte sind Zeitpunkt und Art der Protokollführung. Zunächst hängt es einmal davon ab, wann wir einen Traum aufschreiben. Wir können dies gleich nach jedem, auch nächtlichem Aufwachen tun, wir können aber auch erst am Morgen nach dem Aufstehen alle Träume der Nacht festhalten, an die wir uns noch erinnern. Schließlich kann es aber auch vorkommen, daß wir einen Traum erst später am Tage notieren können, er ist uns ganz plötzlich wieder eingefallen, obwohl er am Morgen nicht greifbar war. Es leuchtet ein, daß eine Niederschrift, die dem Traum zeitlich nahe steht, in der Regel detaillierter und wirklichkeitsgetreuer ist als ein späterer Bericht. Mit wachsendem zeitlichen Abstand entschwinden nämlich Einzelheiten dem Gedächtnis, und die Traumerinnerung kann sich zudem leichter mit Wachgedanken vermischen.

Von der Art der Protokollführung hängt es ab, wie genau und ausführlich ein Traum übertragen wird. Wenn wir nur das Auffallendste in Stichworten festhalten, dann erfassen wir zwar das Traumthema, machen aber weniger Aussagen über Darstellungsmittel und Ausgestaltung des Traums. Wenn wir dagegen versuchen, möglichst alle Einzelheiten zu beschreiben, können wir später Inhalt, Struktur und Verlauf des Traumgeschehens eingehender analysieren. Ergänzen wir darüber hinaus den Traumbericht durch Eindrucksurteile, beispielsweise indem wir einschätzen, wie klar und wie gefühlsbetont das Erleben im Traum war, dann erfassen wir Qualitäten, die nicht immer spontan in einen Traumbericht einfließen. Zusätzlich können wir auch Erläuterungen und Einfälle zu den Traumsituationen aufzeichnen, um den Bezugsrahmen abzustecken, in die sie eingebettet waren.

Bereits die frühen Traumforscher haben darauf geachtet, Träume unter genau festgelegten Bedingungen zu sammeln. So hat beispielsweise Mary Calkins ihr Vorgehen folgendermaßen beschrieben:

„Jede Nacht sollte sofort nach dem Aufwachen aus einem Traum jedes erinnerte Merkmal aufgeschrieben werden. Zu diesem Zweck wurden Papier, Bleistift, Kerze und Streichhölzer griffbereit gelegt. Früh am nächsten Tag wurden mit wenigen Ausnahmen diese abgekürzten Aufzeichnungen durchgelesen, in Reinschrift ausgeschrieben und durch Kommentare angereichert, die alle Begleitumstände beschrieben und alle möglichen Verbindungen des Traums zum Wachleben aufzeigten." *(Übersetzung d. Verf., 1893, p.311)*

Kerze und Streichhölzer sind in unserer Zeit zwar ersetzt durch die Nachttischlampe, aber die Anweisungen von Mary Calkins könnten immer noch Grundlage für das Führen von Traumtagebüchern sein.

Heute haben wir zudem die Möglichkeit spontane Träume noch müheloser zu sammeln, indem wir sie nach dem Aufwachen nicht mehr aufschreiben, sondern direkt auf Tonband sprechen. Dies stellt insofern eine Erleichterung dar, als das Erzählen eines Traums gegenüber dem Aufschreiben einen geringeren Wachheitsgrad und weniger feinmotorische Koordination erfordert. Allerdings unterscheidet sich häufig ein mündlicher Bericht von einem schriftlich niedergelegten Traum. Ein gesprochener Traum ist zwar erlebnisnäher, er spiegelt aber auch stärker den unmittelbaren Prozeß des Erinnerns. Er kann daher Gedankensprünge, Wiederholungen und weniger Ordnung aufweisen als ein aufgeschriebener Traum, der meistens schon weit mehr gestrafft und aufbereitet ist.

Da sich Traumforscher nicht nur für die Erscheinungsweise des Traums, sondern natürlich auch für den Zusammenhang der Träume mit Schlaf und Wachen interessieren, haben sie neben der sorgfältigen Traumniederschrift oft zusätzliche Informationen erhoben, die sich auf das gesamte Umfeld des Traums beziehen. So hat beispielsweise schon Paul Köhler in seinem Traumtagebuch jeweils aufgeschrieben, womit er sich am Vortag beschäftigt hat, wie seine Einschlafsituation beschaffen war, aus welcher Schlaftiefe er erwacht ist und ob er irgendwelche äußeren Reize bemerkt hat, die auf seinen Traum eingewirkt haben könnten.

Die Sammlung spontaner Träume in Form von Traumtagebüchern stellt auch heute noch ein häufig gewähltes Vorgehen dar. Es hat besondere Vorteile: Die Traumerhebung findet für die Versuchspersonen in vertrauter Umgebung statt, sie können ohne großen Aufwand über längere Zeit hinweg ein umfangreiches Traummaterial zusammenstellen. Mit dieser Methode sind aber auch Einschränkungen verbunden: Die Datenaufnahme ist nicht kontrolliert, weil nur der Träumer selbst weiß, wie sorgfältig er die Instruktionen befolgt hat. Darüber hinaus ist zu bedenken, daß spontane Traumerinnerungen nur eine ganz bestimmte Auswahl des Traumerlebens treffen, weil ein Schläfer nicht nach jedem Traum erwacht und weil spontanes Aufwachen vielleicht dann bevorzugt auftritt, wenn der Traum besonders intensiv und dramatisch war.

Die Erhebung von Träumen mit Weckungen

Mit der Methode der Traumweckung ergänzen wir die spontane Traumerinnerung, indem wir das Aufwachen aus dem Schlaf herbeiführen und die Traumerinnerung sozusagen provozieren. Hier begnügen wir uns also nicht mehr damit, daß der Schläfer von allein aufwacht. Die Methode der Weckung haben einzelne Traumforscher schon bald eingesetzt, um möglichst viele Träume zu sammeln oder weil sie feststellen wollten, ob Träume auch dann erinnert werden, wenn ein Schläfer nicht spontan aufwacht. Da sie damals den Schlaf noch nicht physiologisch messen konnten, mußten sie sich allerdings entweder auf die Verhaltensbeobachtung verlassen oder darauf vertrauen, daß die Versuchsperson einschätzen konnte, ob sie ihren Traum während des Schlafs erlebt hat.

Für eine Traumweckung sind Hilfsmittel erforderlich: Es sind entweder mechanische Weckvorrichtungen, die zu einem bestimmten Zeitpunkt das Aufwachsignal geben oder es werden zu diesem Zweck Personen eingespannt, die die Weckungen durchführen. Alfred Maury war wahrscheinlich der erste Traumforscher, der solche ,Versuchsleiter' eingesetzt hat. Neben seinem Bett saß jeweils eine von ihm bestimmte Person, die seinen Schlaf beobachtete und ihn vor einer Weckung auch noch stimulierte, beispielsweise indem sie ihn Parfum riechen ließ.

Aus ökonomischen Gründen kommen Traumweckungen ohne begleitende Kontrolle des Schlafzustands auch heute noch zur Anwendung. So werden etwa Schläfer zu einer festgesetzten Uhrzeit telefonisch zu Hause geweckt und nach ihren Träumen gefragt. Ihre vorrangige Bedeutung hat aber die Methode der Traumweckung erst erlangt, seit es möglich ist, den physiologischen Zustand zu kontrollieren, der dem Aufwachen vorangeht.

Die Erhebung von Träumen im Schlaflabor

Wenn wir Schläfer im Labor untersuchen, dann zeichnen wir während einer ganzen Nacht kontinuierlich verschiedene physiologische Prozesse auf, um den Verlauf von Wachen und Schlaf differenziert zu erfassen. Da der Schlaf nicht als einheitlicher Zustand anzusehen ist, sondern eine regelhafte Abfolge verschiedener Schlafstadien zeigt, haben wir bei einer solchen Schlafbeobachtung die Möglichkeit, Traumweckungen gezielt vorzunehmen. Diese Weckungen sind gezielt, weil sie einmal sicherstellen, daß ein Traumbericht in unmittelbarem Anschluß an den Schlaf erfolgt, und weil sie zum anderen die Zuordnung des Traums zu einem bestimmten physiologischen Zustand ermöglichen.

Welche Methoden und Erkenntnisse der Schlafforschung müssen vorausgesetzt werden, wenn wir Träume experimentell erheben wollen? Die Standardmethode zur Bestimmung der Schlafstadien besteht in einer fortlaufenden Aufzeichnung der Hirnaktionsströme, dem Elektroenzephalogramm (EEG), der Augenbewegungen, dem Elektrookulogramm (EOG) und der Muskelspannung am Kinn, dem Elektromyogramm (EMG). Zusätzlich können natürlich noch weitere Körpervorgänge gemessen werden, wie beispielsweise die Atemfrequenz, der Herzschlag, die Körpertemperatur.

Die Veränderungen der Gehirnaktivität im Verlauf einer Nacht bilden sich im EEG in wechselnden Frequenzen und Amplituden ab. An der Dichte der aufeinanderfolgenden Ausschläge kann der Spannungswechsel über die Zeit abgelesen werden, während die Höhe der Ausschläge ein Maß für die Stärke der elektrischen Spannung ist. Die Aktivität des Gehirns ändert sich zwar ständig während des Schlafs, die Schlafforscher haben sich aber darauf geeinigt, aufgrund vorherrschender EEG-Muster jeweils 30 Sekunden-Abschnitte mit dem Code eines bestimmten Schlafstadiums zu signieren, wobei die Augenbewegungen und die Muskelspannung miteinbezogen werden. Regeln für diese Zuordnungen sind in einem Manual festgelegt, das sich international eingebürgert hat (Rechtschaffen & Kales, 1968).

Außer dem Wachzustand sind fünf Schlafstadien voneinander zu unterscheiden. In der ersten Abbildung sind zunächst die hervortretenden Merkmale des Wachzustands und der ersten vier Schlafstadien an Ausschnitten einer Aufzeichnung dargestellt.

Im Wachzustand zeigt das EEG schnelle Frequenzen von geringer Spannung im Wechsel mit regelmäßigen, sinusförmigen Schwingun-

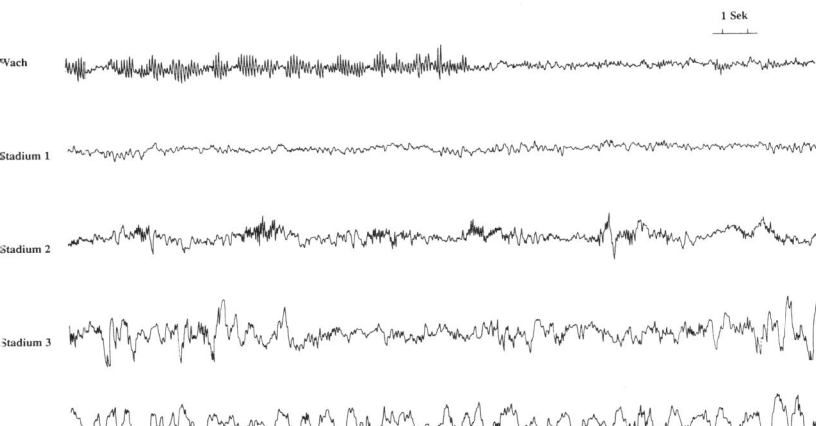

1 Sek

Wach

Stadium 1

Stadium 2

Stadium 3

Stadium 4

Abbildung 1: EEG-Muster im Wachzustand und im NREM-Schlaf.
Jeder 30 Sekunden-Abschnitt charakterisiert ein Stadium. Im entspannten
Wachzustand fallen die regelmäßigen Alphawellen auf, in Stadium 2 treten
Schlafspindeln und K-Komplexe hervor. Mit zunehmender Schlafvertiefung
verlangsamt sich die Hirnstromaktivität.

gen, denen der Entdecker des EEGs, Hans Berger, den Namen
Alpha-Rhythmus gegeben hat. Alphawellen stellen sich vor allem
dann ein, wenn ein Mensch entspannt ist und seine Aufmerksamkeit
von der Außenwelt abwendet, während die schnellen Frequenzen,
auch Beta-Rhythmus genannt, für den angespannten, aufmerksa-
men Wachzustand kennzeichnend sind.

Die EEG-Stadien 1 bis 4, die in ihrer Numerierung auch gleichzeitig die Abfolge nach Einsetzen des Schlafs aufgreifen, zeigen in
ihrem Wellenmuster eine fortschreitende Schlafvertiefung, die in
einer Verlangsamung der Frequenz und einer Erhöhung der Amplituden zum Ausdruck kommt.

Charakteristisch für Stadium 1 ist das Aussetzen des Alpharhythmus, es herrschen Wellen mit niedriger Spannung vor, von denen sich
einzelne kleine, langsamere Ausschläge abzuheben beginnen.

In Stadium 2 steigt die Grundspannung an, jetzt treten aber einzelne, besonders ins Auge fallende prägnante Muster hervor. Die
scharfe Zacke in der Abbildung wird als K-Komplex bezeichnet, und
die dichten kurzfristigen Spannungswechsel werden aufgrund ihrer
charakteristischen Form Schlafspindeln genannt.

Eine Zunahme langsamer, großer und gleichmäßiger Schwingungen ist für Stadium 3 spezifisch. Diese sogenannten Delta-Wellen sind dann in Stadium 4 das dominierende Merkmal. Stadium 3 und 4 gelten als Phasen des Tiefschlafs, was sich unter anderem auch daran zeigt, daß hier der Schläfer besonders schwer aufzuwecken ist.

Das fünfte Schlafstadium wird in der zweiten Abbildung gesondert dargestellt, weil für seine Beschreibung zusätzlich zum EEG die Augenbewegungen und die Muskelspannung bedeutsam sind. Während in diesem Stadium das EEG aufgrund seines flachen Grundmusters wieder Ähnlichkeit mit Stadium 1 aufweist, kommen zwei auffallende Merkmale hinzu, die es von diesem Stadium unterscheiden. Es treten nämlich Salven ruckartiger schneller Augenbewegungen auf, und die Muskelspannung verschwindet völlig. Da die schnellen Augenbewegungen zur Entdeckung dieser Schlafphase geführt haben, wurde sie REM-Schlaf genannt, REM als Abkürzung für Rapid Eye Movements. Die REM-Phase zeichnet sich einerseits durch die schnellen Bewegungen der Augen aus, die aber nicht durchgängig, sondern phasenweise auftreten, andererseits können sich aber auch der Puls beschleunigen und die Atemfrequenz erhöhen. Wegen dieser allgemeinen Aktivierung der Körpervorgänge werden die REM-Phasen auch häufig als aktiver Schlaf bezeichnet und abgegrenzt gegenüber den anderen Schlafstadien, die durch eine größere Ruhigstellung des Organismus charakterisiert sind und unter dem Begriff Nicht-REM-Schlaf (NREM) zusammengefaßt werden.

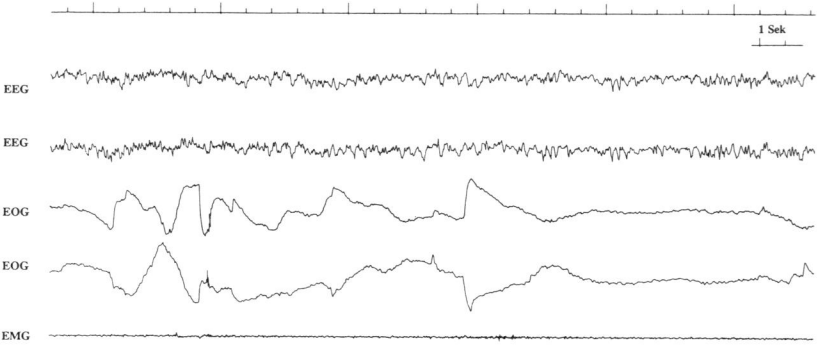

Abbildung 2: Charakteristische Merkmale einer REM-Phase.
Das EEG zeigt Ähnlichkeiten mit dem Schlafstadium 1. Die Kanäle zur Aufzeichnung der Augenbewegungen (EOG) sind gegenläufig geschaltet, konvergierende Ausschläge entsprechen Bewegungen nach links, divergierende nach rechts. Die Muskelspannung (EMG) ist völlig abgesunken.

Die vielfältigen physiologischen Vorgänge, die sich während des Schlafs abspielen und die zu der Klassifikation verschiedener Stadien geführt haben, zeichnen sich aber noch durch ein zusätzliches interessantes Merkmal aus, nämlich durch eine regelhafte zyklische Verlaufsform. Ein solcher typischer Ablauf einer ungestörten Nacht ist in der Abbildung 3 dargestellt. Es handelt sich hier um die Auswertung der Labornacht einer jungen Erwachsenen. Nach dem Einschlafen durchläuft die Schläferin in der ersten Stunde die Schlafstadien 1 bis 4 in absteigender Reihenfolge. Nachdem sie 40 Minuten im Tiefschlaf verbracht hat, kehrt sie in Stadium 2 zurück, das von einer ersten kurzen REM-Phase abgelöst wird. Mit dieser REM-Phase ist nach ungefähr eineinhalb Stunden der erste Schlafzyklus abgeschlossen. Im Verlauf der Nacht folgen dann im Rhythmus von jeweils eineinhalb bis zwei Stunden noch drei weitere Schlafzyklen.

Bei der Betrachtung des Schlafprofils fällt weiterhin auf, daß Tiefschlafstadien nur in den ersten Stunden auftreten. In der zweiten Schlafhälfte wird das Schlafprofil flacher, und die REM-Phasen wechseln sich nur noch mit Stadium 2 ab. Die Abbildung berücksichtigt zwar nicht die Variationen, die in individuellen Nächten auftreten können, sie veranschaulicht aber die Gesetzmäßigkeiten der Stadienabfolge, das zyklische Einsetzen des REM-Schlafs und den Anteil der einzelnen Schlafstadien am Gesamtschlaf.

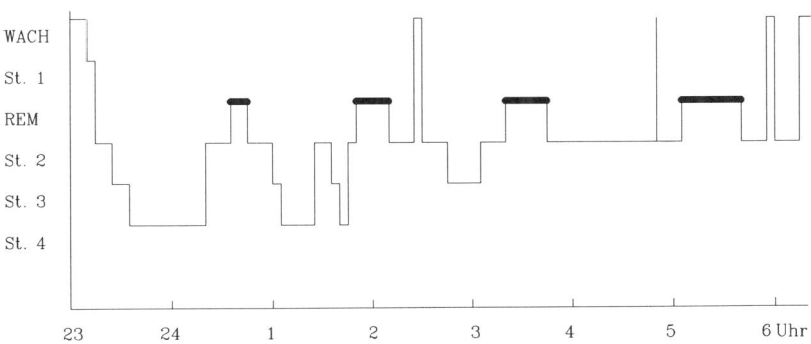

Abbildung 3: Das Schlafprofil einer ungestörten Nacht.
Die NREM-Stadien 2 bis 4 und die schwarz markierten REM-Phasen wechseln einander in Zyklen von etwa eineinhalb Stunden ab. Tiefschlaf (Stadium 3 und 4) tritt nur in der ersten Nachthälfte auf. Die REM-Phasen werden gegen Morgen länger.

Der zyklische Verlauf der Schlafstadien bildet die wichtigste Grundlage, um die Zeitpunkte festzulegen, wann ein Schläfer aufgeweckt und nach seinen Träumen befragt werden soll.

Wie eine solche Labornacht mit experimentellen Traumerhebungen in den einzelnen Schritten vor sich geht, beschreiben wir anhand des standardisierten Vorgehens, das wir seit einigen Jahren in unserem Schlaflabor erprobt haben (Gass, Gerne, Loepfe, Meier, Rothenfluh & Strauch, 1983).

Träumer, die motiviert sind, einige Nächte im Schlaflabor zu verbringen, rekrutieren wir meistens über Ausschreibungen. Wir suchen in der Regel gute Schläfer, die sich im Alltag häufig an ihre Träume erinnern.

Gute Schläfer wählen wir deshalb aus, weil sie sich erfahrungsgemäß leichter an die ungewohnte Schlafumgebung und die experimentelle Situation anpassen können. Gute Traumerinnerer bevorzugen wir, weil sie bereits im Alltag Zugang zu ihren Träumen haben und weil wir mit gutem Grund erwarten können, daß sie sich auch im Labor häufig und detailliert an ihre Träume erinnern. Wir verlassen uns hier auf die Selbsteinschätzung der Versuchspersonen, manchmal lassen wir sie aber auch zunächst etwa eine Woche lang ein Traumtagebuch führen, damit wir genauer die Häufigkeit ihrer spontanen Traumerinnerung bestimmen können.

In einer Vorbesprechung machen wir die Versuchsperson mit dem Rahmen der Fragestellung vertraut und informieren sie über das experimentelle Vorgehen. Wir zeigen ihr die Meßmethoden und erläutern das Vorgehen bei einer Weckung. Wenn der Termin für das Experiment abgemacht wird, fragen wir sie auch, wann sie üblicherweise zu Bett geht und wann sie aufstehen muß, weil wir diese Zeiten auch im Labor berücksichtigen. Als Anerkennung für die Mitarbeit erhalten Versuchspersonen nach Abschluß der Versuche eine kleine Belohnung von 30 Franken pro Nacht.

Das Vorgespräch hat unter anderem die Funktion, Ängste, die mit der Laborsituation verbunden sein könnten, aufzufangen und durch sachbezogene Information abzubauen. Solche Ängste beziehen sich etwa auf die Vorstellung, Schläfer würden elektrischen Spannungen ausgesetzt oder sie müßten bewegungslos liegenbleiben, um die Messung zu ermöglichen. Aber auch falsche Erwartungen der Versuchspersonen sollen korrigiert werden, beispielsweise, ihre Hirnwellen könnten die Trauminhalte verraten oder ihre Träume würden psychologisch gedeutet.

Die Versuchsperson kommt gewöhnlich gut eine Stunde vor ihrer üblichen Zeit des Zubettgehens ins Labor. Nachdem sie sich für die Nacht umgezogen hat, wird sie für die Ableitung der physiologischen Maße vorbereitet. Der Versuchsleiter befestigt zunächst die Elektroden. Es sind leichte Goldplättchen, die mit einem dünnen Kabel verbunden sind. Sie werden für die Aufzeichnung des EEGs an mehreren Stellen der Kopfhaut, für das EOG in den Augenwinkeln, für das EMG unterhalb des Kinns aufgeklebt, und die Kabel werden anschließend zu einem Zopf gebündelt.

Die Abbildung 4 zeigt eine Versuchsperson, die für das Traumexperiment bereit ist. Sie schläft in einem eigenen Raum, der keinen ausgeprägten Laborcharakter hat, sondern eher an ein Zimmer in einer einfachen Pension erinnert. Die Elektroden sind in einer Buchse oberhalb des Kopfes eingesteckt.

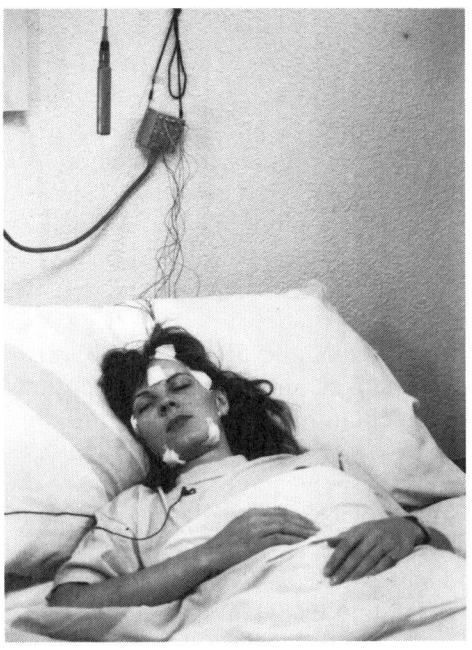

Abbildung 4: Eine Versuchsperson im Schlaflabor.
Auf der Kopfhaut und im Gesicht sind Elektroden befestigt, deren Kabel in eine Verbindungsbuchse eingesteckt sind. Sie lassen der Schläferin genügend Bewegungsspielraum. Die beiden Mikrophone ermöglichen eine deutliche Aufnahme der Traumberichte.

Die Kabel lassen der Versuchsperson genügend Spielraum, um die gewünschte Schlafstellung im Bett einzunehmen und sie kann nachts auch nach Belieben ihre Körperlage verändern. Die Mikrophone, eines hängt über dem Bett, das andere ist am Pyjama angeheftet, nehmen die Traumberichte auf. Über eine Gegensprechanlage ist der Versuchsleiter mit dem Schlafraum verbunden, und die Versuchsperson kann ihn mit einer Signaltaste jederzeit rufen.

Im angrenzenden Registrierraum steht der Polygraph, ein Gerät, das kontinuierlich die verschiedenen physiologischen Maße aufnimmt, verstärkt und auf Papier ausschreibt. Diese Aufzeichnung beobachtet der Versuchsleiter, damit er die Weckzeitpunkte bestimmen kann.

Bei der Festlegung des Standardverfahrens haben wir uns entschieden, die Schläfer in jeder Nacht in der Regel viermal aufzuwecken, und zwar immer nur aus dem REM-Schlaf. Das erste Mal wecken wir 5 Minuten nach Einsetzen der 2. REM-Phase, das zweite Mal 10 Minuten nach Beginn der 3. REM-Phase. Die folgenden Weckungen werden nach 15 Minuten in der 4. REM-Phase und nach 20 Minuten in der 5. REM-Phase durchgeführt. Da die Länge der REM-Phasen im Laufe der Nacht zunimmt, warten wir auch eine zunehmend längere Zeit bis zur nächsten Weckung. Die erste REM-Phase unterbrechen wir nicht, zum einen, weil sie häufig nicht sehr kontinuierlich ist und zum anderen, um der Versuchsperson vor dem ersten Aufwecken eine Zeit ungestörten Tiefschlafs zu erlauben.

Indem wir die Länge des REM-Schlafs, die den Weckungen vorangeht, von vornherein festlegen, schaffen wir zwar vergleichbare Bedingungen, nehmen dabei allerdings in Kauf, die Phasen vor ihrem natürlichen Abschluß zu unterbrechen. Allerdings wäre es auch sehr schwierig, einen Schläfer kurz vor dem Ende einer REM-Phase aufzuwecken, da sich dieses Ende nicht ankündigt. Häufig setzt unvermittelt eine Körperbewegung ein, auf die dann ein anderes Schlafstadium folgt. In solchen Fällen hätten wir dann eine Weckung im REM-Schlaf verpaßt.

Es ist natürlich nicht zwingend, Schläfer nur aus dem REM-Schlaf aufzuwecken, weil Träume nicht auf dieses Stadium begrenzt sind. Aber die Erfahrung hat gezeigt, daß Schläfer nach dem Aufwachen aus dem REM-Schlaf sich leichter und häufiger an Träume erinnern können als nach Weckungen aus anderen Schlafstadien, deshalb ist ein solches Vorgehen ergiebiger.

Die Abbildung 5 zeigt eine solche typische Labornacht mit vier REM-Weckungen. Es ist zu erkennen, daß in dieser Nacht die zyklische Schlafstruktur erhalten blieb, obwohl die Versuchsperson viermal aufgeweckt wurde und ihre Träume berichtete. Da sie anschließend jedesmal wieder rasch einschlief, hat sie von den siebeneinhalb Stunden, die sie im Bett lag, immerhin sechseinhalb Stunden im Schlaf verbracht.

Nicht jede Nacht verläuft aber so idealtypisch. Auch gute Schläfer haben manchmal schlechte Nächte mit langen Einschlafzeiten und unruhigem Schlaf. In solchen Fällen kann es vorkommen, daß wir die Versuchsperson in einer Nacht nur dreimal aufwecken können, weil die zyklische Abfolge gestört ist oder das Einsetzen der REM-Phasen verzögert wird.

Für den Versuchsleiter ist es meistens nicht schwierig, eine Wekkung im REM-Schlaf durchzuführen, nur überaus selten übersieht er einmal eine ganze REM-Phase. Die Einhaltung der vorgesehenen REM-Schlafdauer ist jedoch nicht so einfach, da REM-Phasen sich nicht immer so regelhaft verhalten: Sie können gegen Morgen durchaus einmal kürzer dauern, oder sie sind zerhackt, von anderen Schlafstadien unterbrochen. Hier ist es dann schwerer, ihren Anfang oder ihre Länge genau zu bestimmen.

Sobald der Versuchsleiter an der polygraphischen Aufzeichnung erkennt, daß der richtige Zeitpunkt gekommen ist, weckt er die Versuchsperson über eine Gegensprechanlage. Er spricht sie mit ihrem Vornamen an und fragt: „Was ist Dir durch den Kopf gegangen, bevor ich Dich geweckt habe?" Während die Versuchsperson

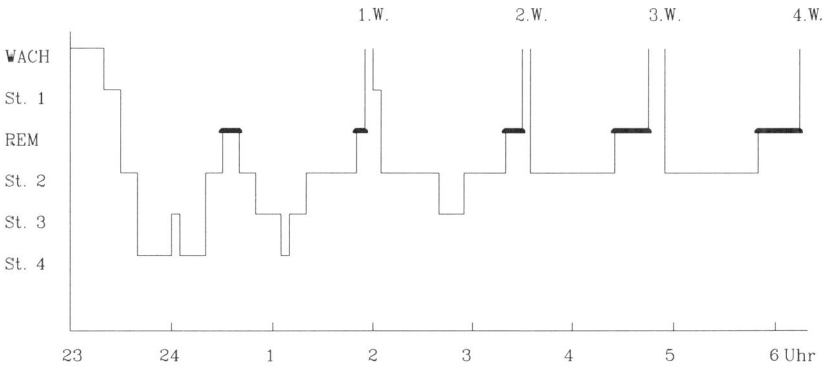

Abbildung 5: Eine typische Labornacht mit vier REM-Weckungen.
In der ersten REM-Phase wurde die Schläferin nicht aufgeweckt, sondern erst ab der zweiten REM-Phase. Die Weckungen und die Traumbefragungen haben die zyklische Abfolge der Schlafstadien nicht beeinträchtigt.

ihren Traum berichtet, wird sie nicht unterbrochen. Nur wenn sie wieder einzuschlafen droht, was an der weiterlaufenden EEG-Aufzeichnung zu erkennen ist, oder wenn sie eine längere Pause macht, greift der Versuchsleiter ein, indem er ermunternd ihre letzten Worte wiederholt. Wenn er den Eindruck hat, der Träumer hat seinen Bericht beendet, vergewissert er sich mit der Zusatzfrage: „Ist sonst noch etwas gewesen?" Erst wenn die Versuchsperson alles erzählt hat, was für sie im Moment greifbar ist, wird ihr die Frage gestellt: „Wie hast Du Dich im Traum gefühlt?", wobei sie zusätzlich die Intensität der frei beschriebenen Gefühle auf einer Skala von 1 bis 5 einstufen soll. Dieses Vorgehen wird bei jeder Weckung eingehalten, und alle Interaktionen werden vom Anfang bis zum Ende auf Tonband aufgenommen.

Die eher unpersönliche Art des Aufweckens über eine Gegensprechanlage hat den Vorteil, daß sich die Versuchsperson in ihrem Schlafraum ganz auf ihren Traum konzentrieren kann und nicht durch die Präsenz des Versuchsleiters abgelenkt wird. Auch wird der Interviewer auf diese Weise weniger verführt, den Traumbericht durch Worte zu kommentieren oder mit nichtsprachlichen Signalen beispielsweise Verwunderung oder Enttäuschung auszudrücken. In der Eingangsfrage vermeiden wir absichtlich den Begriff Traum, weil wir daran interessiert sind, alle Vorstellungen und Gedanken, die dem Aufwachen vorangingen, zu erfassen, und nicht nur das, was die Versuchsperson unter einem Traum versteht. Die Frage nach den Gefühlen stellen wir deshalb bereits in der Nacht, weil Gefühle häufig nicht von allein erwähnt werden und vor allen Dingen auch deshalb, weil sie sich der Erinnerung besonders schnell entziehen.

Weitere Informationen zu den Traumberichten holen wir erst am folgenden Morgen ein. Nach dem Aufstehen präsentieren wir der Versuchsperson die einzelnen Träume der Nacht mit folgender Instruktion: „Ich spiele Dir jetzt Deinen Traum vor. Nachher werde ich Dich einige Dinge fragen, die mir nicht klar sind. Überlege bitte beim Zuhören auch, ob es im Traum etwas gibt, was Dir wirklich passiert ist oder was Dich gerade beschäftigt."

Die Befragung am Morgen vervollständigt den Traumbericht. So wird geklärt, welche Traumgestalten und Traumorte dem Träumer bekannt sind, in welcher Beziehung er zu ihnen steht und welche Elemente des Traums aus seiner Lebenssituation stammen. Es ist der Sinn dieser Befragung, den Bericht so zu ergänzen, daß wir bei der späteren Auswertung die Traumelemente verläßlich einstufen und inhaltlichen Klassen zuweisen können. Wir fragen nicht nach Assoziationen und Einfällen zum Traum, wie dies etwa in einer psychotherapeutischen Situation der Fall wäre, weil eine Deutung der Träume nicht unser Anliegen ist.

Am Ende einer Versuchsnacht haben sich umfangreiche physiologische und psychologische Daten angesammelt: Die polygraphische Aufzeichnung einer Nacht von acht Stunden ist dokumentiert in einem Papierstreifen von rund 300 Metern, und es liegen mehrere Tonbandaufzeichnungen von Träumen vor. Zusätzlich hat der Versuchsleiter den Verlauf der Nacht mit ihren geplanten und unvorhergesehenen Ereignissen in einem Protokollblatt festgehalten. Er hat den Moment des Lichtlöschens, das Einsetzen der REM-Phasen und die Zeitpunkte der Weckungen eingetragen. Weiterhin hat er notiert, wenn die Versuchsperson gerufen hat, etwa um auf die Toilette zu gehen, oder wenn er mit technischen Tücken, beispielsweise einer verstopften Schreibfeder, fertig werden mußte. Um für die weitere Auswertung die Anonymität zu gewährleisten, werden Protokollblätter und Tonbandkassetten nur mit einem Code und nicht mit dem Namen der Versuchsperson versehen.

Die Tonbandaufzeichnungen werden zu einem späteren Zeitpunkt vom Versuchsleiter transkribiert. Obwohl in den Traumberichten häufig Wiederholungen oder auch unvollständige Sätze auftreten, wird alles möglichst wortgetreu übertragen. Zusätzlich werden auch Pausen und nichtsprachliche Äußerungen, wie Lachen, Stöhnen, „hm" aufgeschrieben. Namen und Ortschaften werden nur mit ihrem Anfangsbuchstaben bezeichnet, um die Anonymität in nachfolgenden Auswertungen sicherzustellen. Für unsere Traumerhebungen stellt sich hier noch ein besonderes Problem, da die meisten unserer Versuchspersonen ihre Träume auf Schweizerdeutsch berichten. Weil Schweizerdeutsch keine verbindlichen Regeln der Schreibweise kennt und daher auch schwer zu lesen ist, haben wir uns entschieden, diese Träume ins Schriftdeutsche zu übertragen, wobei wir aber zum Teil die mundartliche Grammatik und alle Ausdrücke, die nur umschrieben werden können oder die mehrdeutig sind, beibehalten. Die Angaben aus den Protokollblättern und die Traumtranskripte werden schließlich auf einem Großrechner in einer ‚Traumdatenbank' gespeichert.

Das standardisierte Verfahren der Traumerhebung hat sich in unserem Labor bereits in einer ganzen Reihe von Projekten bewährt. In über 300 Labornächten haben wir mehr als 100 Versuchspersonen untersucht, und da die Traumweckungen erfolgreich waren, sind in unserer Traumdatenbank inzwischen nahezu 1000 Traumberichte gespeichert. An den Projekten waren verschiedene Studenten im Rahmen ihrer Lizentiatsarbeiten als Versuchsleiter beteiligt. Sie wurden in einem technischen Kurs, der ein Semester lang geführt wird, für ihre Aufgabe geschult. Auch wenn verschiedene Versuchsleiter die Projekte durchführten und jeweils andere spezielle Fragestellungen verfolgten, so ist es aufgrund der standardisierten Erhebung dennoch möglich, die Träume zusammenfassend auszuwerten.

Die Richtlinien des Standardverfahrens stellen allerdings nur ein methodisches Gerüst dar, das in allen Schritten des Vorgehens ausgebaut oder verändert werden kann. Es können zusätzliche physiologische Maße registriert werden, Weckungen können zu anderen Zeitpunkten und nach anderen Kriterien erfolgen, und die Traumerhebung kann durch weitere Befragungen und Einstufungen ergänzt werden.

Zusätzliche physiologische Funktionen messen wir dann, wenn wir vermuten, daß sie einen deutlicheren Zusammenhang mit dem Traumerleben aufzeigen als die physiologischen Standardmaße. So könnten beispielsweise ein beschleunigter Puls und eine schnellere Atmung während des REM-Schlafs bessere Indikatoren für Angstträume sein als die Abfolgen der raschen Augenbewegungen.

Weckungen aus anderen Schlafstadien planen wir natürlich dann ein, wenn wir der Frage nachgehen, welche Träume während des gesamten Schlafverlaufs auftreten, und wie sich Träume aus verschiedenen Schlafstadien unterscheiden. Für einen Vergleich beispielsweise von REM-Träumen und Stadium 2-Träumen müssen wir dann das Weckschema abändern, damit für beide Stadien die Dauer und der Stellenwert im Schlafverlauf parallelisiert wird.

Der Zeitpunkt einer Weckung muß aber nicht nur aufgrund der Länge eines Schlafstadiums bestimmt werden, sondern als Weckkriterien können auch spezifische Merkmale innerhalb eines Schlafstadiums herangezogen werden. Da beispielsweise die Augenbewegungen während des REM-Schlafs nicht kontinuierlich auftreten, ist es möglich, Schläfer nach lebhafter Augenaktivität oder aus Phasen der Augenruhe aufzuwecken. Ein Vergleich der Traumberichte unter diesen beiden Bedingungen kann dann zeigen, ob Traumwahrnehmungen bei stärkerer Aktivierung der Augenbewegungen intensiver und bei Augenruhe neutraler sind.

Auch die Traumbefragung kann erweitert werden, wenn wir uns für bestimmte Merkmale der Träume interessieren, auf die ein Träumer nicht ohne weiteres achtet oder die bei der Berichterstattung leicht verloren gehen. Bei der Wiedergabe eines Traums steht in der Regel das Geschehen stärker im Vordergrund als das begleitende Erleben. Träumer berichten am ehesten das, was im Traum passiert und achten weniger darauf, wie intensiv oder deutlich ihre Traumeindrücke waren. Zudem geht die sprachliche Umsetzung eines Traums häufig mit einer Vernachlässigung von Details einher. So erhielten wir beispielsweise differenzierte Angaben über die Sinneswahrnehmungen in Träumen, als wir Versuchspersonen im Anschluß an den nächtlichen Traumbericht eingehend befragten, was sie gerade im Traum gesehen, gehört, gerochen oder gespürt hatten. Ohne diese Zusatzbefragung wären diese Traumberichte viel stärker vereinfacht worden.

Mit all diesen Vorgehensweisen versuchen wir, eine umfassende Bestandsaufnahme von Träumen zu erstellen und darüber hinaus das Umfeld zu erfassen, in dem Träume entstehen. Es hängt jeweils von unserer spezifischen Fragestellung ab, ob und wie wir das standardisierte Verfahren hinsichtlich psychologischer oder physiologischer Merkmale erweitern oder abändern.

Die experimentelle Beeinflussung des Traums

Träume werden geschaffen auf dem Hintergrund einer vielfältigen Erfahrung, die die Vergangenheit, die aktuelle Situation und die vorweggenommene Zukunft umspannt. Wenn wir Träumer fragen, auf welche Quellen sie ihre Traumerlebnisse zurückführen, dann werden wir konfrontiert mit einer überaus großen Spannbreite individueller Aussagen. Wenn wir hingegen den Traum experimentell beeinflussen, haben wir den Vorteil, wenigstens eine der Bedingungen zu kennen, die auf den Traum eingewirkt haben könnte.

Die experimentelle Beeinflussung des Traums stellt eine gezielte Methode dar, um der Traumgestaltung auf die Spur zu kommen. Hier wird von außen systematisch auf Träume eingewirkt, indem entweder die Bedingungen der Vorschlafsituation variiert oder während des Schlafs verschiedene Signale gegeben werden.

Zunächst können wir im Labor die Vorschlafsituation spezifisch gestalten, um festzustellen, ob und wie sie im Traum aufgenommen und verarbeitet wird. So wird den Versuchspersonen beispielsweise vor dem Zubettgehen einmal ein neutraler und ein anderes Mal ein angstauslösender Film gezeigt. Wenn die Vorschlafsituation den Traum beeinflußt, dann erwarten wir, daß in Nächten nach dem bedrohlichen Film mehr Träume berichtet werden, in denen unmittelbare oder in irgendeiner Form verarbeitete Angst zum Ausdruck kommt als nach der Darbietung eines neutralen Films. Der Versuchsleiter kann aber auch der Versuchsperson verschiedene ‚Traumbefehle' erteilen, etwa in der einen Nacht „Begegne einem Löwen in der Wüste!" und in der nächsten Nacht „Stehle ein Auto!" und anschließend überprüfen, ob solche konkreten inhaltlichen Anweisungen in den Traum überhaupt Eingang finden und falls ja, welche Ausgestaltung sie dann erfahren haben.

Während es unbegrenzte Möglichkeiten gibt, die Vorschlafsituation zu variieren, sind der Stimulation während des Schlafs natürlicherweise engere Grenzen gesetzt, weil der Schläfer seine Aufmerksamkeit von der Umwelt abgewandt hat. Wenn wir Signale präsentieren möchten, die dennoch direkt den Ablauf des Traums beeinflussen sollen, dann müssen wir darauf achten, daß diese Signale den Schläfer nicht aufwecken. So haben wir beispielsweise verschiedene Geräusche abgespielt, die unter der Weckschwelle blieben und die Traumberichte daraufhin untersucht, ob sie Hinweise für eine Aufnahme dieser Signale enthielten und wie diese in ihrem Bedeutungsgehalt abgewandelt wurden.

Eine direkte Beeinflussung des Traums ist mit einem besonderen Problem verbunden, nämlich daß wir uns nicht sicher sind, ob der Schläfer ein Signal überhaupt aufgenommen und erkannt hat. Im Gegensatz zur Beeinflussung in der Vorschlafsituation werden bei solchen Experimenten daher auch keine komplexen Reize, wie etwa sinnvolle Sätze, eingesetzt, sondern Töne, Lichtblitze, Wassertropfen oder Gerüche, weil anzunehmen ist, daß ein Schläfer eher in der Lage ist, während des Träumens ‚einfache' Signale zu verarbeiten.

Mit allen diesen verschiedenen Methoden der Traumerhebung kann unser Wissen über die Traumvorgänge erweitert und vertieft werden. Welche Vor- und Nachteile die Wahl eines bestimmten Vorgehens mit sich bringt, müssen wir abwägen, wenn wir eine konkrete Fragestellung in Angriff nehmen. Die Erhebung spontan erinnerter Träume ist dann angezeigt, wenn wir von vielen Personen über längere Zeit hinweg Träume sammeln wollen. Hier müssen wir allerdings in Kauf nehmen, daß solche Träume nur einen kleinen

Ausschnitt der Traumerfahrung repräsentieren. Die Erhebung von Träumen im Schlaflabor hingegen ist die Methode der Wahl, um einen unmittelbaren Zugriff auf mehrere Träume einer Nacht unter kontrollierten Bedingungen zu gewinnen. Dieser Gewinn ist allerdings mit der Einschränkung verbunden, daß die aufwendige experimentelle Traumerhebung nicht viele Personen und auch keine große Zeitspanne umfassen kann.

Methoden der Traumauswertung

Ist eine Traumerhebung erfolgreich abgeschlossen, beginnt die Phase der Traumauswertung, die meistens auch sehr viel Zeit in Anspruch nimmt. Wir haben eine bestimmte Anzahl von Traumberichten gesammelt, von denen wir wissen, unter welchen Bedingungen sie aufgenommen wurden. Lesen wir diese Träume durch, sind wir stets aufs neue beeindruckt von den unendlichen Variationen ihrer Inhalte und Geschehnisse. Träume sind so überaus abwechslungsreich, daß ihre Gemeinsamkeiten und Unterschiede bei einer einfachen Durchsicht noch nicht auffallen. Daher müssen wir diese Vielfalt aufschlüsseln, indem wir die Träume in irgendeiner Weise einstufen oder kategorisieren, um sie in ein Ordnungsprinzip zu übertragen.

Für die Auswertung von Träumen brauchen wir Kriterien, unabhängig davon, ob wir eine formale Auszählung, eine Inhaltsanalyse oder eine intuitive Bewertung vornehmen wollen. Die Methoden unterscheiden sich allerdings darin, welche Aspekte des Traumerlebens sie aufgreifen, wie differenziert sie sind und wie explizit die Anwendungsregeln formuliert sind.

Träume lassen sich ganz allgemein in Hinblick auf formale und inhaltlich-qualitative Eigenschaften auswerten. In der Traumforschung sind schon viele Versuche unternommen worden, Träume zu kategorisieren und einzustufen. Carolyn Winget und Milton Kramer haben 1979 eine Zusammenstellung von 132 Skalen zur Traumauswertung veröffentlicht, die bis zu diesem Zeitpunkt in 375 Traumuntersuchungen verwendet wurden.

Die große Zahl der vorhandenen Skalen zeigt, wie wenig sich Traumforscher bei ihren Auswertungen aufeinander bezogen haben, wobei diese Vernachlässigung keineswegs nur für die Traumforschung gilt, sondern in der Forschung allgemein verbreitet ist. Davon abgesehen hat aber wohl auch die unerschöpfliche Vielfalt der Traumphänomene die Forscher immer wieder angeregt, neue Kategorien und Dimensionen aufzustellen.

Die Auswertung formaler Traummerkmale

Umfang und Strukturierung eines Traums sind formale Eigenschaften, wobei wir beide Aspekte auf verschiedene Weise definieren und in Auswertungsanweisungen umsetzen können.

Die Länge eines Traums kann in der Anzahl der Wörter oder der Textzeilen ausgedrückt werden, wir können aber auch die Menge einzelner Sinneinheiten berechnen, indem wir den Traumbericht beispielsweise aufgrund von aufeinanderfolgenden Handlungen und Situationen in Segmente unterteilen.

Wenn wir es mit schriftlich abgefaßten, ganz auf den Traum bezogenen Berichten zu tun haben, können wir die Wörter einfach auszählen. Liegen aber Transkriptionen mündlich berichteter Träume vor, müssen wir sie unter Umständen vor einer Auszählung bereinigen. Wir nehmen die Äußerungen heraus, die sich an den Empfänger des Traums richten, da sie nur auf die interaktive Situation verweisen, in der der Traum erhoben wurde. Darüber hinaus streichen wir noch jene Textstellen, die keine neuen Informationen enthalten, sondern nur das Bemühen des Erzählers zum Ausdruck bringen, den unmittelbar zuvor erlebten Traum in Worte zu fassen.

Ob eine solche Aufbereitung des Traumtextes notwendig ist, hängt davon ab, in welcher Situation und wie der Traum erhoben wurde. Wird ein Traum unmittelbar nach einer Weckung mündlich berichtet, dann finden sich häufig Schwierigkeiten der Wortfindung, weil ein mündlicher Bericht in der Regel unmittelbarer und weniger geordnet ist als ein schriftlich festgehaltener Traum. Oft sind aber auch in solche Berichte interaktive Bemerkungen eingestreut, die sich an den Versuchsleiter richten, um ihn schon jetzt genauer zu informieren.

Zwei Traumbeispiele sollen die Anwendung verschiedener Längenmaße veranschaulichen. Beide Träume stammen von einer 31-jährigen Frau, den ersten Traum hat sie zu Hause aufgeschrieben, den zweiten hat sie unmittelbar nach einer Weckung aus der 3. REM-Phase auf Tonband gesprochen.

Heimtraum:

> „Es war ein wunderschöner Tag, ich befand mich auf einer grünen, blühenden Wiese. In nicht weiter Ferne lag ein herrlicher Mischwald; ich sah deutlich Birken, Tannen und genau vier große Eichen. Zu diesem Wald mußte ich unbedingt hin, *kam aber nicht recht von der Stelle,* [H1]

da irgendetwas mit meinen Füßen war. Als ich dann zu meinen Füßen sah, erblickte ich fassungslos statt der Schuhe Küchenbleche in Kastenform und mit jedem Schritt wurden die Kuchen, auf denen ich stand, höher. Die Kuchen hatten eine schöne goldbraune Farbe. Bald *lief ich wie auf hohen Stelzen, schaute immer wieder zum Wald, mußte bald balancieren*   [H2]
und *kippte schließlich*   [H3]
doch von meinen Küchenstelzen hinunter."

Labortraum:

„[Der Anfang war ganz kurios, da kam, glaube ich]
irgendjemand kam an und sagte :   [H1]
‚Wir verreisen‘, [aber ich weiß nicht, wer es war]
und dann *sagte ich:*   [H2]
‚Das ist nicht wahr, ich kann gar nicht verreisen, es ist
unmöglich‘. *Dann er*:   [H3]
‚Doch, doch, doch, das geht schon klar, wir nehmen alle
mit, Kind und Kegel wird mitgenommen.‘ Und dann haben
wir lauter Pappkartons gepackt, (nicht einen einzigen
Koffer, lauter Pappkartons). Und dann der Michael hat
seinen Pappkarton voll Schuhe *gesteckt,*   [H4]
(also lauter Schuhe), Sommerschuhe, Winterschuhe, Skistiefel
obendrauf. Und die Brigitte, die hat nur Strümpfe
mitgenommen,   [H5]
einen ganzen Karton voll gewickelter (Strümpfe). Und mein
Mann, der hat lauter Babysachen *mitgenommen,*   [H6]
lauter Windeln, den ganzen Karton voll (Windeln). Und ich
hatte drin lauter Noten, da hat immer *einer gesagt*:   [H7]
‚Sie liest von Noten, sie liest von Noten‘, (hat immer einer
gesagt). Und dann, [das kommt bestimmt von diesen
Nachbarn] habe ich einen ganzen Karton voll Noten
genommen."   [H8]

Zählen wir mechanisch alle Wörter, dann umfaßt der erste Traumbericht 109 und der zweite 155 Wörter. Der längere zweite Bericht reduziert sich aber stufenweise im Umfang, je nachdem, was wir zum eigentlichen Traumtext rechnen. Zunächst schließen wir alle interaktiven Bemerkungen aus, im Text in eckige Klammern gesetzt. Es sind Bewertungen [„Der Anfang war ganz kurios"], Erklärungen [„ich weiß nicht, wer es war"] und Assoziationen oder Einfälle [„das kommt bestimmt von diesen Nachbarn"]. Diese erste Bereinigung verkürzt den Traum auf 133 Wörter. Darüber hinaus streichen wir im Traumbericht sprachliche Wiederholungen und Verneinungen, im Text in einfache Klammern gesetzt. Nach dieser zusätzlichen Redigierung enthält der Traum nur noch 118 Wörter und gleicht sich dem Umfang des ersten Traumberichts noch stärker an, den wir nicht bereinigen mußten, weil er ganz auf die Schilderung der Traumszene abgestimmt ist.

Wenn wir als Maß für die Traumlänge die im Text *kursiv* gesetzten Handlungen [H] nehmen, unterscheiden sich die beiden Traumberichte deutlicher als es in der Wortzahl zum Ausdruck kam. Der erste Traum enthält nur drei Handlungen, während der zweite Traum insgesamt acht umfaßt. Um Handlungen aus dem Traumtext herauszufiltern, brauchen wir Regeln. Wir haben hier nur motorische Aktivitäten von Personen berücksichtigt und keine Verben, die Absichten („mußte ich unbedingt hin") und Wahrnehmungen („erblickte ich fassungslos") beschreiben. Neue Handlungen haben wir dann kodiert, wenn sie von verschiedenen Personen ausgeführt wurden („Michael hat ... gesteckt" und „Brigitte ... hat ... mitgenommen") oder wenn sie bei einer Person deutlich voneinander abgegrenzt waren („Bald lief ich ... und kippte schließlich"). Aufgrund dieser Bewertung zeigt der zweite Traum eine größere Handlungsdichte, weil viele Personen in Erscheinung treten, die verschiedene Dinge tun, während im ersten Traum nur das Traumich präsent ist und die Schilderung der Traumszenerie einen größeren Raum einnimmt.

Aus dem Aufbau und Verlauf eines Traums können wir ebenfalls formale Merkmale ableiten, die die Traumstruktur bestimmen. Solche formalen Merkmale sind nicht wie eine Wortzählung unabhängig vom Trauminhalt, sie sind aber dennoch als formale Kriterien anzusehen, weil sie vom Inhalt abstrahieren, um übergeordnete Prinzipien aufzudecken, die der Traumkonstruktion zugrundeliegen.

Die Übertragung der Metapher ‚Drama' auf den Traum stellt einen Versuch dar, die Handlungsstruktur vom Anfang bis zum Ende eines Traums zu verfolgen. Ein Traum kann sich wie ein klassisches Drama kontinuierlich und folgerichtig entwickeln mit einer Einleitung, einer Steigerung der Handlung und einer Lösung, er kann aber auch wie ein modernes Theaterstück assoziativ aufgebaut und durch Unbestimmtheit in Ort, Zeit und Personen der Handlung sowie durch Wechsel in den Konstellationen und Perspektiven gekennzeichnet sein.

Die folgenden Beispiele veranschaulichen, wie sich Träume in ihrem dramatischen Aufbau und ihrem Aktionsverlauf unterscheiden können. Den Traum vom Supermarkt hat ein 28-jähriger Mann am Morgen zu Hause auf Tonband aufgenommen:

> „Ich bin einkaufen gegangen in einem großen Supermarkt. Dort habe ich mein Wägelchen herumgeschoben und habe verschiedene Sachen hineingeworfen. Dann bin ich zur Kasse gegangen und wollte bezahlen. Und da habe ich plötzlich gemerkt, daß ich kein Geld bei mir hatte. Das war mir natürlich unerhört peinlich. Dann habe ich überlegt, was ich machen soll. Und in dem Moment kommt eine Arbeitskollegin von mir vorbei, und die sagt dann gerade von sich aus, daß sie rasch bei mir zu Hause vorbeigeht, um das Geld zu holen. Und das hat sie dann auch gemacht. Ich habe einfach dort gewartet, sie hat das Geld geholt, und dann konnte ich zahlen."

Der Traum geht aus von einer alltäglichen Einkaufsszene im Supermarkt, die zu einer peinlichen Situation wird, als der Träumer feststellt, daß er nicht bezahlen kann. In dieser unangenehmen Lage führt jedoch das Auftauchen einer hilfsbereiten Kollegin zu einem guten Ausgang. Der Traum hat eine einfache dramatische Struktur, die sich in einem geradlinigen, geschlossenen Geschehensablauf darstellt, der aber nicht von besonders intensiven Höhepunkten begleitet ist.

Den Traum von einer außergewöhnlichen Hochzeit hat ein 27-jähriger Mann zu Hause nach dem Aufwachen auf Kassette gesprochen:

> „Meine Mutter war gestorben. Es ist die Beerdigung gewesen, und alle Leute waren niedergeschlagen. Und nach dem Leichenschmaus ist man nach Hause gegangen. Und etwa zwei Wochen später habe ich eine Frau kennengelernt auf der Straße. Sie hat mich angesprochen, eine Adresse gefragt. Ich hatte sie noch nie vorher gesehen. Und dann haben wir uns verliebt und haben beschlossen, innerhalb von drei Wochen zu heiraten. Ich habe sie dann nie mehr gesehen bis zum Hochzeitstag. Und wie ich am Standesamt ankomme, ist sie dort mit ihren Papieren. Und sie hat den Namen von meiner Mutter gehabt. Und obwohl wir uns schon drei Wochen gekannt haben, habe ich ihr Gesicht erst jetzt wieder gesehen. Sie sah so aus wie meine Mutter, als sie 25 war. Wir haben dann geheiratet, sind in die Kirche gegangen, haben ein großes Fest gefeiert, und kommen nach Hause, und die Kollegen haben die Wohnung wie üblich verbarrikadiert. Wir haben uns daran zu schaffen gemacht, und als wir die Türe aufgemacht hatten, sind wir statt in ein Haus in einen Wald hereingekommen. Also das war gar kein Haus, in dem wir gewohnt haben, es war nur eine Fassade, und dahinter Wald und Flüsse. Und da habe ich ganz verdutzt herumgeschaut und habe diese Frau nicht mehr gesehen."

Der Traum kann als ein Drama in vier Akten angesehen werden. Im ersten Akt wird mit der Beerdigung der Mutter eine Ausgangslage geschaffen, die nachträglich den Eindruck vermittelt, daß sie die anschließende Partnerwahl des Träumers im zweiten Akt vorbereitet und erst ermöglicht. Für den Beobachter bringt der dritte Akt die dramatische Steigerung: Erst vor dem Standesamt erkennt der Träumer, daß er seine junge Mutter heiraten will, deren Identität ihm vor der Eheschließung offensichtlich verborgen geblieben war. Aber trotz dieser Entdeckung nimmt die Hochzeitsfeier ihren Fortgang. Im letzten Akt erfährt die Handlung eine weitere Zuspitzung und einen überraschenden Ausgang: Nach der Überwindung der Barriere findet sich hinter der Tür kein trautes Heim, sondern die Ungewißheit einer Landschaft, in der die Partnerin verloren gegangen ist.

Dieser Traum hat eine Erzählstruktur mit einem geschlossenen Aufbau, wobei die dichten und differenzierten Phasen der Handlung zeitlich aufeinander abgestimmt sind. Es ist hier aber besonders schwer, die formalen Merkmale getrennt von den inhaltlichen zu betrachten, weil erst der symbolische Gehalt des Traums die dramatischen Akzente setzt.

Den Traum über eine gestörte Telefonverbindung sprach eine 25-jährige Frau zu Hause nachts nach einem spontanen Aufwachen auf Tonband:

> „Helga oder Renate, eine von beiden, ich glaube Renate, rief an. Wir waren in so einer Art Mädchenheim. Das Gespräch wurde unterbrochen, einmal war sie es, ich war es dann wieder, die anrief. Es sollte umgestellt werden, das war aber schwierig, weil irgendwie das Gespräch vorgelagert war mit einer Eisdiele, man mußte also da anrufen, sie sollten das Gespräch umlegen. Dann waren wir plötzlich auf der Straße, ich sah den Eisdielenbesitzer laufen und wir warteten, daß das Gespräch umgeschaltet würde. Einmal war es dann wieder so, als ob ich anrief, dann als wenn er anrief, dann als wenn das Eisgeschäft bei mir war, dann war es aber doch im Grunde da drüben. Es klappte dann doch noch, hatten gerade ein paar Sätze gesprochen, da kam wieder eine Unterbrechung, diesmal von einer amerikanischen Militäreinheit, jetzt war die Sache ganz verwickelt, die Gespräche durcheinander mit Kabeln und Netzen gerissen. Auf jeden Fall wußte ich jetzt wieder nicht, ob ich Helga oder war es Renate erreichen konnte.“

Durch den ganzen Traum zieht sich wie ein roter Faden die Unbestimmtheit, wer mit wem in welcher Absicht in Kontakt treten will und in welcher Räumlichkeit sich das Ganze abspielt. Die Situation wechselt unvermittelt von dem Mädchenheim auf die Straße und hier bleibt ungewiß, wie die Szenerie räumlich angeordnet ist und wo sich die Träumerin eigentlich befindet. Die Telefonleitung, mit der die Traumfiguren miteinander in Verbindung treten möchten, funktioniert von Anfang an nicht richtig und bricht schließlich völlig zusammen. Dieser Traum ist nicht wie ein klassisches Drama aufgebaut, sondern ist ein Beispiel für eine assoziative Struktur. Sie zeigt sich in einer durchgehenden Unbestimmtheit der Motive der Traumfiguren, in den nicht verwirklichten Absichten, in zeitlichen und räumlichen Wechseln und in der Diskontinuität des Handlungsablaufs.

Die verschiedenen formalen Merkmale, mit denen Eigenschaften des Traums bestimmt werden können, beziehen sich nicht nur auf den Umfang des Traumerlebens, sondern sie decken auch Prinzipien auf, nach denen Träume gestaltet werden. Wenn wir formale Merkmale heranziehen, um den Ablauf eines Traums zu bestimmen, dann wird aber auch deutlich, wie schwer Form und Inhalt zu trennen sind, da formale und inhaltlich-qualitative Eigenschaften sich wechselseitig abrunden.

Die Bestimmung inhaltlich-qualitativer Eigenschaften der Träume

Inhalt und Qualität eines Traums sind eng miteinander verknüpft, weil die Inhalte eines Traums immer auch etwas über seine Qualität aussagen, und weil die Traumqualität wiederum in den Inhalten verankert ist. Im methodischen Vorgehen gibt es jedoch Gewichtungen, wie inhaltlich-qualitative Eigenschaften der Träume bestimmt werden. Wir können einzelne Trauminhalte verschiedenen Kategorien zuordnen oder den Traum als Ganzes auf qualitativen Dimensionen einstufen.

Eine Kategorisierung der Trauminhalte kann auf verschiedenen Ebenen erfolgen. Es hängt von dem Abstraktionsgrad und der Spezifität einer Kategorie ab, ob wir sie aus dem Traum direkt ablesen können oder ob wir sie erst erschließen müssen. Eine Inhaltskategorie, die beispielsweise nur zwischen weiblichen und männlichen oder bekannten und unbekannten Personen differenziert, stellt eine einfache Codierung für Traumfiguren dar. Wollen wir aber die Anzahl der Autoritätsfiguren in einem Traum bestimmen, dann müssen wir definieren, ob in diese Kategorie etwa nur ältere männliche Personen gehören, oder ob wir auch autoritäres Verhalten jüngerer und weiblicher Traumfiguren in die Definition miteinbeziehen.

Die Traumforscher Calvin Hall und Robert Van de Castle haben 1966 ein Klassifikationssystem für Trauminhalte veröffentlicht, das eine breite Anwendung gefunden hat. Ihre Inhaltsanalyse schlüsselt die Traumwelt danach auf, wo sich der Traum abspielt, welche Gegenstände vorkommen, welche Traumfiguren auftreten, welche Aktivitäten und Interaktionen stattfinden, welche Gefühle im Traum zum Ausdruck kommen, ob mit Ausdauer verfolgte Handlungen von Erfolg oder Mißerfolg gekrönt sind und ob sich glückliche oder unglückliche Ereignisse einstellen.

Sie haben diese übergeordneten Kategorien in verschiedene Ausprägungen aufgefächert, die teilweise nochmals aufgegliedert sind. Für jede Traumfigur wird beispielsweise kodiert, ob sie allein oder in einer Gruppe auftritt, welches Geschlecht und Alter sie hat und welchen Status sie einnimmt. So stehen etwa 19 Codes zur Verfügung, die beschreiben, in welcher Beziehung die Traumfiguren zum Träumer stehen, ob sie Vater, Mutter, Sohn, Verwandte, Bekannte, Fremde oder Personen des öffentlichen Lebens sind. Im Bereich der sozialen Interaktionen wird zuerst unterschieden, ob es sich um aggressive, freundliche oder sexuelle Aktivitäten handelt, und innerhalb dieser Unterklassen werden dann weitere Stufen der Ausprägung bestimmt. So steigern sich zum Beispiel aggressive Interaktionen von der verdeckten, verbalen bis zur physischen Aggression.

An dem folgenden Traum, den eine 36-jährige Frau in ihr Tagebuch eintrug, veranschaulichen wir das Codierverfahren nach Hall und Van de Castle in seinen Grundzügen:

> „Ich reite auf einem Schimmel durch die Bahnhofstraße auf einem schmalen Weg zum Münsterplatz. Ich gehe in ein Restaurant, das ganz mittelalterlich aussieht. Hans stellt eine Leica auf, sie fällt ihm um, und seine Mutter steht auf und begrüßt mich, ich sage irgendetwas Höfliches. Dann stehe ich unterhalb meines Gartens und spreche mit Frau G.. Plötzlich kommen vier Männer, alle hellgelb gekleidet, zwei dicke, ein dünner und ein großer, sehr gut aussehender, der noch einmal umkehrt und mich fragt, ob wir auch zur Fasnacht herunterkommen. Ich antworte ihm ziemlich hochmütig: ‚Das haben wir bereits seit heute morgen vor.‘ Er macht einen Luftsprung, rennt hinter den anderen her, dreht sich aber immer wieder um und winkt mit seiner Gitarre. Ich freue mich darüber.“

Wir können aus diesem Beispiel folgende Beschreibungen ableiten: Der Traum spielt an drei verschiedenen Orten, zwei sind im Freien und einer stellt einen geschlossenen Raum dar, wobei alle diese Szenerien der Träumerin vertraut sind. Sieben Gegenstände befinden sich auf der Traumbühne: Straße, Platz und Garten werden als Regionen kodiert, das Restaurant als Vergnügungsort, Leica und Gitarre als Freizeitobjekte und gesondert die Kleidung.

Außer der Träumerin treten ein Tier und sieben erwachsene Personen auf. Von den fünf Männern ist nur Hans der Träumerin bekannt, die übrigen vier sind Fremde. Die beiden Frauen dagegen sind als bekannte Personen einzustufen.

Das Traumich und die anderen Traumfiguren üben insgesamt 16 Aktivitäten aus, die wir alle in die Kategorien motorische Akte,

Fortbewegung und Sprechen eintragen können. Aktivitäten werden darüber hinaus den daran beteiligten Personen zugeordnet. So wird „ich spreche mit Frau G." übersetzt in „Traumich richtet verbale Aktivität auf eine bekannte weibliche Erwachsene". In bezug auf die sozialen Interaktionen sehen wir vier freundliche Akte, die zwei Ausprägungen haben. „Begrüßen", „etwas Höfliches sagen" und „winken" richten Freundlichkeit verbal oder gestisch direkt auf eine andere Person. Eine prägnantere, aktivere Form der freundlich erotischen Zuwendung ist die Aufforderung, „zur Fasnacht herunterzukommen". Aggressive Interaktion finden wir dagegen nur an einer Stelle: „Hochmütig antworten" kodieren wir als verbale Aggression. Auch in den Codes der sozialen Interaktionen wird erfaßt, welche Traumpersonen beteiligt sind.

Die Freude der Träumerin am Ende des Traums ist die einzige kodierbare Gefühlsäußerung. Erfolg und Mißerfolg werden in diesem Traum nicht kodiert, da Absichten zu wenig explizit formuliert sind und der Ausgang der Handlungen offenbleibt. Glück oder Unglück als Ereignisse, die ohne Zutun der Traumfiguren eintreten, kommen in diesem Traum nicht vor.

Hall und Van de Castle übertragen alle kodierten Traumelemente in ein Schema und beziehen sich in ihrer weiteren Auswertung vorwiegend darauf, wie häufig die einzelnen Kategorien auftreten und in welcher Beziehung sie zueinander stehen. Sie berücksichtigen hier nicht den Verlauf des Traums und den Stellenwert der Traumelemente in ihrer zeitlichen Abfolge. In diesem Sinne ermöglicht ihr Klassifikationssystem in erster Linie eine Bestandsaufnahme der Trauminhalte, eine Auffächerung der Erlebnisbreite der Traumwelt.

Die Erlebnisbreite der Traumwelt kann aber auch noch auf andere Weise beschrieben werden, indem Träume nicht in einzelne Inhaltskategorien aufgeschlüsselt, sondern nach übergreifenden Situationen, Themen und Motiven bewertet werden.

Die Situation eines Traums beschreibt den Lebensraum, in dem sich der Traum abspielt. Der Traum kann in verschiedenen Bereichen des Alltags angesiedelt sein, wenn er beispielsweise von beruflichen Dingen handelt oder häusliche Aktivitäten darstellt, er kann Freizeitaktivitäten spiegeln oder er hat eine Phantasiewelt zum Gegenstand, die keinen Bezug zu realen Lebenssituationen hat.

Traumthemen charakterisieren einen Traum aufgrund von vorherrschenden Inhalten und Handlungsabläufen. So können beispielsweise die Themen ‚Verfolgung‘ oder ‚Trennung‘ auf verschiedenste Weise im Traum ihren Ausdruck finden.

48

Während Traumsituation und Traumthema die Inhalte zusammenfassen, werden mit Traummotiven die den Inhalten zugrundeliegenden Bedürfnisse und Antriebe sowie ihre Befriedigung und Verwirklichung erfaßt. Aufstellungen von Motiven hat die Traumforschung aus der Persönlichkeitspsychologie übernommen. So sind beispielsweise für thematische Testverfahren, bei denen die Versuchspersonen aufgrund von Bildvorlagen Geschichten erzählen müssen, Auswertungskriterien erstellt worden, die eine Analyse auftretender Motive wie ‚Leistungsstreben‘, ‚Bindung‘, ‚Dominanz‘ und ‚Unterstützung‘ ermöglichen.

An dem nächsten Traumbeispiel skizzieren wir eine solche Bewertung:

„Ich bin Wasserski gefahren, auf einem See. Und zwar war ich zuerst auf einem großen Boot mit anderen Leuten zusammen, ich konnte selbst auch steuern, und an einem Punkt fand ich, ich möchte jetzt lieber allein zurechtkommen mit dem Boot. Ich hatte dann ein eigenes Segelboot. Aber ich bin dann nicht mehr Wasserski gefahren, sondern ich konnte einfach mich stehenderweise im Wasser bewegen, als ob ich selbst Segel gehabt hätte. War sehr beweglich, vor allem konnte ich mich losgelöst vom anderen Boot bewegen. Obwohl ich das erst gerade frisch gelernt hatte, war es sehr schön. Ein Gefühl von Stärke und Freiheit."
(weiblich, 24 Jahre, 2.Nacht, 5.REM-Phase)

Die Situation in diesem Traum ist der Kategorie Freizeit zuzuordnen, während wir das Traumthema mit dem Stichwort ‚Freie Fahrt‘ umschreiben können. Freiheit und Selbstbestimmung sind die Motive dieses Traums, die die Träumerin verwirklichen kann, indem sie ihr eigenes Boot steuert. Die gewonnene Unabhängigkeit steigert sich dann aber zu einer Größenphantasie, als die Träumerin plötzlich die erstaunliche Fähigkeit erlangt, sich fast fliegend auf dem Wasser fortzubewegen. Erst mit Hilfe von Assoziationen könnte herausgefunden werden, welchen Stellenwert die Übersteigerung des Unabhängigkeitsstrebens im Leben dieser Träumerin hat.

Einen strukturellen Ansatz zur Analyse von Interaktionen in Träumen hat Ulrich Moser mit seiner Forschergruppe entwickelt (Moser, Pfeifer, Schneider & von Zeppelin, 1980). In einem ersten Schritt teilen sie den Traumtext in einzelne Traumsituationen auf. Für jede einzelne Situation bestimmen sie dann jeweils die interaktiven Verknüpfungen zwischen den auftretenden Traumfiguren. Ist das Traumich vorhanden, aber an einer bestimmten Aktivität nicht direkt beteiligt, wird eine Zuschauerverknüpfung (Z) kodiert: „Meine Brüder warfen Steine". Befindet sich das Traumich allein in der

Szenerie, wird eine Kulissenverknüpfung (K) vermerkt: „Ich war allein in der Wohnung". Ist das Traumich mit anderen Traumfiguren zusammen, nimmt aber keinerlei Beziehung zu ihnen auf, wird eine Nullverknüpfung (N) signiert: „Ich war unter Leuten auf der Straße".

Alle an einer Situation beteiligten Traumfiguren können zudem Träger (aktiv) oder Empfänger (passiv) einer Aktivität sein. Bei der einseitigen Verknüpfung (E) geht die Aktivität nur von einer Traumfigur aus: „Ich habe einen Brief gefunden", „Jemand hält mich auf der Straße an", bei der gegenseitigen Verknüpfung (G) ist die Aktivität wechselseitig: „Wir sprechen miteinander" und bei der parallelen Verknüpfung (P) läuft sie in gleicher Richtung: „Mein Mann und ich haben den Rasen gemäht".

Die Aktivitäten werden darüber hinaus noch in ihrer Qualität bewertet. Es wird unterschieden zwischen ‚Annäherung': „Sie hat mir geholfen" (a), ‚Vermeidung': „Er wandte sich von mir ab" (v) und ‚Störung': „Der Polizist hielt uns an" (s).

In dem folgenden Traum haben wir die Interaktionsverknüpfungen der einzelnen Situationen kodiert und die Beteiligung des Traumichs angegeben. Wiederholungen, Pausen, Erklärungen und Einfälle haben wir aus dem Text herausgenommen.

„Ich bin mit einer Freundin über eine bestimmte Straße gefahren mit dem Fahrrad bis zum nächsten Dorf.	[P / Traumich aktiv]
Und dann so in der Hälfte steht da ihre Schwester und sagt, daß wir jetzt anhalten müßten,	[E,s / Traumich passiv]
sie habe den Stein eines Schmuckstücks verloren,	[Z,E,v / Traumich unbeteiligt]
und wir sollten ihr beim Suchen mithelfen.	
Das haben wir getan.	[P,a / Traumich aktiv]
Und ich habe ihn dann gefunden.	[E / Traumich aktiv]
Da frage ich, woher sie denn den Stein hätte.	
Da sagte sie, sie wisse es nicht. Sie hätte ihn zu Hause gefunden.	[G / Traumich aktiv]
Und dann kam einer ihrer Brüder auch zufällig	[E,a / Traumich passiv]
und sagte,	[E / Traumich passiv]
ja, das seien seine. Er hätte sie in einem bestimmten Laden als Geschenk bekommen."	[Z,E,a / Traumich unbeteiligt]

(weiblich, 23 Jahre, 2.Nacht, 3.REM-Phase)

Wir haben in diesem Traum neun Interaktionscodes vergeben. Der Traum ist reichhaltig in bezug auf die Verknüpfungstypen und ihre

50

verschiedenen Kombinationen. Es kommen einseitige, parallele und gegenseitige Interaktionen vor sowie Aktivitäten der Annäherung, Vermeidung und Störung. Auch die Beteiligung des Traumichs am Geschehen ist vielfältig. Wir finden sowohl aktive wie passive Beteiligung, als auch Situationen, in denen das Traumich nur Zuschauer ist. Obwohl die Träumerin in den verschiedenen Situationen in gleicher Weise aktiv und passiv ist, fällt aber auf, daß sie nur einmal allein Trägerin einer Handlung ist.

Im Vergleich zu einer reinen Inhaltsklassifikation oder zu einer Motivbestimmung abstrahiert diese Interaktionsanalyse in stärkerem Maße von den spezifischen Trauminhalten. An einem einzelnen Beispiel kann noch nicht deutlich werden, was mit der Codierung von Interaktionen über eine zusammenfassende Beschreibung hinaus erreicht werden kann. Strukturelle Gemeinsamkeiten oder Unterschiede zwischen Träumen können aber aufgezeigt werden, wenn wir etwa Träume aus verschiedenen Lebensabschnitten eines Menschen heranziehen oder Träume verschiedener Personengruppen vergleichen. Die Interaktionsanalyse erweitert daher eine Bestandsaufnahme um die Frage, nach welchen Gesetzmäßigkeiten der Traumprozeß strukturiert ist.

Der Traumforscher David Foulkes hat noch detaillierter die kognitive Struktur von Träumen analysiert. In seiner ‚Grammar of dreams‘ (1978) legte er ein ausgefeiltes Verfahren vor, mit dem sowohl die manifesten Trauminhalte als auch die dazugehörigen freien Assoziationen, die zu den latenten Traumgedanken hinführen, kodiert werden. Foulkes hat versucht aufzuzeigen, daß die Übersetzung latenter Traumgedanken in manifeste Trauminhalte grammatischen Regeln folgt. Er zerlegt jeden Traumtext in einzelne Sätze. Ein Satz drückt eine Beziehung aus, in der immer zwei Substantive, grammatikalisches Subjekt und Objekt, mit einem Verb verbunden sind. Es gibt vier interaktive und drei assoziative Beziehungsformen. Interaktionen werden unterteilt in ‚Auf etwas zugehen‘ (ZU), ‚Von etwas weggehen‘ (WEG), ‚Sich entgegenstellen‘ (GEGEN) und ‚Hervorbringen‘ (HERVOR). ‚Auf etwas zugehen‘ beschreibt Interaktionen, in denen das Subjekt ein Objekt bemerkt, sich ihm nähert, ihm hilft. ‚Von etwas weggehen‘ wird kodiert, wenn das Subjekt sich von einem Objekt zurückzieht, es verliert oder es vernachlässigt. ‚Sich entgegenstellen‘ umfaßt Sätze, in denen das Subjekt einem Objekt feindselig begegnet, es kritisiert oder angreift. ‚Hervorbringen‘ schließlich erfaßt Aktivitäten, bei denen sich das Subjekt irgend etwas ausdenkt, erarbeitet oder entwickelt.

In jedem interaktiven Satz muß das Traumich als Subjekt oder Objekt kodiert werden, weil die Annahme naheliegend ist, daß alle Beziehungen, die im Traum zum Ausdruck kommen, auf Motive des Träumers zurückzuführen sind. In interaktiven Sätzen, wo das Traumich fehlt, muß es daher zusätzlich an passender Stelle eingesetzt werden. So wird in einem Traumsatz: „Die Frau half dem Großvater und dem Buben die Treppe herauf" das Traumich an Stelle der Frau eingeführt, wenn es sich um eine Träumerin handelt. Stammt der Traumsatz hingegen von einem jungen Mann, hängt es vom Kontext des Traums und den Assoziationen ab, ob das Traumich durch den Großvater oder den Buben repräsentiert wird.

Die assoziativen Sätze drücken ein ‚Zusammensein‘ mit dem Objekt aus, ein ‚Gleichsein‘ mit dem Objekt, indem Subjekt und Objekt die gleiche Rolle übernehmen, oder das Objekt ist ‚Hilfsmittel‘, um eine Beziehung zu stärken. Zusätzlich zu der Beziehungsform werden alle Traumfiguren, unabhängig davon, ob sie in einem Satz Subjekt oder Objekt sind, in acht Klassen eingeteilt: Vaterfiguren, Mutterfiguren, Geschwister, gegengeschlechtlicher Partner, weibliche Gleichaltrige, männliche Gleichaltrige, Kinder und das Ich. Gegenstände und Orte im Traum werden dagegen nicht differenziert, sondern nur in einer gemeinsamen Kategorie ‚Symbole‘ erfaßt.

Wir greifen in einem Traumbeispiel zur Veranschaulichung des komplexen Codiervorgangs nur den Aspekt der interaktiven Sätze heraus, um zu zeigen, in welche strukturellen Merkmale hier ein Traumtext umgesetzt wird. Die interaktiven Sätze sind deshalb besonders interessant, weil Foulkes davon ausgeht, daß in ihnen die latenten Motive des Träumers verborgen sind.

„Schönes Haus im Wald. Das lag also verhältnismäßig einsam, aber war nicht ganz eingerichtet, nur ein bißchen. In diesem Haus waren verschiedene Postkästen und aus dem einen *hätte ich eigentlich immer die Post holen sollen.* [ZU]
Hätte ich auch an dem Tag holen sollen, aber ich hatte die Schlüssel vergessen. [WEG]
Dann kam ein Besucher, [ZU]
den ich nicht hereinlassen wollte. [GEGEN]
Und der sagte: ‚Sie gehen jetzt doch mit mir spazieren.‘ [ZU]
Habe ich gesagt: ‚Auf gar keinen Fall.‘ [GEGEN]
Und da sind wir so Treppen heruntergegangen, [WEG]
da sah ich, daß der einen riesigen Hund [ZU]
bei sich hatte, und zwar einen Boxerhund, so einen ganz großen, ganz verspieltes Tier. Und dann war es plötzlich finster und *ich verlor einen Schuh.* [WEG]
Das waren so Sandalen, ganz offene Sandalen. Und hinter

uns waren viele Leute, Mädchen und Männer, und *da sagte*
ich: [ZU]
‚Ich habe einen Schuh verloren.' [WEG]
Da schrie eine: ‚Hier.' [ZU]
Und da *kriege ich ihn wieder,* [ZU]
zog ihn an. [ZU]
Es war er aber nicht. Bin aber ein Stück gegangen, *habe ihn*
dann wieder hochgehalten [ZU]
und *gesagt*: [ZU]
‚Das ist er nicht, ich brauche einen anderen' [ZU]
und *habe ihn einfach hingelegt'.* [WEG]

(weiblich, 47 Jahre, 3.Nacht, 4.REM-Phase)

In diesem Traum sind Interaktionen, die Annäherung ausdrücken, am häufigsten, während Aktivitäten, die mit Trennung oder Angriff verbunden sind, weitaus seltener sind. Die Häufigkeit der verschiedenen Interaktionsformen allein sagt allerdings noch wenig aus, wenn sie nicht durch den Einbezug der an den Interaktionen beteiligten Traumfiguren und Gegenstände angereichert werden. So zeigt sich in diesem Traum, daß Annäherung achtmal von der Träumerin ausgeht und nur dreimal von anderen. Sie ist es aber auch, die als einzige ablehnende und trennende Handlungen zeigt. Mit weitergehenden strukturellen Analysen, die die Assoziationen der Träumerin einbeziehen, könnte beispielsweise geklärt werden, ob der Ablehnung, die das Traumich gegenüber der männlichen Person äußert, ein Beziehungsmuster zugrundeliegt, das in der Lebensgeschichte der Träumerin bedeutungsvoll verankert ist.

Gegenüber der Inhaltsanalyse von Hall und Van de Castle, die in besonderer Weise geeignet ist, das vielen Träumen gemeinsame Erscheinungsbild zu erfassen, zielen die Verfahren von Moser und Foulkes stärker darauf ab, die Struktur abzubilden, die einzelnen Träumen zugrundeliegt. Beide Verfahren eröffnen einen Zugang zum Prozeß der Traumentstehung, wobei das Codiersystem von Foulkes die Analyse der individuellen Motivstruktur besonders hervorhebt.

Träume vermitteln nicht nur Inhalte, sondern sie hinterlassen auch einen Gesamteindruck, der mit einer Einschätzung qualitativer Dimensionen erfaßt werden kann. Dieser Zugang zum Traum, der die Kategorisierung von Trauminhalten ergänzt, wird sehr oft gewählt, weil er den Anmutungscharakter der Träume aufgreift, so etwa wenn Träume als realistisch oder phantastisch, als dramatisch oder alltäglich, als intensiv oder flach, als lebhaft oder zäh empfunden werden.

53

In der Traumforschung hat die systematische Erhebung von Eindrucksurteilen eine lange Tradition. Solche Traumbewertungen erfolgen aufgrund von Instruktionen, die eine mehr oder weniger ausführliche Beschreibung der Kategorie enthalten und einen Maßstab vorgeben. Am Beispiel der dramatischen Qualität veranschaulichen wir solche verschiedenen Möglichkeiten der Bewertung.

Wir können einem Beurteiler einen Traum vorlegen und ihn nur fragen: „Wie dramatisch ist dieser Traum?" In diesem Fall bleibt es ihm überlassen, was er unter Dramatik versteht. Hier kann sich aber das Problem ergeben, daß der Beurteiler eine vom Alltagsverständnis abweichende Vorstellung von Dramatik hat, etwa indem er ,dramatisch' negativ sieht und mit ,extrem übertrieben' oder ,gestört' gleichsetzt. Um das zu vermeiden, können wir in der Anweisung eine zusätzliche Umschreibung geben: „Mit dramatisch ist gemeint, wie handlungsreich, intensiv und gefühlsbetont das Traumgeschehen ist." Eine weitere Möglichkeit wäre, von vornehereinn verschiedene Aspekte von Dramatik zu definieren, sie getrennt beurteilen zu lassen und die Bewertungen anschließend zusammenzurechnen.

Die Maßstäbe, die für die Bewertungen vorgegeben werden, unterscheiden sich in ihrer Auffächerung. Sie können in getrennte, benannte Stufen oder in aufeinanderfolgende Intensitätsgrade eingeteilt sein. Die ,dramatische Qualität' soll beispielsweise als ,hoch', ,mittel' oder ,gering' eingeschätzt werden, oder sie soll einen Wert zwischen 1 = ,wenig' und 10 = ,viel' erhalten. Die Wahl eines Maßstabs hängt davon ab, wie sinnvoll es überhaupt ist, einen Gesamteindruck ,dramatische Qualität' abzustufen und wie aussagekräftig die verschiedenen Ausprägungen sind.

Globale qualitative Bewertungen von Träumen werden in der Traumforschung sehr häufig angewandt, um etwa Phantasiereichtum, Traumhaftigkeit, Realitätsnähe einzuschätzen oder um herauszufinden, wie gefühlsbetont, bizarr oder unkontrolliert Träume sind. Globaleinschätzungen von Träumen sind nicht als eine Bestandsaufnahme von Trauminhalten anzusehen, sondern sie führen zu einer Typisierung des Traumerlebens, die eine Unterscheidung verschiedener Klassen von Träumen ermöglicht. Solche Ordnungsmuster geben beispielsweise einen ersten Einblick in Unterschiede zwischen Träumen, die aus den einzelnen Schlafstadien stammen oder die von Menschen, die in verschiedenen Lebenssituationen stehen, berichtet werden.

Die Verläßlichkeit der Traumauswertung

Die einzelnen Methoden der Traumauswertung unterscheiden sich darin, wie sicher und verläßlich sie angewandt werden können. Die Genauigkeit einer Methode ist abhängig davon, wie einfach oder wie komplex sie ist, wieviele Anwendungsregeln sie erfordert und wie eindeutig diese formuliert sind. Diese methodischen Probleme teilt die Traumforschung mit allen Disziplinen, die sich mit der Auswertung von privaten Erlebnissen befassen, seien es Äußerungen eines Patienten in einer Psychotherapie, Erzählprotokolle aus psychologischen Testsituationen oder Berichte über Phantasien im Wachzustand.

Die Verläßlichkeit einer Traumauswertung überprüfen wir, indem wir dasselbe Traummaterial mehrfach beurteilen lassen. Dadurch können wir feststellen, ob verschiedene Beurteiler zu übereinstimmenden Ergebnissen kommen. Bei komplexen Verfahren werden Beurteiler in der Regel an einer Auswahl von Träumen geschult, ehe sie ihre Aufgabe durchführen.

In der Traumforschung werden häufig außenstehende Beurteiler herangezogen, wenn die Merkmale direkt aus dem Traumtext erschlossen werden können. Auf diese Weise ist es möglich, Träume verschiedener Personen nach gleichen Kriterien zu bewerten. Es gibt aber Facetten des Traumerlebens, die nicht immer im Traumbericht ihren Niederschlag finden. Hier kann es von Vorteil sein, den Träumer selbst als Beurteiler heranzuziehen, weil er Zugang zu allen Erlebnisaspekten seines Traums hat.

Welche Probleme beispielsweise mit einer Fremd- und Selbstbewertung von Traumgefühlen verbunden sind, demonstrieren wir an einem Traum, der den Träumer in die Schule zurückversetzt hat:

„Ich habe mit einer Frau gesprochen, und ich war Primarschüler. Es war ein Schulzimmer, wo die Lehrerin vorne in der Mitte saß, und so in einem Kreis rundherum saßen die Schüler. Und dann ist eine Prüfung verteilt worden, die schaurig schlecht ausgefallen ist. Und ich habe irgendwie einen Sechser gehabt (*Anmerkung: In diesem Schulsystem die beste Note*), habe es aber nicht gewußt, und mußte an die Tafel, um die Wandtafel zu putzen. Und während des Putzens habe ich dann gehört, daß ich einen Sechser habe. Und die anderen hatten zum Teil Tränen in den Augen. Und da war ein Mädchen, die hat mir einen Kuß gegeben und ist wieder gegangen."
(männlich, 25 Jahre, 2.Nacht, 4.REM-Phase)

Gehen wir an diesen Traum als Fremdbeurteiler heran, dann können wir zunächst einmal die Gefühle heraussuchen, die im Traum direkt ausgesprochen wurden, unabhängig davon, ob sie sich auf den Träumer oder andere Traumpersonen beziehen. Nach diesem Kriterium finden wir in dem Traum kein Gefühl. In einem zweiten Schritt kodieren wir Gefühle dann, wenn sie sich direkt und eindeutig in Handlungen ausdrücken. Jetzt können wir in diesem Traum zwei Gefühle bestimmen: ‚Trauer‘ bei den anderen Schülern („schaurig schlecht ausgefallen ... Tränen in den Augen“) und ‚Freude‘ des Träumers („... die hat mir einen Kuß gegeben“). Während eine Codierung von ‚Trauer‘ aufgrund des Traumkontextes naheliegt, sind wir bei der Codierung von ‚Freude‘ nicht sicher, ob der Kuß nicht auch andere Gefühle ausgelöst haben könnte. Versuchen wir in einem weiteren Schritt, auch solche Gefühle zu erfassen, die indirekt in der Traumsituation verschlüsselt sein könnten, dann wäre es beispielsweise denkbar, ‚Angst‘ an der Stelle des Traums zu kodieren, wo der Träumer noch nicht weiß, wie seine Prüfung ausgefallen ist, ‚Scham‘, als er die Wandtafel putzen muß, noch einmal ‚Freude‘, als er seine gute Note erfährt und schließlich auch noch ‚Überraschung‘ über den Kuß. Bei dieser indirekten Codierung haben wir uns in die Traumsituationen hineinversetzt und abzuleiten versucht, von welchen Gefühlen sie hätten begleitet sein können. Wir sind dabei natürlich von unseren eigenen Vorstellungen und Erfahrungen ausgegangen und haben zudem unterstellt, daß Träume von ähnlichen Gefühlen getragen werden wie vergleichbare Wachsituationen.

Es liegt auf der Hand, daß die Übereinstimmung zwischen Fremdbeurteilern am größten ist, wenn sie nur Gefühle kodieren, die im Traumbericht konkret erwähnt werden. Aber auch wenn Fremdbeurteiler bei der indirekten Gefühlsbestimmung untereinander übereinstimmen, so müssen sie nicht notwendigerweise mit dem Träumer selbst in Einklang stehen. Deshalb verwundert es auch nicht, daß in diesem Traumbeispiel die Gefühlsangabe des Träumers von unserer Fremdbeurteilung erheblich abweicht. Auf die Frage: „Wie hast Du Dich in diesem Traum gefühlt?“ antwortete er: „Irgendwie bedrückt und auch verwundert, daß ich Schüler bin.“ Während wir als Fremdbeurteiler den einzelnen Traumsituationen jeweils spezifische Gefühle zugeschrieben haben, hat der Träumer nur eine Stimmung von Trauer und Überraschung angegeben, die in seinem Erleben den Traum als Ganzes geprägt hat.

Die Unterschiede, die wir zwischen Selbst- und Fremdbeurteilung der Gefühle in diesem Traum gefunden haben, legen nahe, Traumgefühle immer nur von den Träumern beurteilen zu lassen. Allerdings ist dabei zu bedenken, daß auch der Träumer eine bestimmte Sichtweise hat. Er könnte nur die Gefühle berichten, die er besonders intensiv erlebt hat oder die in ihm gerade noch nachwirken. Zudem wird er nur solche Gefühle angeben, die er nicht abwehren muß, und die er gegenüber dem Versuchsleiter zuzugeben bereit ist. Wenn es jedoch darum geht, den Gefühlsgehalt der im Traum symbolisierten Szenen zu erfassen, dann können auch Fremdbeurteiler eine angemessene Einschätzung vornehmen.

Die verschiedenen Methoden der Traumauswertung schließen einander nicht aus, sondern sie stellen Ordnungsversuche dar, die sich ergänzen, weil die Vielfalt der Traumphänomene unter jeweils anderen Sichtweisen aufgegliedert wird. Letztlich hängt es wiederum von der Fragestellung einer Untersuchung ab, ob wir formale oder inhaltlich-qualitative Eigenschaften von Träumen auswählen, ob wir den Traum detailliert kategorisieren oder global einschätzen wollen und ob wir Träume von Außenstehenden oder von dem Träumer selbst beurteilen lassen.

Das Erinnern von Träumen

Die Erinnerung, das Bindeglied zwischen Traum und Wachen, ist der einzige Weg, um den Träumen auf die Spur zu kommen. Die Traumerinnerung ist aber eigenwillig und unberechenbar und weil sie eigenen Bedingungen folgt, sind Träume für viele Menschen eine vertraute Erfahrung, für andere ein eher seltenes Erleben und für einige gar ein völlig unzugängliches Phänomen.

Traumforscher haben sich schon seit langer Zeit mit der Frage beschäftigt, warum sich manche Menschen gar nicht an ihre Träume erinnern und andere jeden Morgen einen Traum erzählen können, sie haben jedoch bis heute noch nicht völlig enträtselt, worauf solche Unterschiede zurückzuführen sind.

Die Ergebnisse einer repräsentativen Umfrage bei der Schweizer Bevölkerung veranschaulichen zunächst einmal, welche Antworten wir erhalten, wenn wir Menschen ganz allgemein danach fragen, wie oft sie träumen (Borbély, 1984).

Aus der Abbildung 6 ist abzulesen, daß sich die Befragten auf ungefähr drei gleich große Gruppen verteilen: Da sind einmal die häufigen Erinnerer, dann Menschen, die sich nur hin und wieder auf ihre Träume besinnen können und schließlich eine dritte Gruppe,

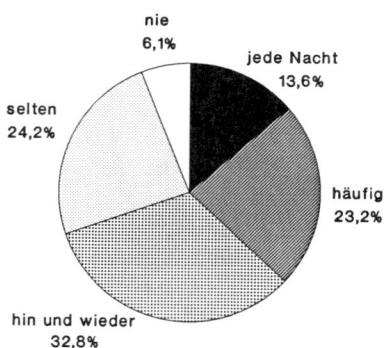

Abbildung 6: Häufigkeit der spontanen Traumerinnerung.
Eine Repräsentativbefragung von 1000 Schweizern. Verteilung der Antworten auf die Frage: „Wie oft träumen Sie?" (Borbély, 1984).

die sich selten oder nie ihrer Träume bewußt wird. Diese Typen der Traumerinnerung fanden sich nicht nur bei der Schweizer Bevölkerung, sondern mit vergleichbaren Häufigkeiten auch in vielen Befragungen, die in anderen Ländern durchgeführt wurden. Wir müssen also davon ausgehen, daß es Menschen gibt, für die Träume eine alltägliche Erfahrung sind und andere, denen dieser Erlebnisbereich ganz verschlossen bleibt.

Das Erinnern oder Vergessen von Träumen kann darüber hinaus auch über die Zeit hinweg Schwankungen ausgesetzt sein, wie beispielsweise unsere Längsschnittstudie über das Schlafverhalten gezeigt hat, in der wir unter anderm auch die Häufigkeit der Traumerinnerung erfaßt haben. Wir haben in dieser Untersuchung eine Gruppe von Schülern zum erstenmal 1975 befragt, als sie im Alter zwischen 10 und 12 Jahren war, und die Befragung im Abstand von zwei Jahren bis heute siebenmal wiederholt. In der Abbildung 7 zeigen wir, wie sich im Laufe des zweiten und dritten Lebensjahrzehnts die Häufigkeit der spontanen Traumerinnerung bei den 92 Personen verändert hat, die diese Frage jedesmal beantwortet haben.

Die Traumerinnerung war im Jugendalter eindeutig stärker ausgeprägt als im jungen Erwachsenenalter. Während in den ersten vier

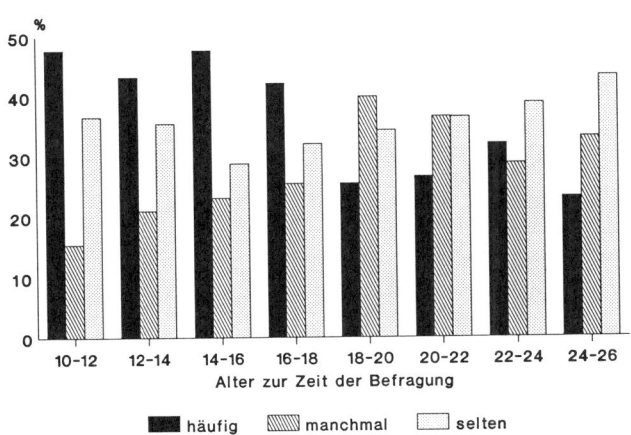

Abbildung 7: Häufigkeit der Traumerinnerung im zweiten und dritten Lebensjahrzehnt.
Eine Längsschnittuntersuchung an 92 Schülern über eine Zeitspanne von 14 Jahren. Alle zwei Jahre beantworteten sie unter anderem die Frage, wie häufig sie sich spontan an ihre Träume erinnern.

Befragungen immer über 40% der Jugendlichen in einer Woche mehrere Träume erinnerten, eine häufige Erinnerung also an erster Stelle stand, veränderte sich vom 18. Lebensjahr an die Rangfolge: Jetzt nahmen die seltene und gelegentliche Traumerinnerung an Gewicht zu, und die häufige Traumerinnerung mußte ihren ersten Platz abgeben.

Die bessere Traumerinnerung im zweiten Lebensjahrzehnt könnte ein Ausdruck sein für die stärkere Hinwendung der Jugendlichen auf die eigene Person, bei der sie auch dem Traum größere Beachtung schenken, weil er den Prozeß der Selbstfindung unterstützt. Demgegenüber haben Träume im nachfolgenden jungen Erwachsenenalter vielleicht deshalb weniger Gewicht, weil die Anforderungen des täglichen Lebens sie in den Hintergrund drängen.

Obwohl die Traumerinnerung diesen allgemeinen Entwicklungsverlauf zeigte, betrafen diese Veränderungen nicht jeden einzelnen in gleicher Weise, wie die Abbildung 8 veranschaulicht, in der wir Konstanz und Variabilität der Traumerinnerung dargestellt haben. Die individuellen Verläufe der 92 Personen haben wir, getrennt für ihr Jugend- und Erwachsenenalter, in drei konstante und drei wechselnde Typen eingeordnet.

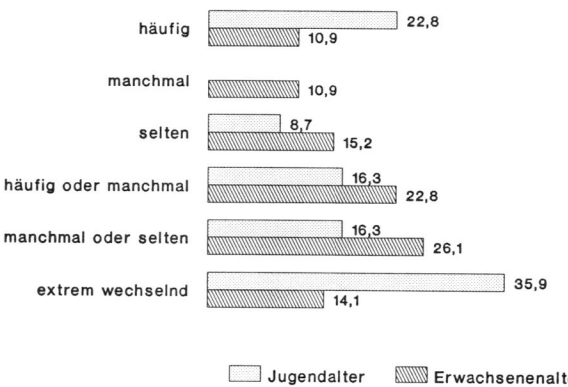

Abbildung 8: Variabilität der Traumerinnerung im zweiten und dritten Lebensjahrzehnt.
Individuelle Typen der Traumerinnerung im Jugendalter und im jungen Erwachsenenalter. Dieselben 92 Personen schätzten jeweils viermal in ihrem zweiten und in ihrem dritten Lebensjahrzehnt ihre Traumerinnerung ein. Die Kategorien ‚häufig‘, ‚manchmal‘ oder ‚selten‘ bezeichnen Personen, die jeweils konstant diese Angabe machten. Die übrigen Typen beschreiben wechselnde Verläufe in verschiedener Ausprägung.

In den ersten vier Befragungen hat etwa jeder dritte immer die gleiche Antwort gegeben, indem er konstant angab, sich häufig oder selten auf Träume besinnen zu können. Weit stärker waren im Jugendalter die wechselnden Verläufe vertreten, in erster Linie sogar extreme Schwankungen des Traumerinnerns innerhalb dieser Zeit. Auch im jungen Erwachsenenalter blieb nur bei etwa einem Drittel der Befragten die Traumerinnerung stabil, aber häufige, gelegentliche und seltene Traumerinnerer waren gleichmäßiger vertreten. Die größte Veränderung gegenüber dem Jugendalter zeigte sich darin, daß bei den nunmehr jungen Erwachsenen extrem wechselnde Verläufe stark zurückgegangen waren. Der Zugang zu den Träumen hatte sich jetzt offensichtlich für viele von ihnen eingependelt und variierte nur noch in schwächerem Ausmaß.

Aussagen über die Traumerinnerung geben natürlich keine verläßliche Auskunft über das Auftreten von Träumen. Frühere Umfragen gingen häufig noch von der Annahme aus, die Erinnerung an Träume sei gleichzusetzen mit dem Träumen überhaupt, während wir heute den Vorgang der Traumerinnerung und das Auftreten von Träumen streng auseinanderhalten.

Schon Freud hat aus seinen Beobachtungen abgeleitet, daß Menschen mehr träumen als sie erinnern, weil Träume sich dem Gedächtnis oft nur flüchtig einprägen und leicht vergessen werden.

> „Daß der Traum am Morgen ‚zerrinnt‘, ist sprichwörtlich. Freilich ist er der Erinnerung fähig. Denn wir kennen den Traum ja nur aus der Erinnerung an ihn nach dem Erwachen; aber wir glauben sehr oft, daß wir ihn nur sehr unvollständig erinnern, während in der Nacht mehr von ihm da war; wir können beobachten, wie eine des Morgens noch lebhafte Traumerinnerung im Laufe des Tages bis auf kleine Brocken dahinschwindet; wir wissen oft, daß wir geträumt haben, und wir sind an die Erfahrung, daß der Traum dem Vergessen unterworfen ist, so gewöhnt, daß wir die Möglichkeit nicht als absurd verwerfen, daß auch der bei Nacht geträumt haben könnte, der am Morgen weder vom Inhalt noch von der Tatsache des Träumens etwas weiß. Anderseits kommt es vor, daß Träume eine außerordentliche Haltbarkeit im Gedächtnisse zeigen. Ich habe bei meinen Patienten Träume analysiert, die sich ihnen vor 25 oder mehr Jahren ereignet hatten, und ich kann mich an einen eigenen Traum erinnern, der durch mindestens 37 Jahre vom heutigen Tag getrennt ist und doch an seiner Gedächtnisfrische nichts eingebüßt hat.“ (1900/1961, S.46)

Die Hinweise Freuds sind inzwischen durch zahlreiche Traumexperimente bestätigt worden, in denen Menschen nach gezielten Weckungen wesentlich häufiger Träume berichten konnten als in der Alltagssituation. Allerdings können wir auch bei einer Weckung im

Labor nicht mit Sicherheit vorhersagen, ob wir einen neuen Traum für unsere Datenbank einheimsen werden.

Die Traumforschung hat sich mit dem interessanten Thema der Traumerinnerung ausgiebig beschäftigt, um optimale Bedingungen für das Erinnern der Träume herauszufinden. Dabei hat sich aber gezeigt, daß es keine einfache Erklärung für die Schwankungsbreite der Traumerinnerung gibt, weil physiologische und psychologische Faktoren in vielschichtiger Weise den Zugriff auf einen Traum fördern oder hemmen können.

Physiologische Faktoren der Traumerinnerung

Die Erinnerung an einen Traum ist zunächst einmal abhängig davon, aus welchem Schlafstadium ein Schläfer aufwacht. Obwohl Träume nach Weckungen aus allen Schlafphasen berichtet werden, ist nicht jedes Schlafstadium für das Erfassen eines Traums in gleicher Weise günstig. Wecken wir Versuchspersonen im Schlaflabor direkt aus dem REM-Schlaf auf, können sie sich am leichtesten auf einen Traum besinnen. Hier bekommen wir durchschnittlich in acht bis neun von zehn Weckungen einen Traumbericht. Weniger häufig stellen sich dagegen Träume ein, wenn wir einen Schläfer aus den Schlafstadien 2 bis 4 wecken, da hier nur etwa jede zweite Weckung zu einer Traumerinnerung führt.

Das REM-Schlafstadium ist also als eine besonders erfolgversprechende Bedingung für die Erinnerung an Träume anzusehen, was sich auch in unserem Schlaflabor bestätigt hat. Hier haben wir von guten spontanen Traumerinnerern in rund neun von zehn REM-Weckungen einen Traum erhalten. Der Anteil der erfolglosen Weckungen ist zwar insgesamt gesehen nicht sehr hoch, er zeigt aber, daß ein Aufwachen aus dem REM-Schlaf nicht in jedem Fall eine Traumerinnerung garantiert. Bedeutsam sind auch in der experimentellen Situation die großen individuellen Unterschiede. So hatten wir zwar viele Versuchspersonen, die mehrere Nächte lang nach jeder REM-Weckung einen Traum erzählten, es gab aber andere, bei denen die Erinnerung gelegentlich einmal ausblieb, und schließlich konnten einige sogar nur nach zwei von drei Weckungen einen Traum berichten.

Wie sieht das Schlafprofil von Menschen aus, die sich im Alltag nicht an ihre Träume erinnern? Die Vermutung, solche Nichterinne-

62

rer könnten eine andere Schlafstruktur aufweisen, hat sich nicht bestätigt. Schon bald nach Entdeckung des REM-Schlafs wurde diese Frage untersucht und es stellte sich heraus, daß auch bei Nichterinnerern die REM-Phasen in zyklischer Abfolge und mit vergleichbarer Länge auftreten.

Wie verhalten sich aber Menschen, die im Alltag keine Träume berichten können, wenn wir sie im Schlaflabor aus ihren REM-Phasen aufwecken? Wir haben zehn Versuchspersonen, die angaben, daß ihnen zu Hause höchstens einmal pro Monat spontan ein Traum einfällt, ausgewählt und sie zunächst gebeten, eine Woche lang ein Traumtagebuch zu führen. Anschließend haben wir sie in vier Nächten aus den REM-Phasen aufgeweckt und nach ihren Träumen befragt. Nach Abschluß der Labornächte führten sie eine weitere Woche das Traumtagebuch.

Diese Nichterinnerer konnten im Durchschnitt nach etwa zwei von drei REM-Weckungen einen Traum erzählen. Die erfolglosen Weckungen haben wir noch einmal unterteilt: Es gibt ‚Nichterinnerungen‘, bei denen die Versuchspersonen sich bewußt sind, geträumt zu haben, nur sind ihnen die Inhalte entglitten. Wir sprechen hier von ‚weißen Träumen‘ und grenzen diese gegenüber Nichterinnerungen ab, bei denen die Versuchspersonen angeben, vor der Weckung sei gar nichts durch ihren Kopf gegangen. Aus solchen ‚weißen Träumen‘ bestand etwa die Hälfte der ‚Nichterinnerungen‘.

Aus der Abbildung 9 ist die Häufigkeit der Traumerinnerung aufgrund des Traumtagebuchs und der REM-Weckungen abzulesen, wobei wir die Ergebnisse getrennt für die einzelnen Personen dargestellt haben, weil die Schwankungsbreite der Traumerinnerung unter beiden Bedingungen der Traumerhebung ein besonders auffallendes Merkmal war.

Obwohl alle Versuchspersonen, die wir ausgewählt haben, sich als seltene Traumerinnerer bezeichnet hatten, führte allein die Aufforderung, zu Hause auf Träume besonders zu achten und sie aufzuschreiben, zu einer Differenzierung der Gruppe, da bei über der Hälfte sich bereits hier mehr Träume einstellten. Im Schlaflabor stieg für die ganze Gruppe die Traumerinnerung noch weiter an, und auch die Versuchsperson, die im Tagebuch keinen Traum aufschrieb, erinnerte sich hier an zwei Träume. Die Mehrzahl der Versuchspersonen verwandelte sich sogar in gute Traumerinnerer und zwar nicht nur diejenigen, die schon im Tagebuch mehr Träume aufgezeichnet hatten, sondern auch einige, für die erst die REM-Weckungen einen erheblichen Anstieg der Traumerinnerung brachten. Von ihnen he-

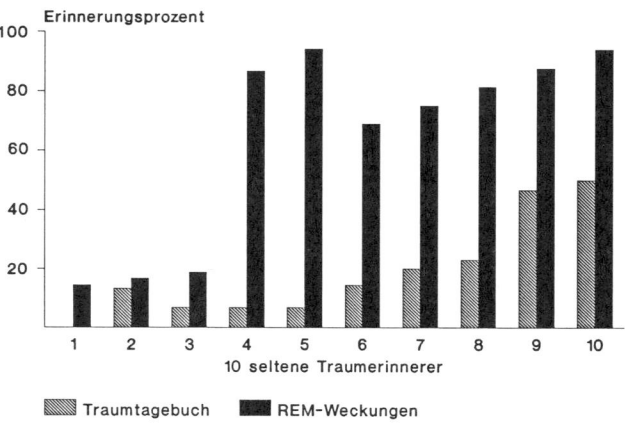

Abbildung 9: Individuelle Unterschiede in der Traumerinnerung. Schwankungsbreite der Traumerinnerung im Traumtagebuch und im Schlaflabor nach REM-Weckungen von zehn Personen, die sich als seltene Traumerinnerer eingestuft hatten.

ben sich aber immer noch drei Versuchspersonen ab, die auch unter diesen günstigen Bedingungen als eher seltene Traumerinnerer bezeichnet werden müssen.

Diese Ergebnisse verdeutlichen, daß das Schlafstadium keine hinreichende Bedingung für die Erinnerung an Träume sein kann. Da die Einteilung der Schlafstadien sich an vorherrschenden Merkmalen orientiert und kurzfristige Schwankungen der Aktivierung weniger berücksichtigt, haben einige Forscher in einem nächsten Schritt untersucht, ob sie aufgrund feinerer Analysen des EEGs die Erinnerung an einen Traum besser vorhersagen können. In mehreren Arbeiten, so auch bei den seltenen Erinnerern unserer Untersuchung, fanden sich Hinweise darauf, daß eine Rückbesinnung auf einen Traum häufiger gelungen war, wenn vor einer Weckung das EEG einen kurzfristigen Anstieg der Aktivierung angezeigt hatte (Meier Faber, 1988). Obwohl demnach das Ausmaß der Aktivierung einen sehr bedeutsamen Einfluß auf die Traumerinnerung haben kann, ist es aber bis heute noch nicht gelungen, genau festzulegen und vorherzusagen, wie spezifisch und wie lange aktiviert das EEG sein muß, um in jedem Fall den Zugang zu einem Traum zu ermöglichen.

Auch andere Anzeichen von Veränderungen, beispielsweise die phasenweise auftretenden Augenbewegungen im REM-Schlaf, haben nicht zu einer Lösung des Problems der Traumerinnerung beigetragen. In mehreren Experimenten wurden Schläfer nach schnellen Augenbewegungen oder nach Phasen der Augenruhe geweckt, aber Weckungen unmittelbar nach einer Augenbewegung führten nicht immer zu einer besseren Traumerinnerung.

Wenn wir uns auf einen Traum besinnen, dann greifen wir vom Wachen her auf ein Erleben zurück, das sich in einem anderen Bewußtseinszustand abgespielt hat. Ein Traum kann erst erinnert werden, nachdem der Wechsel vom Schlaf in den Wachzustand stattgefunden hat. Es leuchtet ein, daß sich der Übergang zwischen den beiden Bewußtseinszuständen umso leichter vollzieht, je näher ein Traumzustand dem Wachzustand ist. Der REM-Schlaf mit seinen prägnanten Aktivierungsmerkmalen ist mit dem Wachzustand verwandter als der Tiefschlaf, aus dem ein Schläfer auch viel schwerer aufzuwecken ist. REM-Schlaf-Träume sind demnach besser zu erinnern, weil Träume aus wachnäheren Phasen leichter zugänglich sind.

Die Zürcher Forscher Martha Koukkou und Dietrich Lehmann haben ein psychophysiologisches Modell der Traumentstehung entwickelt, das die fluktuierenden Funktionszustände des EEGs mit der Informationsverarbeitung während des Schlafs in Beziehung setzt (Koukkou & Lehmann, 1980). Sie gehen davon aus, daß den verschiedenen EEG-Zuständen spezifische Denkstrategien und Gedächtnisspeicher zugeordnet sind. In den langsamen Wellen des Schlafs sehen sie einen Funktionszustand, der mit den Denkstrategien der Kindheit in Zusammenhang steht. Parallel zu den stärker oder schwächer aktivierten physiologischen Zuständen fluktuiert auch das Wiederaufleben von neuem oder altem Gedächtnismaterial. Weil nach ihrer Auffassung nur benachbarte Speicher Informationen austauschen können, gelingt deshalb die Erinnerung an Träume aus aktivierten, wachnahen Funktionszuständen besser als aus tieferem Schlaf.

Die Untersuchungen physiologischer Faktoren der Traumerinnerung haben den eindeutigen Nachweis erbracht, daß wir mehr träumen als wir spontan erinnern und bestimmte Schlafphasen den Zugang zu einem Traum erleichtern. Aber auch wenn im Schlaflabor insgesamt die Erinnerung an Träume ansteigt, so finden sich hier immer noch Unterschiede zwischen den einzelnen Personen, die allerdings in der Regel nicht so groß sind wie bei der spontanen Traumerinnerung.

Was besagen diese Ergebnisse für das Traumerinnern im Alltag? Wir können uns offensichtlich am ehesten auf einen Traum besinnen, wenn wir aus einer aktivierten REM-Phase aufwachen. Vergegenwärtigen wir uns das typische Schlafprofil einer Nacht, dann sehen wir, wie die REM-Phasen mit zunehmender Schlafdauer ein größeres Gewicht bekommen. Wir könnten also davon ausgehen, daß wir etwa alle zwei bis drei Tage morgens aus dem REM-Schlaf aufwachen und eigentlich einen Traum erinnern müßten. So häufig und so regelmäßig stellen sich aber Träume bei vielen Menschen nicht ein. Weil zudem auch im Schlaflabor nicht jede Weckung aus dem REM-Schlaf zu einem Traumbericht führt, kann dieses Schlafstadium und seine Nähe zum Wachzustand nicht allein ausschlaggebend für die Traumerinnerung sein. Wir müssen darüber hinaus die Person des Träumers, die Situation, in die der Traum eingebettet ist, und die Beschaffenheit der Träume berücksichtigen, da diese psychologischen Faktoren mitbestimmen, ob wir das Erleben während des Schlafs in den Tag hinüberretten können.

Psychologische Faktoren der Traumerinnerung

Da es Menschen gibt, die sich überhaupt nicht an ihre Träume erinnern, liegt die Frage nahe, ob sie sich in ihrem Denken, in ihrem Gedächtnis und in ihrem Gefühlsleben von den Menschen unterscheiden, die Zugang zu ihren Träumen haben. Sind vielleicht Nichterinnerer Menschen, die im Wachen sachlich denken und auf die Wirklichkeit bezogen sind, und sind im Gegensatz dazu Traumerinnerer gefühlsbetonte Menschen, die sich einer lebhaften Phantasie hingeben? Oder noch zugespitzter und schon wertend: Müssen Nichterinnerer ihre inneren Bilder verdrängen und werden häufige Traumerinnerer von ihrer Phantasie überflutet?

Es gibt in der Traumforschung eine lange Tradition, unterschiedliche Ausprägungen der Traumerinnerung auf Persönlichkeitsmerkmale zurückzuführen. In zahlreichen Arbeiten wurde untersucht, ob sich Nichterinnerer und gute Traumerinnerer in überdauernden Eigenschaften und Fähigkeiten unterscheiden, die Ergebnisse dieser Untersuchungen waren jedoch uneinheitlich und widersprüchlich. Es wurden verschiedene Bereiche der Persönlichkeit herangezogen und zu der Traumerinnerung in Beziehung gesetzt. So wurde beispielsweise untersucht, ob gute Traumerinnerer besonders intelligent sind, mehr Ängste haben und ihre Gefühle besser zum Ausdruck bringen können und ob Menschen, die ihre Träume vergessen, sich durch eine besondere Ich-Stärke auszeichnen und im Wacherleben ihre Gefühlsregungen unterdrücken. Fand sich aber in einer Untersuchung eine Bestätigung für einen dieser Zusammenhänge, so folgte bald eine andere Studie, die zu einem gegenteiligen Ergebnis gekommen war.

Weniger widersprüchlich waren Befunde über den Zusammenhang zwischen Traumerinnerung und einzelnen Aspekten des Denkens und Vorstellens. Traumerinnerer zeigten auch im Wachen eine lebhafte Phantasietätigkeit und die Fähigkeit, mit räumlich-visuellen Vorlagen in der Vorstellung leicht umgehen zu können. Es ist aber zu betonen, daß bis heute kein übergreifendes Persönlichkeitsmuster bestimmt werden konnte, das in einem engen und verläßlichen Zusammenhang mit der Variabilität der Traumerinnerung steht.

Auch wir haben einen Einzelaspekt der Traumerinnerung herausgegriffen, indem wir von der Überlegung ausgingen, daß möglicherweise Träume aufgrund ihrer besonderen Beschaffenheit schwerer zu behalten sind als Tageserlebnisse, die in einem festen und vertrauten Bezugsrahmen stehen. Berichten Nichterinnerer vielleicht deshalb weniger Träume, weil es ihnen schwerfällt, diese besondere Art des Erlebens aufzunehmen und sprachlich umzusetzen?

Ob Nichterinnerer Traummaterial überhaupt angemessen wiedergeben können, haben wir untersucht, indem wir sie fremde Träume erinnern ließen. Wir suchten zunächst Träume aus, die von anderen Träumern stammten und die von unabhängigen Beurteilern daraufhin eingestuft wurden, ob sie eher schwer oder leicht zu behalten sind. Wir ließen dann seltene Traumerinnerer diese fremden Träume in der gleichen Situation nacherzählen, in der sie ihre eigenen Träume berichten sollten. In der einen Nacht haben wir unsere Versuchspersonen aus den REM-Phasen aufgeweckt und sie in üblicher Weise nach ihren Träumen befragt. In der anderen Nacht weckten wir sie auch aus den REM-Phasen auf, haben ihnen aber gleich einen fremden Traum vorgespielt, in den sie sich hineinversetzen sollten, bevor sie ihn nacherzählten. Falls ihnen selbst ein Traum eingefallen war, gaben sie vorher nur ein Stichwort und berichteten ihn erst anschließend.

Die seltenen Traumerinnerer in dieser Untersuchung waren durchaus in der Lage, formale Eigenschaften und inhaltliche Qualität der fremden Traumberichte angemessen nachzuerzählen. Dieses Ergebnis läßt den Schluß zu, daß Nichterinnerer nicht allgemein in der Auffassung und Wiedergabe von Traummaterial beeinträchtigt sind. Es sagt allerdings nichts darüber aus, ob Nichterinnerer ganz anders träumen als gute Traumerinnerer und möglicherweise deshalb weniger Zugang zu ihren Träumen finden.

Die wohl von vornherein eher unwahrscheinliche Annahme, daß Nichterinnerer im Wachen ein grundsätzlich anderes Erleben und Verhalten zeigen als gute Traumerinnerer, hat sich also nicht bestätigt. Erfolgreicher waren Ansätze, die die Traumerinnerung zu der Motivation und der Einstellung des Träumers in Beziehung setzten und die mehr Gewicht auf situative Faktoren legten.

Aus verschiedenen Untersuchungen ist abzuleiten, daß Traumerinnerer häufiger an eine Bedeutung der Träume glauben und sich gerne mit ihnen beschäftigen, während Nichterinnerer Träume eher für bedeutungslos halten und dem eigenen Traumerleben gegenüber indifferent sind. So fanden auch wir in einer Gruppe von jungen Erwachsenen, daß fast alle guten Erinnerer positiv zu ihren Träumen standen, während jeder zweite seltene Erinnerer Träumen gegenüber gleichgültig oder gar ablehnend war. Ob dieses stärkere Desinteresse eine Folge der geringeren Traumerfahrung ist oder eine Voraussetzung, die das Erinnern der Träume einschränkt, muß allerdings noch offenbleiben.

Wie einflußreich das Interesse an Träumen für die Erinnerung sein kann, haben wir auch mehrfach in Vorlesungen über den Traum beobachtet. Wir haben zu Beginn der Lehrveranstaltung einen Fragebogen über die Häufigkeit der spontanen Traumerinnerung verteilt und am Ende des Semesters einen zweiten Fragebogen ausfüllen lassen. Die Beschäftigung mit dem Thema Traum hatte bei einem Teil der Studenten zu einer besseren Traumerinnerung geführt. Ein gesteigertes Interesse am Traum allein ist aber noch kein Patentrezept, denn es gab auch Studenten, bei denen trotz allen Bemühens nicht mehr Träume auftauchten.

Die Einstellung gegenüber Träumen bietet auch eine mögliche Erklärung an für die in manchen Untersuchungen beobachteten Geschlechts- und Altersunterschiede: Frauen haben häufiger eine bessere Traumerinnerung als Männer, und mit wachsendem Lebensalter sinkt die Traumerinnerung ab. Frauen würden sich demnach häufiger auf ihre Träume besinnen, weil sie ihnen mehr Bedeutung zumessen, und bei älteren Menschen würde ein geringeres Interesse am Traum zu einer selteneren Erinnerung führen.

Die Motivation, sich den Träumen zuzuwenden, muß zudem kein stabiles Merkmal einer Person sein, sie kann unter bestimmten Lebensbedingungen stärker oder schwächer sein. So können sich in Phasen von Lebensveränderungen und Krisen, in denen das psychische Erleben stärker beachtet wird, vermehrt Träume einstellen, aber auch in Zeiten der Muße, wie in den Ferien, wenn für das Träumen mehr Zeit zur Verfügung steht. Aber auch von einem Tag zum andern kann die Traumerinnerung schwanken, weil wir nicht immer mit gleicher Aufmerksamkeit den inneren Prozessen Beachtung schenken.

Eine Ablenkung vom Traumerleben kann sich besonders deutlich in der Art der Aufwachsituation zeigen. Wenn wir am Morgen aufwachen, sogleich aufstehen, und uns den Anforderungen des Tages zuwenden, wird der Zugang zu einem Traum leichter gehemmt, als wenn wir nach dem Aufwachen noch etwas liegenbleiben und uns eine Zeit der Rückbesinnung erlauben. Diese Anweisungen klingen zwar einleuchtend, sie sind aber nicht in jedem Fall wirksam. Einerseits führt die Rückbesinnung allein nicht notwendigerweise zu der Vergegenwärtigung eines Traums und andererseits gibt es Träume, die sich unabhängig von der Art des Aufwachens dem Wachbewußtsein nahezu aufdrängen.

Im Alltag haben wir oft den Eindruck, daß Träume mit prägnanten Bildern und einem dramatischen Geschehen besonders leicht zugänglich sind. Weil aber der Zugang zu den nichterinnerten Träumen verschlossen ist, können wir leider nicht untersuchen, wie die vergessenen Träume beschaffen sind und wie sie sich von den erinnerten Träumen unterscheiden. Wir können nur einen indirekten Weg wählen, indem wir die erinnerten Träume daraufhin untersuchen, wie einfach oder wie schwer sie zu fassen waren, oder indem wir überprüfen, ob ein einmal erinnerter Traum weiterhin abrufbar bleibt.

Mit zwei Beispielen veranschaulichen wir zunächst Unterschiede im Prozeß des Erinnerns. Beide Träume berichtete eine 25-jährige Studentin in der zweiten Nacht, nachdem wir sie aus der zweiten und vierten REM-Phase geweckt haben.

„[20 Sekunden Pause] Hm, ich habe meine Haare gekämmt, und zwar habe ich mit jemandem geredet, aber ich weiß nicht, mit wem. Ah ja, ja [10 Sekunden Pause] ja, ja, es war eine Art wie die Situation, sich vorzubereiten auf die Nacht im Schlaflabor. Und, also ich mich selbst vorbereiten. Und zwar war ich im Moment an einem Ort, so wie auf einer Aussichts... wie auf einer Aussichtsterrasse über einem See, ich glaube, es war schon der Zürichsee. Und [5 Sekunden Pause] jetzt habe ich gerade mit jemandem, mit jemandem geredet [5 Sekunden Pause], wie ob Frauen oder Männer besser geeignet sind, irgendwie besser geeignet sind, Versuchsperson zu sein oder nicht. Hm, ja es ist, ich habe das Gefühl, es ist noch mehr, es hat noch mehr dazu gehört, aber ich habe Mühe, mich zu erinnern. [15 Sekunden Pause] Ja, ich weiß nichts mehr.“

„[seufzt] Ich war auf dem Bahnhof, in Bern, und wollte nach Zürich mit dem Zug und habe überlegt, ob ich das Fahrrad mitnehmen soll oder nicht. Ich fand einerseits, doch, das wäre ein gutes Bewegungsmittel in der Stadt, und konnte mich andererseits fast nicht dafür entscheiden, weil ich auch irgendwie Angst hatte vor dem Verkehr. Und es ist dann wie so auf die letzte, also auf die letzte mögliche Gelegenheit hinausgelaufen, das Fahrrad noch mitzugeben dem bestimmten Zug, mit dem ich fahren wollte. Und ich habe dann das Fahrrad, habe dann beschlossen, ich nehme es jetzt doch mit. Und bin unter der, unter der Bahnunterführung durch und am Perron hinauf, und dann war auf der einen Seite, auf der hintersten Seite war der Postwagen. Das habe ich gesehen. Und als ich kam, ist der Zug gerade angefahren. Also ich konnte aber irgendwie noch fast das Fahrrad auf den Zug hinaufwerfen. Und das war der Moment, in dem Du mich geweckt hast, und ich hatte jetzt gar nicht mehr Zeit zu schauen, wie ich auf den Zug komme. Ich glaube, ich stehe jetzt einfach ohne Fahrrad auf dem Bahnhof."

In dem ersten Beispiel steht das Bemühen der Träumerin im Vordergrund, einen Traum einzufangen, der für sie schwer greifbar ist. Die langen Pausen des Überlegens und der Versuch, sich in der Traumsituation zurechtzufinden, spiegeln einen mühsamen Erinnerungsprozeß. Der Traum war möglicherweise auch deshalb schwerer ins Bewußtsein zu rufen, weil er eine eher assoziative Struktur hat und Ort der Handlung und Traumfiguren unbestimmt bleiben.

Leichter zugänglich war dagegen der zweite Traum. Wir haben den Eindruck, die Träumerin befindet sich noch mitten im Traum. Sie erzählt das Geschehen ohne Stocken und erinnert sich auch noch deutlich daran, welche Gedanken ihr dabei durch den Kopf gegangen sind. In diesem Traum finden wir aber auch einen klareren Aufbau und einen kontinuierlichen Handlungsverlauf, der die Rückbesinnung erleichtert haben mag.

Gehen wir von der Annahme aus, daß die Erinnerung an einen Traum auch von seiner Struktur abhängt, dann konnte die Versuchsperson den zweiten Traum deshalb leichter erinnern, weil er sich als geschlossenes und prägnantes Erleben darstellte. Dabei setzen wir allerdings voraus, daß beide Träume wirklich so geträumt wurden, wie sie erzählt wurden und Unterschiede nicht erst im Prozeß des Erinnerns entstanden sind.

Wie Träume beschaffen sind, die sich dem Gedächtnis besonders einprägen, haben wir genauer untersucht, indem wir denselben Traum ein zweites Mal wiedergeben ließen. Wir haben 24 Versuchspersonen nachts aus ihren REM-Phasen aufgeweckt und nach ihren Träumen befragt und sie am Morgen nach dem Aufstehen gebeten, die Träume der letzten Nacht noch einmal zu berichten.

Zwei Drittel von insgesamt 114 Träumen fielen den Versuchspersonen bei der zweiten Erinnerung spontan wieder ein. Mit Hilfe eines Stichworts erhöhte sich der Anteil der wiedererinnerten Träume um weitere 20 %, während 12 % der nachts berichteten Träume am Morgen überhaupt nicht mehr zurückgerufen werden konnten.

Eigentlich ist es eher erstaunlich, daß nicht jeder Traum den Versuchspersonen am Morgen wieder eingefallen ist, da er ja schon einmal ins Wachbewußtsein getreten war. Was zeichnete die ohne Hilfe wiedererinnerten Träume gegenüber den völlig vergessenen aus? Zum einen sind hier bekannte Vorgänge wirksam, die allgemein unser Gedächtnis steuern, so etwa Positionseffekte: Häufiger behalten wurden Träume aus der zweiten Hälfte der Nacht, bei denen der zeitliche Abstand zwischen erster und zweiter Erinnerung geringer war, aber auch der erste Traum einer Nacht, der eine Serie von Träumen anführte. Eine längere Wachzeit nach einer Weckung war ebenfalls mit einer besseren Wiedererinnerung verbunden, weil sich offensichtlich der Traum im Wachbewußtsein nachhaltiger verankern konnte. Darüber hinaus waren lange und dramatisch intensive Träume am Morgen häufiger verfügbar als kurze und spannungsarme Traumepisoden.

Unterschiede in der Art der Träume könnten auch für die spontane Traumerinnerung von Bedeutung sein, die ja nur einen Ausschnitt des gesamten Traumerlebens erfaßt. Hier wären es vor allen Dingen die besonders prägnanten und eindrucksvollen Träume, die im Alltag erinnert werden können. Bei Weckungen im Schlaflabor hingegen werden auch solche Traumerlebnisse zugänglich, die sich nicht durch auffallende Merkmale auszeichnen.

Die Qualität der Traumerinnerung

Wurde ein Traum ein zweites Mal berichtet, dann fällt schon bei einem Durchlesen solcher Berichte auf, daß ein einmal wiedergegebener Traum zum zweiten Mal anders erzählt wird. Ein Vergleich von erster und zweiter Berichterstattung kann daher aufzeigen, welche Traummerkmale besser behalten und welche eher vergessen werden.

Wie sich eine zweite Traumerinnerung am Morgen von einem in der Nacht gegebenen Traumbericht unterscheiden kann, veranschaulichen wir zunächst an einem Beispiel. In der dritten Versuchsnacht hat eine 31-jährige Frau den Traum von ‚den Flaschen auf Reise‘ nach der ersten von vier REM-Weckungen berichtet, und er fiel ihr am Morgen ohne Stichwort wieder ein:

> „Da habe ich einen Zug gesehen, der hatte Räder, die waren so wie Bulldog-räder, Traktorenräder. Und in dem Zug, da saßen lauter Flaschen, richtige Flaschen. Und drumrum so Korbflaschen. Die waren auch unterschiedlich gekleidet, also richtig gekleidet, mir kam's vor, als wenn die gekleidet waren, manche waren mit dunklem Korb, andere mit hellem, andere so mit Bast, so längs, andere wieder ganz quer geflochten, also ganz unterschiedlich. Und die haben sich alle miteinander unterhalten. Und dann ist dieser Zug immer so weitergefahren. Die Räder waren merkwürdig lose, so als wenn die gar nicht richtig fest waren, es hat alles so ein bißchen geschwankt. Und dann sind die immer bergrunter-bergrauf, bergrunter-bergrauf, es gab gar keine ebene Strecke. Und dann sind die gefahren und gefahren und gefahren. Und dann plötzlich hat dies Ding so wie Flügel gekriegt, und ist huiit nach oben in die Luft. Und das war alles.“

> „Ach ja, den mit den Flaschen. Das war irgendein Zug, und in dem Zug, der war ganz voll besetzt, da waren nur Flaschen. Und die Flaschen waren auch so wie angezogen, manche dunkel, manche hell, so ein Korbgeflecht hatten manche um, es waren alles so Weinflaschen, Literflaschen. Und die haben immer so gemacht, als ob sie sich unterhalten haben, die haben immer genickt, mehr weiß ich nicht.“

In der zweiten Version am Morgen wurde das Traumgeschehen erheblich gerafft und verkürzt. Aufgrund des größeren zeitlichen Abstands zum Traum wirkt der Bericht weniger unmittelbar. Wiederholungen von Traumelementen fallen weg, und die Zahl der Auslassungen ist bedeutsam. Es fehlen bei der Bekleidung der Flaschen Einzelheiten („so mit Bast so längs … quer“). Das Detail der losen Räder und die ganze Fahrt des Zugs mit ihrem phantastischen Ende sind verloren gegangen. Der ganze Traum erscheint durch die Vereinfachung, vor allem durch seine Verkürzung, verharmlost und entdramatisiert. Im zweiten Bericht finden wir aber auch eine neue Information. Die Flaschen werden genauer als „Weinflaschen, Literflaschen“ beschrieben. Eine auffallende Veränderung zeigt sich nur in einem Element: Ursprünglich heißt es in bezug auf die Flaschen „die haben sich alle miteinander unterhalten“, am Morgen wird in Anpassung an das Wachdenken korrigiert „die haben immer so gemacht, als ob sie sich unterhalten haben, die haben immer genickt.“

An einer Auswahl von 21 Träumen, für die eine Nacht- und eine Morgenversion vorlag, haben wir mit dem Codierverfahren von David Foulkes detaillierter untersucht, ob sich Morgenerinnerungen grundsätzlich in ihrer kognitiven Struktur von Nachtberichten unterscheiden. Hier haben wir uns gefragt, ob in den wiedererinnerten Träumen beispielsweise unbekannte Traumfiguren weniger häufig auftreten als im ersten Bericht oder ob die Traumpersonen ihre Rollen und ihre sozialen Interaktionen wechseln.

Insgesamt gesehen fanden wir bei dieser Auswertung keine bedeutsamen Unterschiede in der Verteilung der Traumfiguren und in ihren Positionen als Subjekt oder Objekt. Die Nachtberichte zeigten aber eine stärkere Gewichtung von Verben, die in irgendeiner Form eine aktive Beziehung ausdrücken. Wie schon das Traumbeispiel gezeigt hat, wirken viele Nachtberichte erlebnisnah und ‚aktiviert‘, während am Morgen das Traumgeschehen oft weniger unmittelbar und viel geordneter erzählt wird. Mit größerem Abstand zum Traumerleben findet offensichtlich eine Umformulierung statt, die den zweiten Bericht stärker den Regeln angleicht, die auch unser Wachdenken bestimmen. Freud hat für solche Prozesse der Umgestaltung den Begriff der sekundären Bearbeitung eingeführt.

Wir können aus unseren Ergebnissen allerdings ableiten, daß Nachtberichte und Morgenerinnerungen sich in ihrer kognitiven Struktur nicht grundlegend unterscheiden, wenn wir alle Träume zusammenfassen. Was in den Morgenberichten vergessen wurde, ist offensichtlich strukturell nicht anders als das, was neu hinzugekommen ist. Betrachten wir jedoch einzelne Träume, dann finden wir in den Morgenberichten zahlreiche Veränderungen und Auslassungen, die sich auch in den Codes der Traumfiguren und Beziehungsformen niederschlagen können. Sie sind aber von Traum zu Traum und von Versuchsperson zu Versuchsperson so verschieden, daß sie bei einer Zusammenfassung aller Träume wieder untergehen.

Die qualitativen Veränderungen, die zwischen dem ersten und zweiten Bericht eines Traums stattfinden, haben wir in einer weiteren Studie, an der 20 Versuchspersonen teilnahmen, untersucht. Von den 100 REM-Träumen, die nachts berichtet wurden, fielen den Versuchspersonen am Morgen spontan 80 Träume wieder ein. Diese 80 Traumpaare haben wir zunächst in Erlebniseinheiten aufgegliedert. Wir haben dann die beiden Berichte verglichen, indem wir überprüften, was im Morgenbericht gleichgeblieben war oder fehlte, ob etwas neu hinzugekommen war oder in veränderter Form auftrat. Von den insgesamt 876 Einheiten der ersten Version tauchten nur 22% am Morgen mit gleichem Inhalt wieder auf. Eine ebenso große Anzahl fehlte völlig im Morgenbericht, dafür waren aber 55 Einheiten neu hinzugekommen. Die übrigen Traumsegmente waren in irgendeiner Weise verändert, wobei Vereinfachungen an erster Stelle standen, gefolgt von Ausschmückungen und Umwandlungen. Es gab aber auch nicht selten Erlebniseinheiten, in die mehrere Veränderungen eingegangen waren.

Wir haben die Erlebniseinheiten auch inhaltlich kodiert, um festzustellen, welche Trauminhalte fehlten, neu hinzukamen oder verändert waren. Die Veränderungen zwischen erstem und zweitem Traumbericht waren in allen Inhaltsklassen anzutreffen. So wurden beispielsweise Traumfiguren oder Gegenstände im Vergleich zu Aktivitäten nicht bevorzugt vergessen, neu eingeführt oder angereichert.

Bei einer Interpretation dieser Ergebnisse müssen wir daran denken, daß ein Teil der Veränderungen den gleichen Regeln unterliegt, die auch das Behalten im Wachzustand bestimmen. Hinzu kommt das Problem, daß bei einem wiederholten Bericht die Erinnerung an den Traum selbst sich verdichten kann mit der Erinnerung an die erste Berichterstattung.

Den Traum von der indiskreten Versuchsleiterin hat ein 25-jähriger Student in seiner ersten Labornacht das erste Mal nach dem Aufwecken aus der zweiten REM-Phase und das zweite Mal am Morgen erzählt:

> „Ah, ja, genau, ich habe ein Gespräch geführt mit Deiner Kollegin, die sah aber ganz anders aus, sie war viel jünger, glich vielleicht einer, mit der ich einmal in die Schule gegangen bin, also vielleicht so ein 13-jähriges Mädchen. Und ich habe von dieser Traumsituation, respektive von dieser Testsituation geträumt. Ja, es war eigentlich ein sehr kalter Raum, mit grellem Licht. Und zwar saß sie am Tisch und hat vor oder, ja ich glaube so an einem Tisch, und hatte offen vor sich mein Tagebuch. Und sie hat so in diesem Tagebuch so ein bißchen lustlos geblättert. Und ich habe ihr dann so zugeschaut und ich habe in diesem Moment dann überlegt, ob ich das jetzt lässig finden soll oder nicht. Dann haben wir uns darüber unterhalten, ob sie eigentlich überhaupt lesen kann. Und dann hat sie gesagt: ,Ja also, manchmal schon, manchmal nicht.' Und ich habe mir dann überlegt, ja soll ich ihr jetzt sagen, daß ich das eigentlich doch gar nicht schätze, daß ich das gar nicht so toll finde, wenn sie das macht. (Wie hast Du Dich gefühlt in diesem Traum?) Ich glaube ein wenig unsicher, als ich nicht gewußt habe, soll ich ihr gegenüber reagieren oder nicht.“

> „Also der erste, den ich Dir erzählt habe, war auch in einer Versuchssituation und ein Raum, kaltes Licht. Und eine jüngere Frau, äußerlich sieht sie aus wie eine, mit der ich, als ich 13 war, in der Schule gewesen bin, blättert in meinem Tagebuch. Und ich, es ärgert mich.“

Als erstes fällt wiederum auf, um wieviel kürzer die Morgenversion gegenüber der nächtlichen Traumerinnerung ist. Die Verkürzung führte aber nicht nur zu einer gerafteren Darstellung des Traumgeschehens, sondern es ist auch Information verloren gegangen und verändert worden. So wurde im Nachtbericht zunächst die Traumfigur als die andere Versuchsleiterin identifiziert, die aber wie eine frühere Mitschülerin des Träumers aussah. Im zweiten Bericht ist diese Traumfigur nur noch die Mitschülerin und die Verdichtung mit der Versuchsleiterin ist weggelassen. Weiterhin tauchen am Morgen interessanterweise alle Interaktionen zwischen dem Träumer und der anderen Person gar nicht mehr auf. Hier beobachtet der Träumer nur noch schweigend, wie die Frau in seinem Tagebuch schnüffelt.

Gehen wir den Motiven nach, die diesen Veränderungen zugrundeliegen könnten, dann fällt uns auf, daß in dem Traumgeschehen der ersten Fassung die kritische Einstellung des Träumers gegenüber dem Experiment unverhüllter zum Ausdruck kommt. Die Versuchsleiterin wird abgewertet, zum einen hat sie Ähnlichkeit mit einem Schulmädchen, zum andern ist sie lustlos und indiskret gegenüber der Versuchsperson und schließlich kann sie noch nicht einmal richtig lesen. Zwar steht auch in der zweiten Fassung der geringe Schutz der Privatsphäre im Mittelpunkt, aber hier wird das Thema weniger direkt auf die momentane experimentelle Situation bezogen, sondern stärker verfremdet, indem es aus dem Kontext des Schlaflabors in eine unbestimmtere Umgebung verlegt wird. Dadurch kann der Träumer vielleicht auch das negative Gefühl des Ärgers eher zulassen.

An diesem Beispiel haben wir vor allen Dingen die qualitativen Veränderungen hervorgehoben, die zwischen dem ersten und zweiten Bericht auffallen. Wir haben weniger die Gemeinsamkeiten betont, die schon deshalb nicht so selbstverständlich sind, weil die Morgenversion erheblich reduziert ist. Wir erkennen dennoch ohne Mühe die Zusammengehörigkeit beider Berichte, weil das zentrale Thema einer unbehaglichen und in die Privatsphäre eingreifenden Versuchssituation erhalten geblieben ist und weil wir auch die abgewandelten Erlebniseinheiten des zweiten Berichts dem nächtlichen Traum zuordnen können.

In Bologna haben Marino Bosinelli und seine Forschergruppe die Veränderungen zwischen erster und zweiter Traumerinnerung in mehreren Studien untersucht, wobei sie ebenfalls das Codierverfahren von Foulkes herangezogen haben (Bosinelli, Cicogna & Cavallero, 1983). Besonders interessant war ihr Versuch, spezifische Veränderungen der Traumfiguren und Beziehungsformen als psychoanalytische Abwehrmechanismen zu beschreiben. So haben sie eine Umwandlung als ‚Verschiebung' bezeichnet, wenn in einem Satz eine

Traumfigur durch eine andere ersetzt wurde: Aus „Ich stritt mit meinem Vater" wird „Ich sprach mit meinem Bruder". Ein Beispiel für ‚Verleugnung' wäre, wenn „Meine Mutter war auch dabei" in „Meine Mutter war nicht gekommen" verändert wird. Bei einer ‚Neutralisierung' wird eine interaktive Beziehungsform abgeschwächt: statt „Ich küßte die Blumenverkäuferin" wird gesagt „Ich war mit einer Blumenverkäuferin zusammen".

In ihrem Traummaterial waren aber solche interessanten psychodynamischen Umwandlungen selten, sie traten nur in 1.8 Prozent aller Sätze auf. Dieses Ergebnis weist darauf hin, daß die Abwehrmechanismen, die nach Freud bei der Entstehung des Traums von entscheidender Bedeutung sind, im Wiedererinnerungsprozeß nur noch eine untergeordnete Rolle spielen.

Können solche Abweichungen zwischen erster und zweiter Traumerinnerung etwas zur Beantwortung der Frage beitragen, welche Rolle die Beschaffenheit der Träume für ihr Erinnern spielt? Unsere Ergebnisse zeigen zunächst einmal, daß im Gedächtnis gebliebene Träume in ihren Einzelheiten nicht fest verankert sind, da sich ein einmal erinnerter Traum in der Regel bei einer erneuten Berichterstattung in veränderter Form präsentiert. Diese Unvollständigkeit der Traumerinnerung besteht aber nicht allein in einem Wegfall unbedeutender Traumelemente und in einem Behalten auffälliger Merkmale. Zwar haben intensive, dramatische und prägnante Träume eine größere Chance, sich dem Gedächtnis einzuprägen, aber es können auch sehr bedeutsame Traumelemente vergessen werden oder Umwandlungen erfahren, die erst auf dem Hintergrund der Lebenssituation des Träumers ihren Sinn bekommen.

Die Komplexität der Traumerinnerung

Wie können wir die verschiedenen Ansätze und Ergebnisse in ihrer Bedeutung für das Erinnern von Träumen bewerten? Wir träumen mehr, als wir erinnern, das haben die Weckungen im Schlaflabor für alle Menschen eindrücklich belegt. In diesem Sinn ist auch der gute Erinnerer, der sich jeden Morgen auf einen Traum besinnen kann, im Grunde genommen ein schlechter Traumerinnerer, weil auch er nur einen kleinen Ausschnitt seines nächtlichen Erlebens erfaßt.

Die Frage, ob wir immer oder nur phasenweise träumen, können wir aufgrund der Ergebnisse über die Traumerinnerung nicht beantworten, weil wir nur die Träume festhalten können, die in unser Wachbewußtsein überführt und dort verankert werden. So bleibt letztlich unentscheidbar, ob wir bei einem Ausbleiben der Traumerinnerung nicht geträumt haben oder ob uns nur der Zugriff auf den Traum versperrt war. Die ‚weißen Träume' zeigen allerdings, daß eine Erinnerungshemmung oft eine wesentliche Rolle spielen kann. Ein Beispiel für eine verzögerte Erinnerung sind solche Träume, die uns erst im Laufe des Tages plötzlich einfallen, wenn wir etwas erleben, das den Traum unvermittelt wachruft.

Die Traumerinnerung ist, wie wir gesehen haben, von vielen Faktoren abhängig. Sie wird gefördert, wenn wir dem Traum gegenüber eine positive Einstellung haben und gehemmt, wenn wir ihm gleichgültig gegenüberstehen. Träume sind für das Wachbewußtsein besser greifbar, wenn wir aus einem aktivierten physiologischen Zustand und nicht aus dem tiefen Schlaf erwachen. Eine Rückbesinnung auf den Traum am Morgen führt eher zu einer Traumerinnerung als eine Aufwachsituation, in der wir vom Traum abgelenkt werden. Und schließlich ist die Qualität der Träume mitbestimmend, da prägnante Träume gegenüber ‚unauffälligen' Träumen leichter im Gedächtnis haftenbleiben.

Alle Faktoren, die wir zusammengetragen haben, beschreiben nur allgemein fördernde oder hemmende Bedingungen für die Traumerinnerung, sie können aber im Einzelfall nicht sicher voraussagen, ob sich ein Traum einstellen wird. Eine Gewichtung der Faktoren ist überaus schwierig, weil sie verschieden stark ausgeprägt sein können und sich wechselseitig ausgleichen. Ein Traum kann beispielsweise so eindrucksvoll sein, daß er sich dem Gedächtnis einprägt, auch wenn in der Aufwachsituation keine Rückbesinnung erfolgt. Hier wirkt die Beschaffenheit des Traums stärker als die Ablenkung im Wachzustand. Bei einer Weckung aus dem aktivierten Schlaf hingegen können auch weniger ausdrucksstarke Träume erinnert werden. Hier ist die Prägnanz eines Traums weniger von Bedeutung, weil die Weckung unter optimalen psychophysiologischen Bedingungen erfolgt.

Die Traumforscher David Koulack und Donald Goodenough haben 1976 ein Modell der Traumerinnerung vorgestellt, das physiologische Aktivierung, Traumbeschaffenheit, Gestaltung der Aufwachsituation, aber auch den psychodynamischen Vorgang der Verdrängung einbezieht. Sie haben den Prozeß beschrieben, wie ein Traum im Gedächtnis verankert und zu einem späteren Zeitpunkt abgerufen wird. Nach ihrer Auffassung kann ein Traum nur dann im Gedächtnis gespeichert werden, wenn auf ihn ein kurzes Wachwerden folgt, das dem Träumer nicht notwendigerweise bewußt werden muß. Ist ein Traum einmal gespeichert, dann ist sein Abruf abhängig von seiner affektiven Qualität. So können einerseits Träume, die gefühlsmäßig neutral sind, vergessen werden, weil sie nicht auffällig genug sind, um sich gegenüber den Wachgedanken durchzusetzen. Andererseits können aber auch Träume mit intensiven Gefühlen nicht immer erinnert werden, weil sie für den Träumer bedrohlich sind und einen Verdrängungsprozeß in Gang setzen. Der Gedanke, daß Träume deshalb nicht erinnert werden, weil sie verdrängt werden, stand schon in der Traumtheorie von Freud im Mittelpunkt. Nach Koulack und Goodenough könnten Träume mit mittlerer Gefühlsintensität am leichtesten erinnert werden, weil sie hinreichend Aufmerksamkeit erregen und keine Abwehr hervorrufen.

Dieser Ansatz ist theoretisch interessant, weil er psychologische und physiologische Faktoren, die die Traumerinnerung beeinflussen, zueinander in Beziehung setzt. Allerdings entzieht er sich einer direkten empirischen Überprüfung, da wir nicht wissen, ob Träume, die nicht erinnert werden, tatsächlich von besonders geringer oder starker Intensität sind.

Auch wenn wir alle Bedingungen kennen würden, die das Erinnern von Träumen erleichtern oder erschweren, so hätten wir damit noch nicht die Frage beantwortet, ob es überflüssig oder notwendig ist, sich an Träume zu erinnern. Welche Bedeutung das Erinnern von Träumen allgemein haben könnte, ist abhängig von der Funktion, die wir Träumen zuschreiben. Verstehen wir Träume als Gestaltungen psychischer Situationen und als Problemlösungsversuche, dann kann es bedeutsam sein, sich an sie zu erinnern. Halten wir sie dagegen für Zufallsprodukte von nachts aktivierten Gedächtnisinhalten, dann wäre weniger wichtig, sie in den Wachzustand hinüberzunehmen.

Die Bedeutung, die das Erinnern von Träumen für den einzelnen Menschen hat, wird bestimmt durch die Erfahrungen, die er mit seinen Träumen gemacht hat und durch den Stellenwert, den Träume in einer Gesellschaft haben. Das Erinnern von Träumen kann dann bejaht und verstärkt werden, wenn sie eine Bereicherung darstellen, wenn wir sie mitteilen können und wenn sie neue Einsichten vermitteln. Das Erinnern von Träumen kann andererseits als wenig wünschenswert angesehen werden, wenn Träume als beunruhigend erlebt werden, wenn niemand auf sie ansprechbar ist und wenn wir in ihnen keinen Sinn erkennen können.

Die Gestaltungsmittel des Traums

In Träumen wird eine Welt gestaltet, die wir als Sinneswahrnehmungen erleben und in die wir als Träumende mit unseren Gedanken und Gefühlen einbezogen sind. Die Traumerfahrung umfaßt mit den Wahrnehmungen, Gedanken und Gefühlen alle Dimensionen, die uns vom Wachen her vertraut sind. Allerdings kann der Traum diese Gestaltungsmittel auch auf ungewöhnliche Weise einsetzen, indem er die Erinnerungen, die in unserem Gedächtnis gespeichert sind, umformt und zu neuen Gestalten zusammenfügt, die uns als fremdartig und bizarr anmuten.

Die Sinneswahrnehmungen im Traum

Die Sinnenhaftigkeit der Träume steht im Erleben deshalb im Vordergrund, weil sie den Traum wirklich erscheinen läßt und weil sie ihn in einer scheinbaren äußeren Welt ansiedelt. Mit der Traumwahrnehmung haben sich daher die Traumforscher besonders eingehend beschäftigt. Schon Mary Calkins hat 1893 in ihrer Arbeit eine Tabelle veröffentlicht, in der sie aufgeschlüsselt hat, wie häufig die verschiedenen Sinneswahrnehmungen in den Träumen vertreten waren. In ihren beiden Traumserien waren Sehen und Hören die vorherrschenden Sinneseindrücke, während nur ganz selten etwas ertastet oder gerochen und nie etwas geschmeckt wurde.

Diese Rangfolge der Häufigkeiten, mit der die Sinne an Träumen beteiligt sind, hat sich auch in späteren Untersuchungen bestätigt, die sich auf eine breitere Datenbasis stützten. Bildhafte Eindrücke fanden sich mit ganz wenigen Ausnahmen in allen Träumen, und akustische Phänomene wurden in rund zwei von drei Träumen erlebt. Demgegenüber waren Tastsinn, Geruch und Geschmack nur gelegentlich in die Traumerfahrung einbezogen. Wenn immer wieder gesagt wird, daß Träume in Bildern sprechen, dann ist diese Beschreibung zwar durchaus zutreffend, sie wird aber der Wahrnehmungswelt der Träume nicht umfassend gerecht, weil alle Sinneswahrnehmungen beteiligt sein können.

Wir haben Häufigkeit und Qualität der Traumerfahrungen untersucht, indem wir Träumer befragten, was sie im Traum im einzelnen wahrgenommen, gedacht oder gefühlt haben. Wir haben fünf Versuchspersonen hier nur ein- oder zweimal jede Nacht aus dem REM-Schlaf aufgeweckt, weil wir sie im Anschluß an den Traumbericht schon in der Nacht eingehend befragen wollten. Die Träumer wurden gebeten, die Erscheinungsweise der Traumereignisse genau zu bestimmen. Kam beispielsweise in einem Traumbericht der Satz vor: „Ich habe Geschirr abgewaschen und mein Vater hat abgetrocknet", dann sollte der Träumer genau ausführen, wie er die Details dieser Szene erlebt hat. Es könnte sich hier ausschließlich um bildhafte Traumelemente handeln, die der Träumer aber noch näher beschreiben kann, etwa, er hat blaue Steinguttassen abgewaschen und der Vater trug einen grauen Anzug. Ein akustisches Element würden wir kodieren, wenn der Träumer gehört hätte, wie das Geschirr klapperte und eine Körperempfindung käme hinzu, wenn er auch noch das heiße Wasser gespürt hätte. Die Sinneseindrücke könnten aber auch weniger prägnant gewesen sein, wenn der Träumer den Vater nur undeutlich gesehen hat oder eigentlich nur wußte, daß er Geschirr abtrocknete. Hier hätte sich ein schwach differenzierter visueller Eindruck mit einem kognitiven Element verbunden.

Ein Träumer, der sich darauf besinnt, wie er seinen Traum erlebt hat, verschiebt seine Aufmerksamkeit von den mitteilbaren Inhalten auf die Erfahrungen, die er während des Träumens machte. Eingehende Befragungen, die sich gleich an die Traumerinnerung anschließen, bringen daher wesentlich mehr Informationen über das Traumerleben als ein erster Traumbericht. Unsere Träumer hatten in jedem Traum etwas gesehen und in den meisten Träumen auch etwas gehört. Darüber hinaus haben sie sich aber auch erinnert, in vielen Träumen etwas gespürt und gedacht zu haben. Nur Geruchs- und Geschmacksempfindungen haben sie auch bei dieser genauen Befragung sehr selten angegeben.

Wenn wir nur festhalten, welche Wahrnehmungen in einem Traum überhaupt vorkommen, dann haben wir noch nicht die Frage beantwortet, wie durchgängig Sinneseindrücke die Traumerfahrung prägen, wie differenziert sie sind und vor allen Dingen, welchen Stellenwert sie im Vergleich mit Gedanken und Gefühlen haben.

Wie sich in den Träumen unserer Untersuchung Sinneswahrnehmungen, Gedanken und Gefühle verteilen, ist aus dem oberen Kreisdiagramm der Abbildung 10 zu ersehen. Hier sind 778 Codes einbezogen, die den Beschreibungen der Träumer gegeben wurden. Die meisten Traumeindrücke waren Sinneswahrnehmungen, aber nahezu ebensoviele wurden über Gedanken, Wissen und Erinnerungen vermittelt. Demgegenüber beschrieben Gefühle einen wesentlich kleineren Teil der Traumerfahrung. Die genaue Befragung hat also gezeigt, daß Träume sich nicht nur aus Wahrnehmungen zusammensetzen, Träume sind vielmehr häufig mit Denkvorgängen durchmischt und nicht selten von Gefühlen begleitet.

In dem unteren Kreisdiagramm haben wir die Sinneswahrnehmungen nach ihren Modalitäten aufgeteilt. Visuelle Eindrücke standen in den Träumen eindeutig an erster Stelle, gefolgt von akustischen Wahrnehmungen und Körperempfindungen. Nur vereinzelt

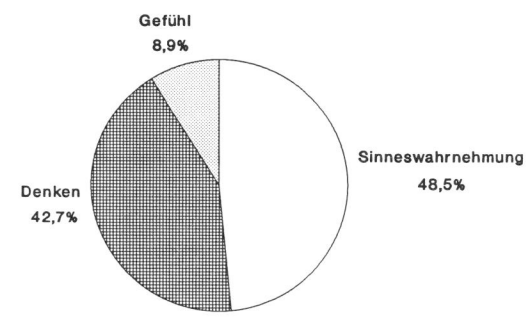

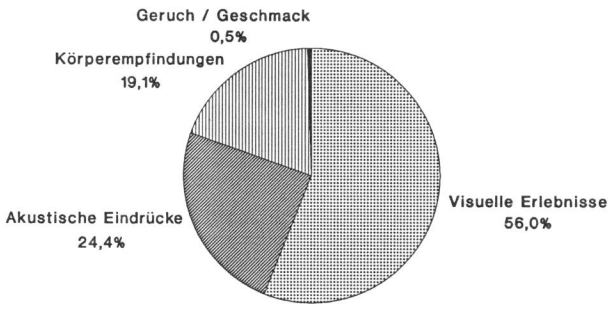

Abbildung 10: Sinneswahrnehmung, Denken und Gefühle im Traum.
Die obere Graphik zeigt die Verteilung von 778 Codes nach ihrer Gestaltungsart. In der unteren Graphik sind die Sinneseindrücke nach den verschiedenen Modalitäten aufgeschlüsselt.

traten, wie auch schon in früheren Untersuchungen, Geruchs- und Geschmacksempfindungen auf.

Die Träumer konnten ihre visuellen Eindrücke und Körperempfindungen besonders differenziert auffächern, während sie akustische Phänomene in der Regel weniger eingehend beschrieben haben. Hier besteht eine Parallele zum Wachzustand, in dem wir auch unsere visuellen Erfahrungen besonders gut und ausführlich mitteilen können, weil wir darin Übung haben und weil die Sprache uns mehr Ausdrucksmöglichkeiten anbietet.

Einige Traumausschnitte veranschaulichen, wie die verschiedenen Modalitäten der Wahrnehmung in Träumen ausgestaltet sein können.

> „Wir waren im Theater, und es hat mir nicht gefallen. Dann will ich nach Hause und habe zwei Zettelchen für die Garderobe. Und dann sage ich zu der Garderobière, es ist der petrolgrüne Military-Mantel."
>
> (weiblich, 29 Jahre)

In der Nachbefragung hat die Träumerin die visuellen Eindrücke genauer beschrieben. Die Garderobe, auf der eine Kasse stand, sah wie eine Ladentheke aus. Die Zettelchen waren klein, von Rollen abgerissen, schon ganz zerknittert und von gelb-grüner Farbe. Die Garderobenfrau hat sie so deutlich gesehen, daß sie sie mühelos wiedererkennen würde. Die Frau war älter, knochig, hatte weißes onduliertes Haar mit einem Blaustich und trug eine auffallende Dior-Brille. Bei dem im Traumbericht erwähnten petrolgrünen Military-Mantel handelte es sich interessanterweise nicht um ein Bild, sondern die Träumerin wußte nur, daß sie ihn abholen wollte.

> „Ich bin im Auto unterwegs und dann komme ich auf eine große Kreuzung, und zwar ist das ein Kreisverkehr. Und da explodiert vor mir ein Auto, ein LKW, und versperrt die Straße. Dann muß ich da warten und bin an der Seite, also auf dem Grünstreifen. Und dann kommt der Roger und macht so eine Kontrolle."
>
> (männlich, 24 Jahre)

In diesem Traum waren es vor allem die nachträglich beschriebenen Farben, die den visuellen Eindrücken eine besondere Qualität gaben. Der LKW war blendend weiß, die Explosion bestand aus einem gelben Lichtblitz und Roger hatte einen dunkelblauen Anzug an, trug ein weißes Hemd und eine rot-schwarz oder rot-blau schräg gestreifte Krawatte. Die Farben dieser Traumelemente sind in keiner Weise ungewöhnlich und deshalb hat sie der Träumer wohl in seinem Traumbericht nicht besonders erwähnt.

> „Ich war in einem gefüllten Fußballstadion. Und ein schwarzer Spieler wird eingewechselt. Er läuft auf das Spielfeld, wird immer schneller, läuft auf den Ball zu und schießt dann ein Tor. Das heißt, das sehe ich nicht, ob er ein Tor schießt, ich höre es am Publikum, das ist ein Aufschrei."
>
> (männlich, 24 Jahre)

In dieser Traumszene waren die beiden visuellen Wahrnehmungen, das Laufen und das Schießen des Balls, im Erleben gleichzeitig akustisch repräsentiert. Der Träumer beschrieb ergänzend seine akustischen Eindrücke mit den Worten: „Der Mann kommt auf das Feld. Ich höre noch gar nichts. Dann läuft er, ich höre sein Laufen, der Rasen schien irgendwie feucht zu sein, es stapft so etwas. Aber das ist alles eher leise. Und dann als er den Ball tritt, den Schuß hört man sehr gut. Und nachher höre ich einfach die Menge, aber sie schreit nicht los, es ist mehr ein Raunen."

In Träumen wird zwar häufig gesprochen, es ist aber nicht immer klar, ob es sich hier um akustische Phänomene handelt, da den Träumern oft die Entscheidung schwerfällt, ob sie Sprache wirklich gehört haben oder ob sie nur irgendwie wußten, daß gesprochen wurde.

> „Ich komme aus einem Flughafen auf eine riesenbreite Straße. Und da geht eine Frau, das ist die Stewardess. Und sie sagt zu mir, sie würde für mich versuchen, ein Ticket ab New York zu buchen. Aber das würde dann 1200 Franken kosten. Und ich sage, ja, das soll sie doch bitte versuchen."
>
> (weiblich, 24 Jahre)

Dieser Bericht legt nahe, das ganze Gespräch zwischen Stewardess und Träumerin als deutliche akustische Wahrnehmung einzustufen. Hier hat die Träumerin aber angegeben, sie habe zwar gehört, wie die Stewardess ihr irgendetwas zurief, die Stimmqualität habe sie aber nicht deutlich wahrgenommen und sich selbst habe sie überhaupt nicht sprechen gehört.

> „Du hattest mich eben schon geweckt und warst hereingekommen. Und jetzt habe ich gesagt: ‚Kann ich weiterschlafen?' Dann sagtest Du: ‚Ja, bis *Schloß Rodriganda*.' Und dann sagte ich: ‚Nein, ich bin jetzt in *Der Senator vom Titicaca-See*, das ist auch ein Karl-May-Roman."
>
> (weiblich, 29 Jahre)

Dieser Traumausschnitt enthält wörtliche Rede. Der Träumerin klangen hier vor allem noch nachhaltig die eigenen Worte im Ohr. Sie erinnerte sich deutlich an ihren etwas quengelnden Tonfall und den lautmalerischen Klang des fiktiven Buchtitels. Hingegen war sie sich nicht sicher, ob sie die Worte der Versuchsleiterin wirklich gehört hatte.

„Ich stehe vor einem großen Schrank und muß mein graues Sommerkleid wieder schön aufhängen. Das ist an einem Bügel und hat so breite Träger. Ich muß dann da so runterstreichen, weil es etwas eng ist im Schrank und wenn ich es mit dem Bügel aufhänge, dann zerknittert es so. Und darum streiche ich darüber, um es glatt zu machen."

(weiblich, 29 Jahre)

Die Träumerin hat in dieser Traumszene mit ihrer Hand den glatten Baumwollstoff gespürt und bemerkt, wie eng es war, zwischen den Kleidern hindurchzustreichen. In der Rückbesinnung fiel ihr auch noch eine weitere Körperempfindung ein, sie habe genau gespürt, wie sie sich irgendwie unbequem bücken mußte, um das Kleid glattzustreichen.

Der amerikanische Schlafforscher Allan Rechtschaffen hat in seinem Labor zusammen mit einer Mitarbeiterin die spezifische visuelle Qualität von Traumbildern auf ganz andere Weise untersucht (Rechtschaffen & Buchignani, 1983). Sie haben zunächst von der Photographie einer jungen Frau, die in einem Wohnzimmer auf einem Sofa sitzt, 129 Varianten hergestellt, indem sie jeweils Farbsättigung, Helligkeit, Bildschärfe und Fokussierung veränderten. Beurteiler stuften anschließend jedes Bild daraufhin ein, wie stark es in den einzelnen Dimensionen von einer ,normalen' Wachwahrnehmung abwich. Im Schlaflabor haben sie dann Versuchspersonen nach Weckungen aus dem REM-Schlaf gebeten, dasjenige Bild auszuwählen, das am ehesten zu der visuellen Qualität ihrer letzten Traumszene paßte. In dieser Studie entsprachen die Traumbilder weitgehend der Wachwahrnehmung in bezug auf den Grad ihrer Helligkeit und Bildschärfe, sie zeigten aber im Mittel weniger satte Farben und eine Fokussierung des Vordergrunds bei einem verschwommenen Hintergrund.

Die Aufgabe, visuelle Traumeindrücke in ihren Nuancen zu bestimmen, setzt voraus, daß der Traum sehr gut erinnert wird. Werden Traumbilder als wenig prägnant beschrieben, dann bleibt offen, ob die visuelle Traumerfahrung bereits diese Qualität hatte, oder ob ein ursprünglich deutlicher Eindruck erst in der Erinnerung verblaßt ist. Verschwommene und unscharfe Traumbilder müssen allerdings nicht notwendigerweise Folge einer schlechten Erinnerung sein, da der Traum sie gerade als Stilmittel wählen könnte, um symbolisch eine psychische Situation darzustellen.

Sinneserfahrungen sind das bevorzugte Ausdrucksmittel des Traumerlebens. Wie im Wacherleben steht die Fülle und Reichhaltigkeit der visuellen Dimension im Vordergrund. Dennoch sind Träume nicht mit einem Stummfilm zu vergleichen, da sie ein Erleben repräsentieren, an dem alle Sinne mitwirken.

Das Denken im Traum

Denkvorgänge im Traum, die alle Traumelemente umfassen, die sich nicht in einer sinnlichen oder emotionalen Qualität darstellen, sind als ein wesentlicher Bestandteil des Traums anzusehen, weil Träumer nicht nur ein Geschehen beobachten, sondern auch darauf reagieren. Das Denken im Traum ist keineswegs selten, wie Abbildung 10 verdeutlicht hat. Träumer sind nicht nur in ein Traumgeschehen verwickelt, sondern sie stellen im Traum Überlegungen an, sie haben Vermutungen oder es fällt ihnen etwas ein.

Traumforscher haben Gedanken in Träumen zwar nicht übersehen, aber eher stiefmütterlich behandelt. Sie hielten sie nicht für so bedeutsam wie die schöpferische Leistung des Traums, innerpsychische Vorgänge in sinnlich erfahrbares Geschehen umzusetzen und eine Welt zu schaffen, in der Gedanken des Träumers ihren gleichnisartigen bildhaften Ausdruck finden.

Das Denken im Traum ist ein Gestaltungsmittel, das allerdings nicht verwechselt werden darf mit den Gedanken, die sich ein Träumer macht, wenn er sich an einen Traum erinnert. In die Berichterstattung können Kommentare, Überlegungen und Einfälle einfließen, die nicht zum Traum gehören, sondern die den Traum aus der Perspektive des Wachzustands bewerten.

Mit drei Beispielen aus unserer Traumdatenbank veranschaulichen wir solche Denkvorgänge, die bereits während des Traumgeschehens abliefen und die aufzeigen, wie sich im Traum Gedankliches mit Wahrnehmungen auf vielfache Weise verbinden kann.

> „Ich war auf einem Markt. Und da war ein Holzstand, und das war der Stand von Felix. Ich sehe den Felix nicht, aber da war einfach ein bunt gemaltes Schild: ‚Felix'. Und da habe ich mich gefragt, was der wohl verkauft hat, wofür er sich den gebaut hat. Und ich wußte, die Sachen, die er verkaufen wollte, hatte er schon verkauft, und deshalb war dieser Stand frei."
> (weiblich, 24 Jahre, 4.Nacht, 6.REM-Phase)

In dieser Traumsequenz finden wir ein klares und informatives Traumbild. Wir entnehmen dieser Wahrnehmung nicht nur, daß es sich um einen Verkaufsstand aus Holz handelt, sondern wir erfahren auch, wer der Eigentümer ist. An diesen visuellen Eindruck knüpfen sich Überlegungen der Träumerin an, die sie zu dem Schluß führen, daß dieser Stand zu haben ist. Der bildhafte Eindruck wird durch Gedanken der Träumerin angereichert, die nicht nur nachvollziehbar sind, sondern auch eine Erklärung der Traumsituation beinhalten.

> „Ich habe gerade mit meinem Vater am Telefon gesprochen über eine Fernsehsendung, die er gesehen hat. Und dann hat er gesagt, er sei in Zürich gewesen und er wolle unbedingt mit mir in eine bestimmte Bar gehen. Und dann habe ich gesagt: ‚Fein, ich gehe nachschauen, wo das ist.' Und dann ist mir im Traum gerade in den Sinn gekommen, daß wir dort schon zusammen gewesen sind und das sagte ich ihm, und er war sehr überrascht. Und ich sagte zu ihm: ‚Das ist doch dort, wo wir gemeinsam einen Whisky getrunken haben.'"
>
> (männlich, 27 Jahre, 2.Nacht, 3.REM-Phase)

Die Handlung wickelt sich in diesem Traum in Form eines Gesprächs ab, die akustischen Wahrnehmungen stehen im Vordergrund. In das Gespräch zwischen Vater und Sohn ist das Wiederaufleben einer Erinnerung an ein früheres gemeinsames Erlebnis sinnvoll eingebettet. Der Einfall des Träumers läuft nicht parallel zu dem Gespräch, das er führt, sondern er wird angeregt durch den Wunsch des Vaters, wird eingebaut in die Antwort und löst eine Reaktion und weitere Erinnerungen aus. Hier hat das Denken im Traum auf die Traumhandlung einen entscheidenden Einfluß genommen.

> „Ich habe irgendwie gesehen, daß ‚La dentellière' im Kino kommt und habe mir überlegt, ob der Film wohl deutsch synchronisiert ist oder nicht, und fand, daß er es nicht ist. Ich habe mit jemandem darüber gesprochen, ob ich jetzt dorthin gehen soll oder nicht. Während dieser Überlegungen bin ich in einem Bus gefahren, der war voll von Amerikanern. Und zwar irgendwie wußte ich, daß das überwiegend Leute sind, deren Mann in der Army war und die dann aus irgendeinem Grund in der Schweiz geblieben sind. Und ich habe mir noch überlegt, ob ich mich neben eine Frau setzen soll, dann dachte ich, nein, ich will lieber allein sein, dann habe ich mich auf einen Einzelsitz gesetzt."
>
> (weiblich, 24 Jahre, 3.Nacht, 4.REM-Phase)

Die Träumerin hat in diesem Traum zunächst Gedanken, die zwar durch ein Traumbild ausgelöst wurden, die aber nicht direkt in die weitere Handlung einfließen: Sie sieht eine Kinoanzeige und überlegt sich, in welcher Sprache der Film läuft. Es bleibt aber unklar, ob die Frage der Synchronisation für das nachfolgende Gespräch bedeutsam ist. Gedankliches finden wir in diesem Traum aber auch in Form von Wissen, das sich nicht wie im Beispiel des Gesprächs zwischen Vater und Sohn als Erinnerung darstellt, sondern der Träumerin einfach zur Verfügung steht. Sie weiß, die Businsassen sind Amerikaner in einer bestimmten Lebenssituation, obwohl die Traumszene diese Information nicht anschaulich vermittelt. Und schließlich stellt die Träumerin eine Überlegung an, die einer Traumhandlung vorausgeht und sie erst entscheidet. Sie wägt ab, wohin sie sich setzen soll, faßt einen Entschluß und setzt ihn in die Tat um.

Die Beispiele haben gezeigt, daß das Denken nicht nur das Traumgeschehen begleitet, sondern es sinnvoll anreichern und mitbestimmen kann. Das Denken ist als ein Gestaltungsmittel des Traums anzusehen, das ebenso zum Traum gehört wie die sinnenhaften Traumerfahrungen. Allerdings zeichnet sich das Denken im Traum eher durch Einfachheit und geringe Nachhaltigkeit aus. Wir fanden keine Träume, in denen Träumer komplexe Zusammenhänge durchdachten und gedankliche Fragen logisch und konsequent von allen Seiten beleuchteten. Unsere Träumer grübelten nicht mit Ausdauer über ein Problem nach, sondern ihre Gedanken waren eingestreut in ein vorwiegend handlungsbezogenes Traumgeschehen, das nicht laufend bewertet und durch Überlegungen gesteuert wurde.

In den letzten Jahren ist eine besondere Form des Denkens im Traum unter dem Stichwort der sogenannten luziden Träume populär geworden. Bei den luziden Träumen handelt es sich um Erfahrungen, in denen das Traumich sich des Träumens bewußt wird und steuernd in das Traumgeschehen eingreifen kann. Die Hoffnung, Träume in diesem Sinne kontrollieren zu können, hat zu einer ideologisch gefärbten Bewegung geführt, weil ihre Anhänger hier einen Weg sehen, das Bewußtsein zu erweitern und unbewußte Kräfte in den Griff zu bekommen.

Allerdings muß ein Traum über das Träumen nicht notwendigerweise einen anderen Bewußtseinszustand anzeigen. Da in einen Traum alle Wacherfahrungen und damit auch das Wissen zu träumen, einfließen können, ist es natürlich nicht überraschend, wenn Träumer einmal träumen, sich in einem Traum zu befinden. Diese Beobachtung ist auch schon in der frühen Traumliteratur festgehalten worden. In den spontanen Träumen des Alltags sind solche luziden Erfahrungen aber überaus selten anzutreffen und auch unter unseren experimentell erhobenen Träumen befindet sich kein eindeutig luzider Traum. Es wird jedoch berichtet, daß manche Menschen mit autosuggestiver Vornahme lernen können, solche Erlebnisse häufiger herbeizuführen.

Allan Rechtschaffen hat 1978 in einem Artikel die ‚Eingleisigkeit‘ der Träume hervorgehoben. Darunter versteht er, daß im Erleben des Träumers Vorstellungen und Gedanken gewöhnlich nicht parallel ablaufen, vielmehr ist jeweils nur ein Thema gegenwärtig, das nicht mit anderen Gedanken gleichgeschaltet ist. Wenn wir beispielsweise im Traum eine Handlung ausführen oder eine Szene beobachten, denken wir nicht gleichzeitig über etwas ganz anderes nach, wie das im Wachen häufig der Fall ist.

Eine Eingleisigkeit des Traumerlebens zeigt sich besonders deutlich in dem fehlenden Nachdenken über den Traumzustand, weil wir im Traum gewöhnlich nicht realisieren, gerade zu träumen, während wir uns am Tage des Wachseins meistens bewußt sind. Träume können auch deshalb eingleisig genannt werden, weil der Träumer sich weit häufiger als im Wachen naiv und unmittelbar einem Geschehen überläßt, das er nur selten in Frage stellt. Diese herabgesetzte Selbstreflexion ist damit verbunden, daß der Träumende sich nicht seiner ‚Geschichtlichkeit‘ bewußt ist, weil er das augenblickliche Traumgeschehen nicht auf dem Hintergrund seiner früheren Erfahrungen und seiner auf die Zukunft gerichteten Erwartungen bewertet.

Die Gefühle im Traum

Träume stellen eine sinnenhafte Wirklichkeit dar, in die sich der Träumer nicht nur mit seinen Gedanken einschaltet, sondern in die er auch gefühlsmäßig einbezogen sein kann. Gefühle im Traum sind ein Anzeichen für die innere Beteiligung des Träumers, sie können die Traumerfahrung im Sinne eines ganzheitlichen Erlebens abrunden.

Gefühle sind ein besonders eindrucksvolles Merkmal des Traumerlebens, ihre Intensität und Qualität können noch weit in den Tag hinein nachklingen. Werden aber alle Träume von Gefühlen begleitet? Spiegeln Träume die ganze Palette unserer Gefühle oder ist das Gefühlsleben im Traum eingeschränkt? Überwiegen in den Träumen unangenehme Gefühle oder freudige Erfahrungen? Sind die Gefühle im Traum besonders intensiv oder zeigen sie wie im Wacherleben alle Abstufungen?

Aus unserer Traumdatenbank haben wir 500 REM-Träume ausgewählt, um Häufigkeit, Qualität und Intensität der Gefühle zu untersuchen (Strauch & Meier, 1989). Die Träume stammen von 44 Versuchspersonen, die insgesamt 161 Nächte im Schlaflabor verbrachten. Wir haben die Gefühle nicht aus den Traumtexten abgelesen, sondern wir werteten die Antworten der Träumer auf die Frage aus, wie sie sich in ihrem Traum gefühlt haben und wie intensiv diese Gefühle waren. Entscheidend für dieses Vorgehen war die Überlegung, daß wir aus einem Traumtext nicht verläßlich entnehmen können, welche Gefühle der Träumer erlebt hat. Daher haben wir nur die von den Träumern frei beschriebenen Gefühle berücksichtigt und in Kategorien eingestuft. Wir haben zunächst unterschieden zwischen konkreten Gefühlen, wie Ärger, Freude, Scham und allgemeinen Befindlichkeiten, wie „ich habe mich wohlgefühlt", „es ging mir nicht so gut". Zusätzlich haben wir alle Gefühlsnennungen nach ihrer positiven, negativen und neutralen Qualität bewertet.

Wie unterschiedlich das Gefühlserleben in Träumen sein kann, veranschaulichen wir mit einigen Beispielen:

> „Ich war mit einer Kollegin auf der Straße, auf dem Heimweg. Und Anita und ihr Bruder und ein Kollege wollten uns einfach einen Streich spielen. Sie haben uns abgepaßt und noch zwei Leute vorgeschickt, die wir nicht kannten. Und die sollten uns unter einem Vorwand Karten verkaufen. Wir sind darauf reingefallen und haben diese Karten gekauft. Und dann sind sie hervorgekommen und haben uns ein wenig ausgelacht, weil wir so naiv sind und jemandem mit einem fadenscheinigen Grund irgendetwas auf der Straße abkaufen. Und irgendwie waren auf diesen Karten Kamele. Später haben sie uns mitgenommen im Auto. Wir fuhren auf der Autobahn und dann war da plötzlich ein Tiertransport, der eine Panne hatte. Und diese Tiere, Schafe, Pferde und noch ein Schwein, kamen alle aus dem Auto auf die Autobahn. Wir sind dann vorbeigefahren, und ich habe noch nach hinten geschaut, was passiert, wenn die Tiere auf die Fahrbahn gehen."
>
> (weiblich, 29 Jahre, 5.Nacht, 5.REM-Phase)

Auf die Frage, wie sie sich in diesem Traum gefühlt habe, antwortete die Träumerin: „Ja, angenehm. Es war irgendwie eine positive Art von Gefühl." Dieser Traum war nur von einer positiven Grundstimmung getragen und löste keine konkreten Gefühle aus, obwohl wir aus der Sicht des Wachens spezifische Gefühle vermutet hätten. Die Träumerin hat aber keine Beschämung erlebt, ausgetrickst und ausgelacht zu werden, und auch die potentiell gefährliche Situation der ausbrechenden Tiere auf der Autobahn war in ihrem Erleben offenbar nicht mit Angst verbunden.

> „Ich war mit meinem Mann in einer Internatsschule. Wir haben zufällig den Sohn eines befreundeten Ehepaars getroffen. Er zeigte uns diese Schule und erzählte uns, wie so sein Alltag aussehe. Wir waren gerade dabei, uns zu verabschieden."
>
> (weiblich, 29 Jahre, 1.Nacht, 5.REM-Phase)

Hier sagte die Träumerin im Anschluß an ihren Bericht: „Ich weiß, daß ich mich gefreut habe, den Sohn zu sehen, weil ich ihn schon jahrelang nicht mehr gesehen hatte. Und das hat mich irgendwie ein wenig aufgewühlt, ein Gefühl von Freude, ihn zufällig zu sehen." Aus dem Traumbericht ist das konkrete Gefühl der Freude nicht unmittelbar abzulesen. Es hätte sich hier auch um eine alltägliche Situation handeln können, die nicht von besonderen Gefühlen begleitet wurde.

> „Ich bin mit Dir zusammen Straßenbahn gefahren. Wir saßen an und für sich in der falschen Bahn, aber es war die erste, die gerade vorbeigekommen war. Dann war es so, daß wir an den einzelnen Stationen, immer wenn eine andere Straßenbahn gekommen ist, da ganz schnell hineingesprungen sind und diese genommen haben. Aber sie ist auch in die gleiche Richtung gefahren wie wir, so als ob sie uns überholt hätte. Wichtig war einfach, daß man in die andere Bahn kam, es war für Dich wichtig und nicht für mich. Es war, als hätten diese Straßenbahnen eine Erleuchtung für den Lebensweg. Es war noch recht schwierig, daß man das immer wieder durchführen konnte, weil manchmal kam auch noch eine Bahn aus der anderen Richtung. Daher mußte man noch aufpassen, daß man nicht von der Straßenbahn überfahren wurde. Wir hatten es viele Male so gemacht, und das letzte Mal, als wir das taten, sagtest Du: ‚Ich glaube, diesmal reicht es nicht mit dem Umsteigen.‘ Da sagte ich: ‚Doch, doch, komm nur, das reicht schon.‘"
>
> (weiblich, 31 Jahre, 4.Nacht, 2.REM-Phase)

Die Antwort auf die Gefühlsfrage lautete: „Es ist eigentlich merkwürdig, aber ich hatte ein gleichgültiges Gefühl, obwohl einen manchmal die Bahn beinahe überfuhr, und Du dazwischen gestanden bist. Aber es ist alles so sehr auf Distanz gewesen." Obwohl in diesem Traum viel passiert und die Träumerin sich mit der Versuchsleiterin auf eine wechselhafte Reise begibt, erlebt sie keine konkreten Gefühle oder irgendwelche Stimmungen, sondern sie bleibt unberührt. Eine Analogie zur Versuchssituation drängt sich auf: Das ständige Umsteigen in verschiedene Straßenbahnen verbildlicht die Weckungen, den häufigen Wechsel zwischen Wachen und Schlaf, und die Gefühlsbeteiligung bleibt vielleicht deshalb aus, weil die Verantwortung der Versuchsleiterin überlassen wird.

> „Mein Bruder und ich waren irgendwie ohne Auto unterwegs. Da fuhren einige Leute vorbei, die uns ihr Auto anboten. Zuerst einen Amerikaner, den wollten wir nicht, und dann waren es noch zwei, drei Autos, die wir auch nicht wollten. Und irgendwann haben wir dann einen zitronengelben VW Golf genommen. Dann sind wir damit beim Bahnhofplatz rundherum gefahren und wollten irgendwo umkehren. Und dazu mußten wir über einen steilen, eisigen Schneehaufen fahren. Ich dachte noch, da kommen wir nie durch, ohne durchzudrehen. Dann sind wir dort hoch und auf der anderen Seite wieder hinunter. Ich dachte, oh je, das sind sicher mehr als zehn Prozent Gefälle, und mein Bruder sagte, wenn ich wenigstens noch vier Zentimeter

habe, um vorne zu bremsen, dann reicht es gut. Dann sind wir weitergefahren."

(weiblich, 31 Jahre, 3.Nacht, 4.REM-Phase)

Das emotionale Erleben in diesem Traum wurde von der Träumerin mit den Worten beschrieben: „Beim Hinunterfahren hatte ich das Gefühl, es sei schon sehr steil, und ich habe die Füße vorne angestemmt. Aber Angst war es nicht, einfach so ein ungutes Gefühl, obwohl mein Bruder daneben saß, und man bei ihm keine Angst haben muß, wenn er Auto fährt." Hier grenzt die Träumerin, vielleicht im Sinne einer Abwehr, das von ihr erlebte allgemeine Unbehagen deutlich von einem konkreten Gefühl der Angst ab.

„Meine Mutter und meine Schwester mußten zum Zahnarzt. Und eine Freundin und ich sind mit ihnen gefahren. Und dann sind wir zurückgelaufen und haben gesagt, wir würden uns in einer Bar wieder treffen. Es war Tag, aber dann plötzlich war es wieder Nacht. Und dann saßen wir in der Bar, und da waren nur so verkommene Leute, so Fixer. Und einer, der hat mich bedroht mit einer Fixernadel, als wollte er mir einen Schuß setzen. Und ich habe mich dann hingesetzt und auf die Freundin gewartet, die war etwas zu trinken holen gegangen. Und dann kommt einer und beginnt mich zu würgen, so völlig unmotiviert, den kannte ich nicht."

(weiblich, 22 Jahre, 3.Nacht, 6.REM-Phase)

Die Träumerin hat bei der Bedrohung durch den Fixer und der Würgeszene eine intensive Angst gespürt, und hier können wir dieses Gefühl aufgrund des Traumgeschehens auch unmittelbar nachvollziehen.

„Da lief so ein Experiment und da war ein Zelt, das war recht groß. Und ich habe mehr aus Jux sehen wollen, wie es unter diesem Zelt ist. Und dort war so eine zentrale Stelle wie hier im Labor, von der aus man die Sachen zum Teil gehört und gesehen hat. Und ich habe das irgendwie hochgehoben, und plötzlich bin ich dort unten wie in einem Haus allein. Und ich konnte nicht mehr hinaus und habe daran gerüttelt. Ich habe total Angst gehabt und habe ewig geschrien."

(weiblich, 27 Jahre, 2.Nacht, 2.REM-Phase)

In diesem Traum sind die intensiven Gefühle der Bedrohung und Beengung direkt in das Traumgeschehen eingebettet. Die Träumerin ist gefangen und eingeschlossen und reagiert mit Panik, indem sie sich zu befreien sucht und um Hilfe schreit. Ein Auslöser der Angst bei diesem Traum ist sicherlich die Laborsituation, in die sich die Träumerin neugierig begibt, die sich aber als Falle erweist.

Gefühle waren kein durchgängiges Merkmal der Traumerfahrung, wie das Kreisdiagramm der Abbildung 11 veranschaulicht. Nicht jeder Traum war gefühlsbetont, sondern rund drei von zehn Träumen wurden als neutral erlebt. Konkrete Gefühle waren in etwa jedem zweiten Traum beteiligt, und knapp jeder vierte Traum war nur von einer allgemeinen Befindlichkeit begleitet. Die im Erleben neutralen Träume unterschieden sich von den gefühlsbetonten Träumen jedoch nicht im Reichtum ihrer Inhalte, das Fehlen von Gefühlen kann daher nicht mit einer bruchstückhaften Erinnerung erklärt werden. Offensichtlich hat die gefühlsmäßige Anteilnahme in Träumen ebensoviele Abstufungen wie wir sie auch aus der Wacherfahrung kennen.

Auch wenn einzelne Träume meistens nicht mehrere Gefühle zeigten, so fanden wir doch in der gesamten Gruppe der Träume die ganze Palette konkreter Gefühle, die wir auch im Wachen erleben. Ihre Rangfolge ist in Abbildung 12 aufgeführt. Alle Gefühle treten in Träumen auf, jedoch nicht mit gleicher Häufigkeit. Während Freude, Ärger und Angst ungefähr jeden zehnten Traum begleiteten, waren die differenzierteren Gefühle Verachtung, Schuld und Ekel vergleichsweise sehr selten. Es erstaunt zunächst, daß das Gefühl der Freude den ersten Rang besetzt, weil Träumen doch immer wieder ein Überwiegen negativer Gefühle zugeschrieben wird. Gruppieren wir allerdings die konkreten Gefühle nach ihrer Qualität, dann kommen negative Gefühle doppelt so häufig vor wie positive, der erste Rang von Freude muß also relativiert werden. Daraus ist allerdings noch nicht der Schluß zu ziehen, daß Träume vorwiegend von negativen Erfahrungen geprägt sind, weil diese Aussage nur Unterstützung findet in bezug auf die Gefühle, die im Erleben prägnant repräsentiert waren. Bei den Träumen, in denen nur eine allgemeine Befindlichkeit erlebt wurde, zeigte sich ein umgekehrtes

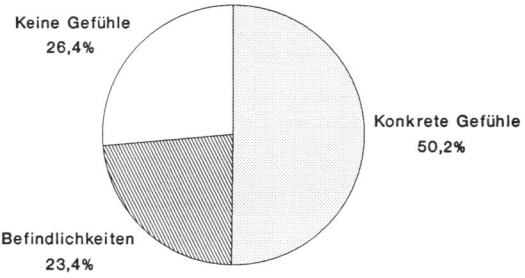

Abbildung 11: Das Erleben von Gefühlen im Traum.
Die Häufigkeit von Gefühlen und Befindlichkeiten in 500 REM-Träumen. Auswertung der Antworten auf die Frage: „Wie hast Du Dich im Traum gefühlt?“

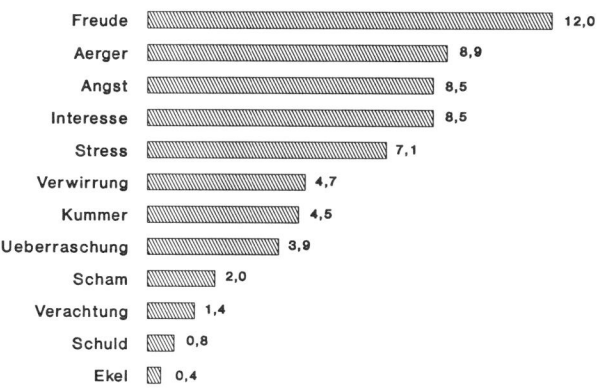

Freude	12,0
Aerger	8,9
Angst	8,5
Interesse	8,5
Stress	7,1
Verwirrung	4,7
Kummer	4,5
Ueberraschung	3,9
Scham	2,0
Verachtung	1,4
Schuld	0,8
Ekel	0,4

Abbildung 12: Die Palette der konkreten Gefühle in Träumen.
Prozentualer Anteil der verschiedenen Gefühle in 500 REM-Träumen.

Bild. Hier standen positive Gestimmtheiten im Vordergrund, und zwar waren sie zweieinhalbmal so häufig wie negatives Befinden.

Aus dem Kreisdiagramm der Abbildung 13 sind die Gefühlsqualitäten der Träume zu ersehen. Nunmehr zeigt sich ein ausgewogenes Verhältnis von positiven, negativen und neutralen Traumstimmungen. Träume sind also nicht vorwiegend geprägt von Ängsten, Unmut und Belastungen, sondern sie zeigen häufig auch Wohlbefinden und angenehme Erlebnisse. Unangenehme Erfahrungen äußern sich in Träumen allerdings häufiger in konkreten Gefühlen, während positives Erleben eher in einer Stimmung zum Ausdruck kommt.

Unabhängig davon, ob konkrete Gefühle oder Befindlichkeiten beschrieben wurden, waren die Träume in ihrer Gefühlslage eher einschichtig, da die Träumer in der Regel nur ein Gefühl angegeben haben. Ebenfalls klein war der Anteil an Träumen mit widerstreitenden Gefühlsqualitäten, da die Träumer selten wechselnde Gefühlsfärbungen erlebten, sondern sich entweder in einer positiven, negativen oder neutralen Stimmung befanden. Diese geringe Vielfalt an Gefühlsempfindungen ist ein Hinweis darauf, daß in diesen Träumen das Gefühlserleben eher einheitlich ausgeprägt war.

Die Intensität, mit der die Traumgefühle erlebt wurden, bewegte sich in unserer Traumstichprobe eher im mittleren Bereich. Extrem starke oder extrem schwache Intensitäten wurden demgegenüber weit weniger häufig erlebt. Die Intensität der konkreten Gefühle und Befindlichkeiten war gleichverteilt. Prägnante Gefühlsempfin-

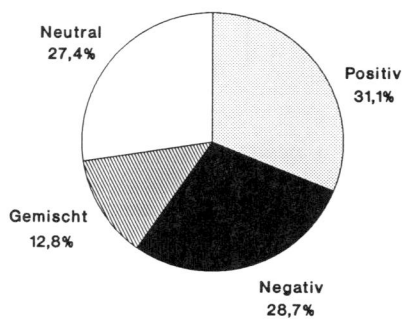

Abbildung 13: Die Qualität der Traumgefühle.
Die Verteilung des positiven, negativen und neutralen Stimmungsgehalts in 500
REM-Träumen.

dungen gingen also nicht mit einer stärkeren gefühlsmäßigen Beteiligung einher als allgemeine Stimmungen.

In der Alltagserfahrung sind Traumgefühle dann besonders eindrucksvoll und nachhaltig, wenn sie nicht der Wacherfahrung entsprechen, indem sie ausbleiben oder der Situation unangemessen sind. So wird beispielsweise in der Traumliteratur immer wieder hervorgehoben, daß im Traum entsetzliche Dinge geschehen und der Träumer völlig unberührt bleibt, oder daß er auf eine bedrohliche Situation mit nicht nachvollziehbarer Heiterkeit reagiert.

David Foulkes hat mit seinen Mitarbeitern zum erstenmal empirisch untersucht, wie angemessen die Gefühle im Traum aus der Sicht des Wachens sind (Foulkes, Sullivan, Kerr & Brown, 1988). Er hat seine Versuchspersonen zunächst aus dem REM-Schlaf aufgeweckt und sie nach ihren Träumen und den erlebten Gefühlen befragt. Anschließend sollten die Versuchspersonen angeben, welche Gefühle sie gehabt hätten, wenn der Traum ein Wachereignis gewesen wäre, und wie diese Gefühle wiederum mit den im Traum erlebten Gefühlen übereinstimmten. Die Versuchspersonen hatten in den meisten Träumen Gefühle, die auch im Wachen in der entsprechenden Situation aufgetreten wären. An zweiter Stelle kamen Träume, in denen eine Gefühlsbeteiligung ausblieb, obwohl das gleiche Geschehen im Wachen Gefühle hervorgerufen hätte. Demgegenüber waren Traumgefühle, die mit dem Wacherleben überhaupt nicht in Einklang standen, überaus selten.

Die interessante Beobachtung, daß in vielen Träumen keine Gefühle erlebt werden, steht im Widerspruch zu einem Traumverständnis, das Gefühlen einen zentralen Stellenwert im Traumerleben zuweist. Gefühle können zwar ein wichtiges Ausdrucksmittel sein, sie prägen aber die Traumerfahrung nicht kontinuierlich und sie sind auch nicht notwendigerweise am Erleben beteiligt.

Die Bizarrheit im Traum

Wenn immer wieder von dem bizarren Charakter der Träume gesprochen wird, dann wird darunter verstanden, daß Trauminhalte und der Verlauf des Traumgeschehens ungewöhnlich oder unmöglich sind. Diese Kennzeichnung erfolgt allerdings immer aus der Sicht der Wachwelt. Träume werden selten schon während des Träumens als bizarr erlebt, hier steht das Wirklichkeitsbewußtseins des Traums im Vordergrund. Erst wenn wir die erinnerten Träume mit der Wacherfahrung vergleichen, schreiben wir ihnen bizarre Qualitäten zu.

Träume können bizarre Merkmale aufweisen, darüber sind sich alle Traumforscher einig. Abweichende Auffassungen gibt es nur darüber, ob Bizarrheit ein dominantes oder nur ein sporadisch auftretendes Traummerkmal ist und inwieweit Bizarrheit in eine Definition des Traums einbezogen werden muß. Für den Schlaf- und Traumforscher Allan Hobson ist Bizarrheit ,das prägnanteste Merkmal der Traumtätigkeit' (1988). Demgegenüber kommt der Schlafforscher Frederick Snyder zu der Feststellung:

> „Wir fanden, daß es sich bei dem größten Anteil der Berichte um völlig glaubwürdige Beschreibungen von Wachereignissen handelte (...). Es gab zwar viele Berichte, in denen diese traumartigen Merkmale von Bizarrheit und Unglaubwürdigkeit auftraten, aber was uns wirklich überrascht hat war, wie selten diese waren." (*Übersetzung d. Verf.*, 1970, p. 146)

In unserer Arbeitsgruppe hat Henriette Haas eine Skala entwickelt, mit der formale und inhaltliche Merkmale von Bizarrheit erfaßt werden können (Haas, Guitar-Amsterdamer & Strauch, 1988). Formal bizarr sind Berichte, die in ihrem Aufbau und in ihrem Verlauf auffällig sind, weil einzelne Wörter, Sätze oder Abschnitte unvollständig, zerfahren oder sprunghaft sind. Inhaltlich bizarr sind Elemente und Ereignisse, die aus der Sicht des Alltags außergewöhnlich sind, weil sie verändert oder unwahrscheinlich sind, weil sie soziale und kulturelle Normen verletzen oder weil sie physikalischen Gesetzmäßigkeiten widersprechen.

Wir haben anhand dieser Skala die Ausprägung von Bizarrheit an 117 REM-Träumen untersucht. Die Träume stammen von 13 Versuchspersonen, die alle in jeweils drei Nächten drei Träume erinnerten. Wir haben kodiert, wie häufig formale Bizarrheit auftrat und wie sich Bizarrheit auf die inhaltlichen Kategorien der Szenerien, Personen, Objekte, Handlungen, Sprachinhalte, Wahrnehmungen, Gedanken und Gefühle verteilte. In jedem Traum haben wir zunächst alle die Stellen unterstrichen, die formal oder inhaltlich bizarre Elemente enthielten und haben dann bestimmt, welcher Kategorie sie angehörten.

Das Kreisdiagramm der Abbildung 14 zeigt, wie häufig bizarre Elemente in diesen Träumen vorkamen. Zunächst fällt auf, daß keineswegs alle Träume bizarre Merkmale trugen, da wir in jedem vierten Traum kein bizarres Element entdeckten. Die Mehrzahl der Träume wies nur einzelne bizarre Elemente auf, die locker in das Traumgeschehen eingestreut waren. In knapp jedem dritten Traum war Bizarrheit etwas stärker ausgeprägt, aber nur in wenigen Träumen trat sie in vielfältiger Weise in Erscheinung.

Wie sich formale und inhaltliche Merkmale von Bizarrheit auf die Träume verteilen, ist in dem Kreisdiagramm der Abbildung 15 dargestellt. Es scheint sinnvoll zu sein, die beiden Bereiche zu trennen, da formale und inhaltliche Aspekte der Bizarrheit nur in etwa jedem fünften Traum gemeinsam auftraten. Bizarre Inhalte überwogen aber bei weitem formal bizarre Elemente, da in ungefähr jedem zweiten Traum nur außergewöhnliche Inhalte auffielen, während weniger als zehn Prozent der Träume nur durch formale Bizarrheit charakterisiert waren.

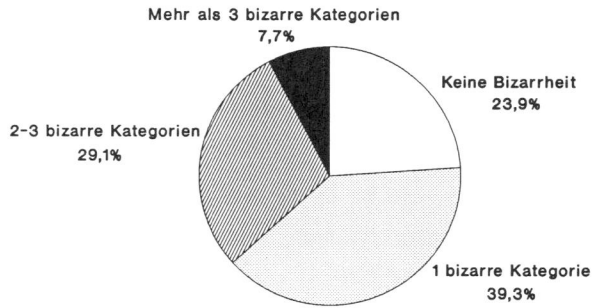

Abbildung 14: Bizarrheit in Träumen.
Die Häufigkeit bizarrer Merkmalsklassen, die in 117 REM-Träumen kodiert wurden.

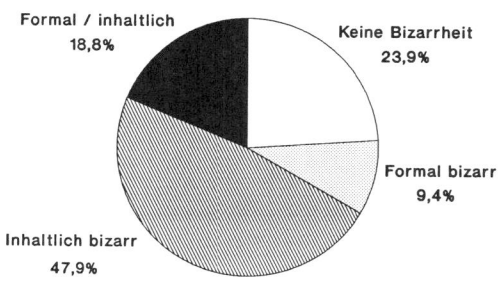

Formal / inhaltlich
18,8%

Keine Bizarrheit
23,9%

Formal bizarr
9,4%

Inhaltlich bizarr
47,9%

Abbildung 15: Die Art der Bizarrheit in Träumen.
Die Verteilung von formaler und inhaltlicher Bizarrheit in 117 REM-Träumen.

Die folgende Traumszene ist ein typisches Beispiel dafür, wie formale Bizarrheit zum Ausdruck kommen kann:

„Ich war mit einer Frau und zwei Männern, die ich kenne, in den Ferien am Meer. Und die einen sind dann später auch dort ins Hotel gekommen. Ich war irgendwie schon früher dort. Und die sind dann gerade gekommen. Und ich saß dann mit denen irgendwie dort im Freien an einem Tisch und sah gerade die Frau. Und dann ist aber plötzlich, irgendwie saß ich dann plötzlich mit den beiden Männern am Tisch und sie war irgendwie nicht mehr da. Ich habe zuerst gemeint, ich wohne im Hotel unten, und dann sind irgendwie die anderen gekommen, und dann habe ich plötzlich weiter oben gewohnt."
(weiblich, 24 Jahre, 3.Nacht, 4.REM-Phase)

Auffällig sind in diesem Traum nicht die Inhalte und die Handlungen, sondern die sprunghaften Übergänge, das abrupte Auftauchen und Verschwinden von Personen und der unvermittelte Wechsel in der Unterbringung der Träumerin. Es muß natürlich offenbleiben, ob dieser fehlende Zusammenhang bereits ein Merkmal des Traumgeschehens war oder ob die formale Bizarrheit erst im Prozeß des Erinnerns und Berichtens entstanden ist.

In der Abbildung 16 haben wir dargestellt, wie häufig die verschiedenen Trauminhalte im Sinne unserer Definition von Bizarrheit von der Alltagserfahrung abwichen. Es zeigte sich, daß Bizarrheit in allen inhaltlichen Kategorien anzutreffen war, wenn auch mit unterschiedlicher Verteilung. Am häufigsten führten die Traumfiguren ungewöhnliche Handlungen aus und erst an zweiter Stelle verband sich Bizarrheit mit Personen. Mit abnehmender Häufigkeit folgten dann seltsame Szenerien, merkwürdige Objekte, ungewöhnliche Erlebnisvorgänge und befremdende Sprachinhalte. In dieser Rangfolge spiegelt sich aber auch die Häufigkeit, mit der die einzelnen Inhalte in Träumen überhaupt auftreten. Es gibt beispielsweise mehr Handlun-

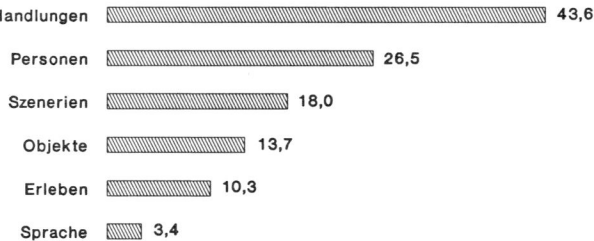

Handlungen	43,6
Personen	26,5
Szenerien	18,0
Objekte	13,7
Erleben	10,3
Sprache	3,4

Abbildung 16: Bizarre Inhalte in Träumen.
Prozentualer Anteil der verschiedenen bizarren Inhaltsklassen in 117 REM-Träumen.

gen in Träumen als Personen oder Szenerien. Daher ist der Schluß zu ziehen, daß Bizarrheit sich nicht bevorzugt in bestimmten inhaltlichen Kategorien niederschlägt, sondern alle Trauminhalte umgestalten kann.

Die nachfolgenden Traumausschnitte stellen Beispiele dar, wie Bizarrheit in den verschiedenen inhaltlichen Kategorien aussehen kann:

„Und dann kommt meine Mutter und sieht, daß der obere Teil der Tür aus Glas ist. Und dann zerschlägt sie das Glas, damit sie durch in die Türe gehen kann. Und ich kriege so eine Panik, oder ich weiß einfach, daß sie nicht durchkommen soll, daß ich einen Hammer nehme und sie töte."
(weiblich, 24 Jahre, 2.Nacht, 4.REM-Phase)

Zwei ungewöhnliche Handlungen bestimmen diese Traumszene. Die Mutter zerschlägt das Glas einer Tür, und die Träumerin tötet ihre Mutter. Im ersten Fall ist die Handlung als bizarr zu bewerten, weil sie nicht alltäglich und auch nicht aus der Traumsituation heraus begründet ist. Im zweiten Fall verletzt der aggressive physische Akt die sozialen und kulturellen Normen.

„Wir mußten umziehen und wir haben versucht mit jemandem, der ein Auto hat, abzumachen, daß er uns hilft. Aber dann konnte er nicht und dann konnten wir nicht, und dann sind Brigitte und ich aufs Land hinausgefahren, um uns von dem Streß ein bißchen zu erholen. Dann haben wir geparkt und dann ist ein Ehepaar mit einfach Tausenden von Kindern gekommen, die mußten jetzt alle irgendwie in das Auto hinein, damit sie weiterfahren können. Und die hatten nur einen VW Käfer, und als sie gingen, haben sie alle Kinder dort hineingeworfen."
(weiblich, 22 Jahre, 4.Nacht, 3.REM-Phase)

In diesem Traum sind nicht die einzelnen Inhalte für sich genommen bizarr, sondern absurd ist die in das sonst eher alltägliche Geschehen eingestreute Handlung, auf ruppige Art eine riesige Anzahl von Kindern in einem kleinen Auto unterzubringen, das offenbar eine ungewöhnliche Kapazität hat.

> „Wir sind zu dritt in einer leeren Wohnung, ein älterer Mann und eine Frau und ich. Und die Frau und der Mann sind ein Ehepaar und haben sich getrennt. Und jetzt ist sie wieder nach Hause gekommen, um zu schauen, wie es ihm geht. Und jetzt ist die ganze Wohnung leer. Sie scheinen fast halb wie Tiere zu sein. Und ich stehe da, ich bin wie ein Geist, ich berühre die Erde nicht, ich schwimme da herum. Aber sie sehen mich. Es ist als ob sie sich selbst Masken aufsetzen würden, jeder für sich, um sich gegenseitig Angst zu machen."
>
> (weiblich, 24 Jahre, 4.Nacht, 2.REM-Phase)

Alle Personen sind in diesem Traum bizarr gestaltet. Die Träumerin erlebt sich einerseits als Geist, wird aber andererseits doch wahrgenommen, während das Ehepaar merkwürdige, animalische Züge trägt und sich hinter Masken versteckt.

> „Ich saß auf dem WC, auf einem öffentlichen WC, wo es Bücher gab. Also neben dem WC, also im WC drin war ein Ständer mit Taschenbüchern. Es war ein Sammelsurium von verschiedensten Taschenbüchern."
>
> (weiblich, 24 Jahre, 3.Nacht, 4.REM-Phase)

Ungewöhnlich und bizarr ist in diesem Traum nur die Szenerie, da öffentliche Toiletten üblicherweise nicht mit Taschenbuchauslagen ausgestattet sind.

> „Ich saß abends im Garten mit meiner Familie und meinem Paten und ich war Vater von einem kleinen Mädchen, um das ich mich immer kümmern mußte. Und dann hat mein Pate einen Riesen-Haschischbaum entdeckt, der war so 20, 30 Meter hoch. Und mein Bruder und ich, wir wollten den einpflanzen. Ich habe ihn aufgestellt und dann ist der Baum aber langsam in den Fluß abgekippt etwas weiter unten am Hang."
>
> (männlich, 25 Jahre, 2.Nacht, 5.REM-Phase)

Abgesehen davon, daß der Träumer in Wirklichkeit noch nicht Vater eines kleinen Mädchens ist, fällt in dieser Traumszene der überdimensionale Haschischbaum auf, der als Objekt eindeutig bizarr ist, da Haschischbäume nicht in den Himmel wachsen.

> „Ich saß irgendwie an einem Tisch und hatte vor mir einen Fahrplan, ein kleines weißes Kärtchen, aber ich weiß nicht, was ich nachschauen wollte. Und als ich ihn auf den Tisch legen wollte, da ist der Fahrplan so riesengroß geworden, zu einer riesigen schwarzen Tafel, und da waren so komische Dinger, mit denen man die Zeit und den Ort stecken mußte, und ich habe das ganz langsam gemacht."
>
> (weiblich, 23 Jahre, 4.Nacht, 5.REM-Phase)

Bizarr ist in dieser Traumszene die plötzliche Verwandlung eines nicht ungewöhnlichen Fahrplans in eine große Tafel, die zwar an die Zugankündigungen in Bahnhöfen erinnert, die aber eigentlich in der Szenerie, in der sich die Träumerin befindet, nicht am richtigen Platz ist.

> „Wir standen in einem Laden an der Kasse und sind einfach nie drangekommen. Es war nur noch jemand schon die längste Zeit vor uns, und trotzdem sind wir einfach nicht drangekommen. Und jetzt wäre dann Geschäftsschluß gewesen, und dann sind wir halt unter der Tür durch, so einer Knicktüre, und sind dann hinausgegangen. Und irgendwie sollte es dort, wo wir jetzt sind, ein Attentat geben, oder es hat ziemlich sicher eins gegeben, und jetzt mußten wir andere Orte aussuchen."
>
> (weiblich, 23 Jahre, 4.Nacht, 3.REM-Phase)

Dieser Traum hat vor allem eine bizarre Erlebnisqualität, da sich bei der Träumerin das Wissen von einem Attentat einstellt, das nicht aus der Traumsituation heraus verständlich wird und auch nicht genauer aufgeklärt wird.

> „Ich war in einer Art Ferienlager. Und da nahm jemand meine Haarbürste und hat die so in der Faust kaputt gemacht. Dann bin ich ihm nachgerannt und habe ihn gefragt, warum er mir die Bürste kaputt gemacht hat. Und dann war dort eine Frau, und die hat gesagt, ja wegen dieser Bürste, das sei ja nicht so schlimm, ich hätte ja schon so oft dem Breschnew geschrieben, ich könne jetzt einmal dem Richard Nixon schreiben und eine neue Bürste verlangen."
>
> (weiblich, 24 Jahre, 2.Nacht, 3.REM-Phase)

Das Geschehen in diesem Traumferienlager ist zwar nicht gerade alltäglich, aber noch durchaus denkbar. Bizarr hingegen ist ein Sprachinhalt, nämlich die Aufforderung, sich wegen eines Bagatellschadens an frühere hohe Politiker zu wenden.

Die bizarren Elemente waren zwar in ihrer Ausgestaltung überaus vielfältig, sie traten in unseren Träumen aber nur sporadisch auf. Bizarrheit war kein durchgängiges Merkmal der Traumgestaltung, obwohl auch solche Träume gelegentlich von unseren Versuchspersonen berichtet wurden, wie der Traum von einem Verkehrsunfall verdeutlicht:

> „Wir haben einen Autounfall gehabt, und da ist ein Mensch unter das Auto gekommen und er ist dann ganz flach gewesen. Und dann haben wir zufällig ein bißchen Schokolade bei uns gehabt und dann haben wir diese Schokolade auf ihm verteilt. Und dann hat der Ernst gesagt, er wisse halt nicht, ob man jetzt ein bißchen Sand und Kies auf ihm verrechen dürfe, damit man nicht mehr so recht sieht, damit es nicht so auffällt, wo er ist. Dann waren wir im Bus und fanden, daß das nicht drinläge, daß man den einfach so verreche, daß man gar nichts mehr sieht."
>
> (weiblich, 30 Jahre, 4.Nacht, 3.REM-Phase)

Nicht nur einzelne bizarre Elemente kennzeichnen diesen Traum, sondern er ist in vielfacher Hinsicht auffällig. Er beginnt mit einem Autounfall, der für sich genommen noch nicht unwahrscheinlich ist, auf den die Traumfiguren aber in äußerst ungewöhnlicher Weise reagieren. Statt Polizei und Krankenwagen zu rufen, handeln die Personen absonderlich und unangemessen, indem sie auf ihrem merkwürdig flachgedrückten Unfallopfer Schokolade verteilen und sich anschließend im Bus davonmachen. Die begleitenden Überlegungen der Traumpersonen, die um eine abstruse Vertuschung kreisen, verletzen darüber hinaus die sozialen Erwartungen und tragen zu dem insgesamt bizarren Charakter des Traumes bei.

Für die Gruppe von Träumen, die nach unserer Definition keine bizarren Inhalte darstellen, sondern Episoden, die auch im Alltag stattfinden könnten, steht ein Traum von einem Badeausflug:

> „Ich bin mit einem Kollegen nach Deutschland baden gegangen. Wir haben in der Nähe der Deutschen Grenze gewohnt und sind per Anhalter und Autobus über die Grenze gefahren. Es ist total heiß gewesen. Jetzt gerade war ich in einem Bus und ich habe dort total viele Leute getroffen, die ich von früher kenne. Wir haben denen so zugeschaut, und es ist wie auf einer Schulreise zu und her gegangen. Alle schwatzten miteinander, so laut, und ich habe so zugehört. Ich habe selbst nichts sagen können, weil es so laut gewesen ist, und mit meiner Stimme bin ich nicht durchgedrungen."
>
> (weiblich, 22 Jahre, 2.Nacht, 5.REM-Phase)

Im Vergleich zu dem vorangegangenen Beispiel wirkt dieser Traum alltäglich, weil er eine Begebenheit schildert, die sich genauso in der Wirklichkeit hätte zutragen können: Die Personen sind stimmig mit der Situation verbunden, und ihre Handlungen sind folgerichtig und nachvollziehbar.

Aus unseren Ergebnissen ist abzuleiten, daß alle Aspekte des Traumgeschehens bizarr gestaltet sein können, sie verdeutlichen aber auch, Bizarrheit kann weder als ein durchgängiges noch als ein dominantes Merkmal der Träume angesehen werden. Träume wirken zudem häufig ungewöhnlicher als sie eigentlich sind, weil sich bizarre Phänomene besonders prägnant von dem übrigen Traumgeschehen abheben und das Alltägliche des Traums in den Hintergrund drängen. Aber auch dort, wo Bizarrheit auftrat, bewahrten die Träume in den meisten Fällen ein vertrautes Verständnis der Welt. Wir erhielten nur ganz wenige Träume, in denen alle Gesetzmäßigkeiten unseres Denkens und Erlebens aufgehoben waren, die völlig unverständlich blieben oder die gar als gestört anmuteten.

Bizarrheit in Träumen erschreckt uns in der Regel nicht, weil wir uns mit unserer wachen Phantasie in diese ungewöhnlichen Situationen durchaus einfühlen können. Viel eher löst Bizarrheit Erstaunen oder auch Bewunderung aus für das wechselhafte Spiel des Denkens im Schlaf, das die wachen Erfahrungen in einem kreativen Prozeß neu ordnet und gestaltet.

Die Sinneserfahrungen sind ein durchgängiges Gestaltungsmittel von Träumen und das Denken bestimmt die Traumvorgänge entscheidend mit, Gefühle und Bizarrheit dagegen sind, so eindrucksvoll sie auch sein mögen, eher nur als eine Begleiterscheinung des Traumerlebens anzusehen.

Der Inhalt der Träume

Träume sind interessant und anregend, weil sie eine breite Palette von Inhalten anbieten, weil ihre Themen abwechslungsreich sind und weil sie neue Eindrücke und Erfahrungen vermitteln, die uns bereichern. Diese Vielfalt der Traumwelt steht so stark im Vordergrund, daß nicht auf einen Blick zu erkennen ist, welche Gemeinsamkeiten Träume aufweisen. Wenn wir daher Inhalt und Thematik der Traumerfahrung übergreifend charakterisieren wollen, müssen wir den Reichtum des Traumlebens ordnen und zusammenfassen.

Während Psychotherapeuten bei einer Traumdeutung ihre Aufmerksamkeit auf den individuellen Traum und seine Verankerung in der Lebensgeschichte richten, sammeln Traumforscher eine möglichst große Anzahl von Träumen, um herauszufinden, wie das Traumgeschehen allgemein zu beschreiben ist und ob sich Träume in ihren Inhalten und Themen von unserem Tageserleben abheben.

Die Spannbreite der Trauminhalte

In den sechziger Jahren haben Calvin Hall und Robert Van de Castle eine besonders umfassende Bestandsaufnahme der Inhalte von 1000 spontan erinnerten Träumen erstellt. Sie wählten aus den Traumtagebüchern von 100 Studenten und 100 Studentinnen je fünf Träume aus, die sie mit ihrem inhaltsanalytischen Verfahren kodierten (Hall & Van de Castle, 1966).

Die Träume dieser Studenten präsentierten sich überwiegend als lebensnahe Situationen, die mit einer Umgebung und mehreren Requisiten szenisch ausgestaltet waren. Außer dem Träumer betraten noch weitere Traumfiguren die Bühne und das Traumgeschehen wurde meist von verschiedenen Aktivitäten und Interaktionen bestimmt.

Mehr als die Hälfte der Traumszenerien waren fremde Umgebungen, nur jede dritte war dem Träumer vertraut. Die Personen, die in den Träumen erschienen, waren dem Träumer zwar häufig bekannt, es kamen aber fast ebensoviele fremde Menschen vor. Aus der Fülle der Traumgegenstände stach keine Klasse besonder^ hervor. Die inhaltliche Vielfalt der Träume wurde illustriert mit einer Auflistung der insgesamt 1170 verschiedenen Gegenstände und Tiere, die von ‚Akkordeon‘ bis ‚Zug‘ reicht. In den tausend Träumen kamen beispielsweise Eßwaren und Getränke 99 mal vor, wobei es sich interessanterweise bei der Hälfte um Süßigkeiten und stimulierende Getränke handelte. 143 mal nahmen Tiere am Traum teil, in erster Linie Katzen oder Hunde, während exotische Tiere, wie Löwen oder Elefanten, nur sehr selten die Traumbühne belebten. Schlangen, die in der Traumsymbolik eine berühmte Rolle spielen, wurden in diesen Träumen insgesamt nur 13 mal angetroffen.

Die Träume waren überaus reich an Aktivitäten. Jeweils ein Viertel aller Handlungen verteilte sich auf die Kategorien motorische Akte, Sprechen und Fortbewegung im Raum. Die Hälfte der Traumaktivitäten ging vom Träumer aus. Aggressive Interaktionen waren in knapp der Hälfte der Träume zu beobachten, wobei der Träumer aber häufiger Opfer als Initiant war. An freundlichen Handlungen, die sich in nahezu jedem zweiten Traum fanden, war der Träumer in gleicher Weise aktiv oder passiv beteiligt. Sexuelle Interaktionen traten dagegen in weniger als 10 Prozent der Träume auf.

Hall hat mit seinen Mitarbeitern 30 Jahre später eine neue Stichprobe von 600 Träumen unter vergleichbaren Bedingungen erhoben und ausgewertet (Hall, Domhoff, Blick & Weesner, 1982). Überraschenderweise hatte sich die Traumwelt in ihren Inhalten nicht wesentlich verändert. Die gesellschaftlichen Veränderungen, die in der Zwischenzeit stattgefunden hatten, fanden in diesen Kategorien der Trauminhalte keinen Niederschlag.

Die Bestandsaufnahme von Hall und Van de Castle bezieht sich auf Träume, die im Alltag spontan erinnert wurden. Ist aber die von ihnen beschriebene Traumwelt ebenso charakteristisch für Träume, die im Schlaflabor erhoben wurden? Es ist häufig der Einwand vorgebracht worden, Laborträume könnten nicht die ‚natürliche‘ Traumwelt spiegeln, weil das Wissen um die experimentelle Situation schon die Traumgestaltung veränderte, und weil darüber hinaus Träumer vielleicht nur ausgewählte Trauminhalte berichten.

Frederick Snyder hat 1970 in einer ersten größeren Untersuchung 635 REM-Träume ausgewertet, die überwiegend junge Erwachsene in 250 Labornächten berichteten. Ein wesentliches Ergebnis seiner Studie war, daß die Inhalte dieser Laborträume weitgehend mit der Traumstatistik der Spontanträume übereinstimmten.

In einer Untersuchung in unserem Labor haben wir Heimträume und Laborträume, die von denselben Versuchspersonen stammten, miteinander verglichen. Wir haben die Träume nach den Kategorien von Hall und Van de Castle ausgewertet und herausgefunden, daß sich die Inhalte der unter diesen beiden Bedingungen erhobenen Träume nicht grundsätzlich voneinander unterschieden.

Um das Auftreten und die Verteilung von Inhalten und Themen auf breiter Basis zu untersuchen, haben wir in den 500 REM-Träumen aus unserer Datenbank die Traumumgebungen, die auftretenden Traumfiguren, die Aktivitäten und die sozialen Interaktionen kodiert.

Auch unsere Träumer haben in der Regel einen Ort der Handlung geschaffen, vor dessen Hintergrund sich das Traumgeschehen abspielte. Nur in 43 Träumen fand sich keinerlei Hinweis auf eine Umgebung, etwa dann, wenn der Träumer nur über irgendetwas nachgedacht oder wenn er einen Gegenstand sozusagen im luftleeren Raum gesehen hatte. In den meisten Träumen blieben die Kulissen konstant, aber in immerhin jedem vierten Traum wechselte die Szenerie, indem sich der Träumer beispielsweise plötzlich in eine ganz andere Umgebung versetzt sah oder sich im Laufe der Handlung an verschiedene andere Orte begab.

Das Kreisdiagramm der Abbildung 17 schlüsselt den Vertrautheitsgrad der verschiedenen Szenerien auf. Der Traum schafft in erster Linie neue Bühnenbilder, da die Träumer sich überwiegend in fremden Räumen oder in unbekannten Landschaften befanden. An

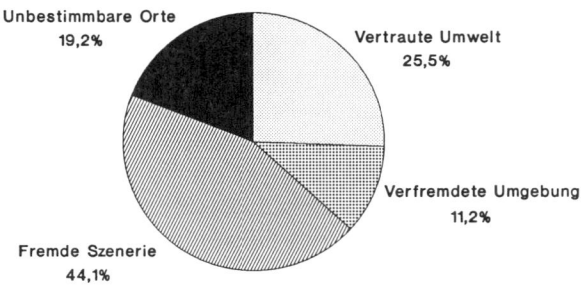

Abbildung 17: Die Szenerie in Träumen.
In 500 REM-Träumen fanden sich 642 Umgebungen, die nach ihrer Vertrautheit aufgeschlüsselt sind.

zweiter Stelle erst standen Szenerien, die dem Träumer vertraut sind und die er genau kennt. Szenerien konnten aber auch unbestimmbar bleiben, indem sie nur angedeutet wurden oder so allgemein gehalten waren, daß sie für eine Vielfalt von Umgebungen hätten stehen können, beispielsweise „Ich war in einem Zug". Ein besonders auffallendes Merkmal waren die verfremdeten Umgebungen. Hier spielte der Traum in einer Szenerie, die dem Träumer einerseits bekannt ist, die sich aber andererseits in irgendeiner Weise verändert hatte.

Das erste Beispiel ist ein Traum mit einer solchen verfremdeten Umgebung.

> „Ich war in dieser Testsituation. Ich bin aufgestanden und habe das Mikrophon abgestellt. Und das Zimmer war aber im dritten Stock oben und da war noch eine Arztpraxis nebenan, in die ich hineingegangen bin. Und vis-à-vis war noch ein Büro, in dem etwas gelaufen ist. Auf alle Fälle bin ich vielen Leuten begegnet auf dem Weg zum Keller, wo Ihr bei Eurer Apparatur so gehockt seid und ich nicht hineingehen konnte. Es ist zu gewesen, und ich habe das Mikrophon wieder eingeschaltet vor der Türe und habe gesagt, ich sei wach, und eigentlich möchte ich den Versuch abbrechen."
>
> (männlich, 30 Jahre, 1.Nacht, 5.Rem-Phase)

Die Traumumgebung ist dem Träumer insofern vertraut, als sie sich auf das Haus bezieht, in dem das Experiment läuft. Die Umgebung ist aber, wenn man die Örtlichkeit kennt, in zweierlei Hinsicht verändert: Das Schlafzimmer liegt in Wirklichkeit im Erdgeschoß und nicht im dritten Stock, und in dem Gebäude befindet sich auch keine Arztpraxis. Die Verfremdung einer bekannten Umgebung zeigt sich in diesem Beispiel in einer Vertauschung der Räume und in den veränderten Funktionen, die den einzelnen Orten zugewiesen wurden.

Der Traum wird vom Träumer geschaffen, und deshalb ist es auch nicht erstaunlich, daß er selbst in nahezu allen Träumen dabei ist. Allerdings trat er meistens nicht allein auf, sondern war von verschiedenen Traumfiguren umgeben. Nur zwölf Träume waren völlig unbelebt, und in weiteren achtzehn Träumen wurde bei Abwesenheit des Träumers das Traumgeschehen nur von anderen Traumfiguren getragen. In der großen Mehrzahl der Träume beschäftigte sich der Träumer zudem mit mehreren Personen, nur in einem von zehn Träumen befand er sich in einer Zweiersituation.

An den Träumen waren die verschiedensten Lebewesen beteiligt, hier zeigten Träume keine eingeschränkte Auswahl, sondern einen breiten Fächer an Rollenbesetzungen. In dem Kreisdiagramm der

Abbildung 18 ist die Verteilung aller Traumfiguren abgebildet. An erster Stelle umgaben sich die Träumer mit Menschen, die sie kennen, sie nahmen überwiegend mit Kollegen und Freunden aus dem Bekanntenkreis Kontakt auf und weniger mit nahen Familienangehörigen, bei denen es sich überwiegend um Eltern und Geschwister handelte. Nur gelegentlich war eine prominente Persönlichkeit in die Traumszene einbezogen. Auch wenn Träumer häufig mit bekannten Personen zusammen waren, so lernten sie doch auch sehr oft neue Menschen kennen oder es tauchten im Verlauf des Traums Personen auf, die in ihrer Erscheinung schattenhaft und unbestimmt blieben. Berufsangehörige, wie Polizisten, Briefträger, die eine eigene Klasse darstellen, wenn sie nur durch ihre Funktion charakterisiert sind, als Personen aber anonym bleiben, schalteten sich ebenfalls gelegentlich in die Träume ein. Den kleinsten Stellenwert nahmen Traumfiguren ein, die aus der Fiktion stammen.

Tiere standen im Vergleich zu den zahlreichen Traumpersonen zwar nicht im Vordergrund, sie fanden sich aber immerhin doch in jedem zehnten Traum. Die Traumtiere kamen vorwiegend aus der heimischen Tierwelt, während exotische Tiere praktisch überhaupt keine Rolle spielten. In erster Linie begleiteten Hunde und Katzen die Träumer, sie beschäftigten sich aber auch mit anderen Tieren aus dem Alltag, wie Pferden, Kaninchen und Federvieh.

Wenn wir die Traumfiguren nicht nur insgesamt betrachten, sondern den einzelnen Träumen zuordnen, befanden sich am häufigsten in einem Traum sowohl bekannte als auch fremde oder anonyme

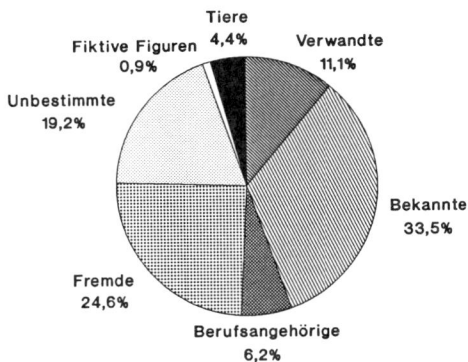

Abbildung 18: Lebewesen in Träumen.
In 500 REM-Träumen traten 1410 Traumfiguren auf, die verschiedenen Klassen angehören.

Personen. Es ist aber interessant, daß immerhin in etwa jedem dritten Traum der Träumer nur mit fremden Personen zusammen war. Hingegen war nur einer von fünf Träumen ganz privat, indem hier nur Menschen auftraten, die dem Träumer vertraut sind.

Wir fanden keine markanten Unterschiede zwischen den 44 Versuchspersonen in bezug auf die Palette der Personen, die in ihren Träumen auftauchten. Es gab nicht einzelne Träumer, die nur von fremden Menschen und andere, die nur von Bekannten oder Verwandten träumten. Vielmehr traten in den Serien jedes Träumers irgendwann einmal bekannte und fremde Personen auf. Individuelle Unterschiede betrafen somit nicht das Repertoire der Rollenbesetzungen, sondern nur den proportionalen Anteil der verschiedenen Personengruppen.

In dem Kreisdiagramm der Abbildung 19 sind die Traumpersonen in bezug auf ihre Identität aufgeteilt. Die Traumbühne war überwiegend von Erwachsenen bevölkert, die sich mehrheitlich in ihrer Identität ausgewiesen haben. Männer waren stärker vertreten als Frauen, aber auch gemischte Gruppen beiderlei Geschlechts waren häufig beteiligt. Der Anteil der Männer ist unter anderm deshalb größer, weil prominente Personen und Angehörige von Berufsgruppen vorwiegend als Männer in Erscheinung traten. Kinder und Jugendliche hatten in den Träumen den Stellenwert, den sie für die Träumer auch im Alltag haben. Die Träume spielten also vornehmlich in der gegenwärtigen Welt des Träumers und versetzen ihn nicht zurück in eine Kinderwelt.

In der Verteilung der Traumfiguren auf die einzelnen Träume wurde deutlich, daß Träume nicht einseitig ‚Männer- oder Frauen-

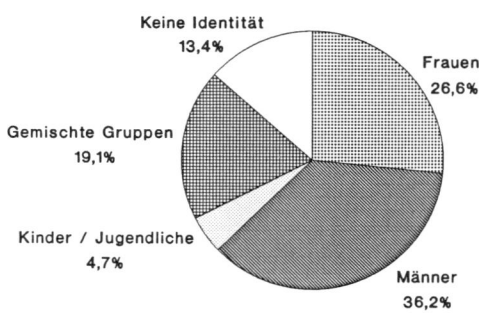

Abbildung 19: Identität der Traumpersonen.
Aufteilung der menschlichen Figuren in 500 REM-Träumen nach ihrer Geschlechtszugehörigkeit und ihrem Alter.

welten' schaffen, da in zwei von drei Träumen sowohl Frauen als auch Männer Rollen übernahmen. Alle individuellen Traumserien enthielten Träume, in denen männliche und weibliche Personen gemeinsam das Traumgeschehen bestimmten. Allerdings gab es einzelne Versuchspersonen, die bei aller Kontaktfreude es dennoch vermieden haben, sich in einem Traum auch einmal nur mit Frauen auseinanderzusetzen, während wiederum einige andere Träumer in keinem ihrer Träume nur mit männlichen Personen zusammen waren.

Ein Traum mit verschiedenen Personen veranschaulicht den ausgesprochen geselligen Charakter der Träume:

„Da waren mein Vater, meine Mutter, drei ältere Damen, von denen ich eine kenne, das ist meine Großmutter, und meine Tante aus Deutschland, und ein kleiner Zwergpinscher, der anscheinend meinen Eltern gehört hat, und den sie sich gerade an diesem Tag gekauft hatten. Und da saß man um den Tisch herum, so einem tiefen Tisch mit Ledergarnitur, und hat sich über die Vor- und Nachteile von Zigaretten unterhalten. Das letzte, was mein Vater gesagt hat, war so ungefähr, es kümmere ihn nicht, wenn sich jemand in Israel.., und der Rest vom Satz ist abgeschnitten worden. Und vorher ging es noch um ein neues Kind, das da scheinbar bei meiner Tante im Haus war, und sie wolle nicht, daß das Baby krank würde, denn mein Vater schwitze so schaurig. Und Lift gefahren sind wir auch noch einmal irgendwann, mit einem anderen Herrn."

(männlich, 26 Jahre, 3.Nacht, 6.REM-Phase)

Der Träumer unterhält sich im häuslichen Kreis mit seinen Familienangehörigen, zu denen sich noch zwei fremde Damen gesellt haben. Auch der Zwergpinscher wurde neu in die Traumwelt der Familie eingeführt. Das Baby, bei dem es sich nach Angabe des Träumers um sein Patenkind handelt, ist zwar nicht sinnlich repräsentiert, wird aber im Gespräch erwähnt. Schließlich tritt als Liftbegleiter noch ein fremder Mann auf.

Der Traum skizziert einen Ausschnitt aus einer denkbaren Alltagssituation. Allerdings würden wir dort erwarten, daß die fremden Damen sich vorstellen, während es durchaus der Wirklichkeit entspricht, mit einem Mann im Lift zu fahren, der fremd bleibt.

Träume stellen sich nicht als eine Kette von Standbildern ein, sondern sie schaffen handlungsreiche und bewegte Situationen, in denen Traumfiguren aktiv werden. Die Aktivitäten umfaßten wie im wachen Alltag ein breites Spektrum, das von ausgreifenden Bewegungen im Raum über die Kommunikation mit der Umwelt bis hin zu aktiven inneren Prozessen reichte. Traumfiguren waren in erster Linie in körperlicher Bewegung, sie bewegten sich in der Traumszenerie fort, meist aus eigener Kraft aber auch mit Hilfe von Verkehrsmitteln, oder sie führten an Ort und Stelle irgendwelche Aktivitäten aus. Gespräche wurden in zwei von drei Träumen geführt. Demgegenüber traten Aktivitäten, die die Umwelt aufnehmen und innerlich verarbeiten, beispielsweise Musik hören oder über etwas nachdenken, in den Hintergrund.

Nur die wenigsten Träume können aber als reine Sprach-, Action- oder Besinnungsträume bezeichnet werden, weil Träume in der Regel nicht eingleisig auf eine bestimmte Aktivität konzentriert waren, sondern mehrere, verschiedene Handlungen aufwiesen.

Soziale Interaktionen, die durch spezielle Freundlichkeit oder Aggression geprägt waren, fanden wir nur in jedem zweiten Traum, da Traumfiguren auch vielfach in eher neutraler Weise miteinander in Beziehung traten, beispielsweise wenn sie in einem Restaurant saßen und sich miteinander über irgendetwas unterhielten. Dort, wo Freundlichkeiten im Traum zu beobachten waren, wurden sie am häufigsten in Worten und Gesten zum Ausdruck gebracht und weniger in Form von konkreten Hilfeleistungen oder gar großzügigen Geschenken. Auch bei den aggressiven Handlungen standen überwiegend verbale Unfreundlichkeiten und nicht etwa körperliche Gewaltanwendung im Vordergrund. Das Verhältnis von Geben und Empfangen war sowohl für Freundlichkeit als auch für Aggression ausgewogen, da die Träumer etwa gleich häufig wie die anderen Traumfiguren Initianten oder Adressaten der sozialen Interaktionen waren.

Interessanterweise wurden sexuelle Interaktionen in unseren Träumen insgesamt nur viermal berichtet. Möglicherweise hat hier die experimentelle Situation, sei es schon bei der Generierung des Traums oder erst bei der Berichterstattung, eine Zensur bewirkt.

Was sagen solche Bestandsaufnahmen über die Welt der Träume aus? Träume begrenzen sich nicht auf einen Ausschnitt der Welt, sondern umfassen alle Elemente, die auch unsere Erfahrungen im Wachen bestimmen. Bedeutsam ist jedoch, daß Träume aus einer sehr persönlichen Sicht gestaltet sind. Es spielen sich nur ganz selten Träume ohne Beteiligung des Traumichs ab, während wir in der wachen Welt viele Eindrücke aufnehmen, die nicht unmittelbar unsere Person einschließen. In Träumen ist das Traumich in stärkerem Maße in die Situation eingebunden und tritt weniger zugunsten einer Sache in den Hintergrund. In diesem Sinn sind Träume persönlich, sie sind aber nicht notwendigerweise egozentrisch. Der Träumer lenkt nicht allein das Geschehen und er beschäftigt sich auch nicht nur mit nahen Beziehungspersonen. Darüber hinaus ist auch die Traumwelt nicht besonders phantastisch, da der Träumer sich eine eher realitätsbezogene Welt schafft, die er nur selten mit völlig fremdartigen Kulissen, phantastischen Traumfiguren und außergewöhnlichen Requisiten ausstattet.

Es ist allerdings auffallend, wieviele fremde oder nicht genau beschreibbare Personen in den Träumen auftraten und wie oft sich Träumer in einer Umgebung befanden, die sie nicht kannten oder die nicht genau zu bestimmen war. Auch im Wacherleben treffen wir unbekannte Menschen, doch wenn wir uns mit ihnen beschäftigen, dann können wir sie einordnen. Wir wissen im Wachen auch dann, wo wir sind, wenn wir der Szenerie keine besondere Aufmerksamkeit schenken. Der Traum arbeitet offenbar sparsamer, indem er Traumpersonen nur soweit einführt und die Kulisse nur so detailliert ausarbeitet, wie es für den Verlauf des Traumgeschehens notwendig ist.

Die Rolle des Träumers im Traumgeschehen

Zwar ist der Träumer der Autor seiner Träume und er kommt auch in den meisten Träumen vor, aber er setzt sich nicht immer in der Hauptrolle ein. Träumer können als stumme Statisten auftreten, sie können in einer Nebenrolle nur gelegentlich eingreifen und im übrigen nur passiv in ein Geschehen einbezogen sein oder sie sind tragende Figuren im Traumgeschehen, handeln aktiv und bestimmen den Traumverlauf.

Die verschiedenen Formen der Beteiligung des Traumichs haben wir an 198 REM-Träumen genauer untersucht. Von 22 Versuchspersonen lagen jeweils drei Träume aus drei Nächten vor. Wir haben für jeden Traum bestimmt, ob das Traumich unbeteiligt, passiv oder aktiv war. Wenn wir diese drei Kategorien als zunehmende Grade von Ichbeteiligung auffassen, dann können wir für jeden Traum feststellen, welche Form der Ichbeteiligung maximal erreicht wurde.

Das obere Kreisdiagramm der Abbildung 20 zeigt zunächst einmal, daß das Traumich in fast allen Träumen in Erscheinung tritt, da nur 21 Träume berichtet wurden, in denen die Person des Träumers ausgespart war. Den größten Stellenwert hatten die Träume, in denen der Träumer zu irgendeinem Zeitpunkt aktiv wurde. Träume, in denen der Träumer sich zwar als anwesend erlebte, dabei aber immer unbeteiligt blieb, und Träume, in denen er höchstens passiv in das Geschehen einbezogen war, waren gegenüber den ich-aktiven Träumen vergleichsweise selten.

Weil die Ichaktivität allein noch keinen Aufschluß darüber gibt, worauf sie gerichtet ist, haben wir die große Gruppe der Träume, in denen das Traumich in irgendeiner Form selbst aktiv war, noch weiter unterteilt. Wir haben diese 140 Träume in vier Gruppen eingeteilt, die die Ichaktivität in Beziehung zu der sozialen Situation beschreiben: Das Traumich kann aktiv sein ,allein', ,unverbunden mit anderen', ,gemeinsam mit anderen' und ,in Interaktion mit anderen'.

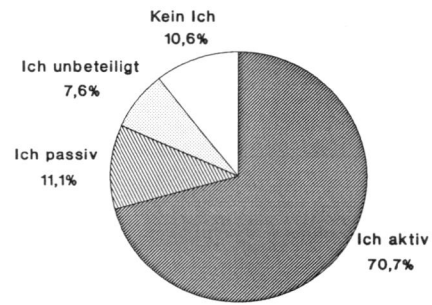

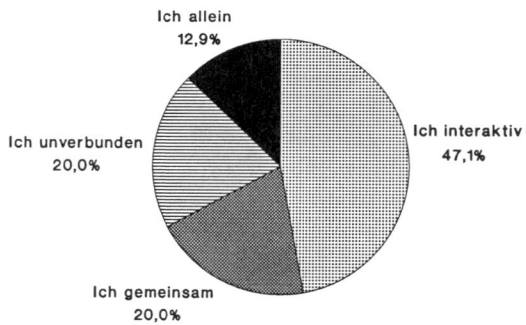

Abbildung 20: Die Beteiligung des Ichs in Träumen.
In der oberen Graphik ist das Auftreten des Ichs in 198 REM-Träumen dargestellt. In der unteren Graphik ist für die ich-aktiven Träume der soziale Bezug der Ich-Aktivität aufgeführt.

In dem unteren Kreisdiagramm der Abbildung 20 ist dieser soziale Aspekt der Ichbeteiligung aufgeschlüsselt. Bei weitem am häufigsten, nämlich in jedem zweiten Traum, waren Träumer und andere Traumpersonen interaktiv aufeinander bezogen. In jedem fünften Traum unternahm der Träumer zwar auch etwas gemeinsam mit anderen, es fand aber keine Kommunikation statt. Träume, in denen die Aktivitäten des Träumers und anderer Traumfiguren unverbunden blieben, waren gleich häufig, während am seltensten Träume waren, in denen das Traumich ganz allein aktiv war.

Eine Ichaktivität ohne soziale Situation kann sich im Traum beispielsweise folgendermaßen darstellen:

> „Ich bin in das Zimmer hereingekommen. Ich habe unbedingt über meine Beziehung zu Alex träumen wollen. Und dann nachher habe ich einen Traum gehabt, aber ich habe nicht genau gewußt, was ich geträumt habe. Und dann wurde das auch irgendwie auf Tonband aufgenommen. Und dann habe ich das Radio angestellt, und das ist irgendwie so laut gewesen, und dann habe ich das gerade zurückstellen wollen. Und dann habe ich dann auch in dieser Keksdose, die rot gewesen ist und auf der ein weißes Herz war, nachsehen wollen, wieviele Kekse noch drin sind und ich wollte sie zählen. Und eine Werkzeugkiste ist auch noch dort gewesen."
> (weiblich, 23 Jahre, 4.Nacht, 3.REM-Phase)

In diesem Traum tritt nur die Träumerin als denkende und handelnde Person auf. Eine andere Traumperson ist nur indirekt einbezogen in dem Wunsch der Träumerin, über ihren Freund Alex zu träumen. Die Radiosendung, die auch einen möglichen Kontakt mit der Außenwelt versinnbildlicht, wird von der Träumerin allerdings als eher störend abgewehrt.

Dieselbe Versuchsperson erzählte einen Traum, der eine unverbundene Art der Ichaktivität veranschaulicht.

> „Ich lag im Institut und habe geträumt. Und dann ist eine Putzfrau hereingekommen und hat die Türe offengelassen. Die Putzfrau wollte bei mir Fieber messen. Und in diesem Moment höre ich im Radio etwas vom Papstbesuch, daß er jetzt gerade da ist und irgendeinen Tumult hat es gegeben. Dann bin ich noch schnell aufgestanden und in einen Nebenraum gegangen. Und als ich zurückkam, war das Bett verschwunden und da war nur noch eine Badewanne. Und da ich in einer Badewanne nicht bequem liegen kann, habe ich mich dann auf den Bettvorleger gelegt."
> (weiblich, 23 Jahre, 2.Nacht, 4.REM-Phase)

Obwohl im ersten Teil des Traums zwei Traumfiguren vorkommen, die beide aktiv sind, sind diese Aktivitäten nicht miteinander verbunden, weil zwischen der Träumerin und der Putzfrau kein Austausch stattfindet. Zu Beginn des Traums wird die Träumerin mit einer Situation konfrontiert, auf die sie nicht direkt reagiert: Die Putzfrau stört und will zudem Fieber messen, aber die Träumerin setzt sich nicht mit diesem Eingriff auseinander, sondern achtet nur auf die Radiomeldung. Im weiteren Verlauf des Traums ist die Träumerin auf sich gestellt und paßt sich ohne Protest der veränderten Schlafumgebung an, die nicht weiter erklärt wird.

Gemeinsame, parallel laufende Aktivitäten der Traumpersonen spiegelt der Traum von der Autofahrt mit einem Fremden:

> „Ich bin mit einem Mann zusammen Auto gefahren. Und ich habe mich mit diesem Mann nicht unterhalten. Und der hat kein Gesicht verzogen, ich weiß nämlich, daß ich von Zeit zu Zeit ihn angeschaut und zu ihm herübergeschaut habe, und sonst einfach auf die vorbeirasende Landschaft. Und ich bin mit ihm einfach durch diese Landschaft durchgerast, ohne etwas zu sagen. Und dann gab es so einen Sprung. Ohne daß wir angehalten hätten oder aus dem Auto ausgestiegen wären, saßen wir auf einem Bänklein vor einer grünen Efeumauer und haben sozusagen als Publikum einen Film angesehen."
>
> (weiblich, 24 Jahre, 4.Nacht, 3.REM-Phase)

Die Träumerin unternimmt gemeinsam mit einem fremden Mann eine lange Autofahrt, wobei es aber erstaunlicherweise zu keiner Unterhaltung kommt. Auch wenn die Träumerin ab und zu ihren Begleiter beobachtet, werden weder Identität des Mannes noch der Zweck der Reise aufgedeckt. In dem zweiten Teil des Traums bleibt die Anonymität der sozialen Situation erhalten. Indem die beiden Traumpersonen zusammen Zuschauer eines nicht näher beschriebenen Films werden, fördert auch diese Traumszene keine Aufnahme eines Kontakts.

Am häufigsten jedoch erhielten wir Traumberichte, in denen der Träumer mit anderen Traumpersonen in Beziehung tritt.

> „Ich saß mit anderen Leuten auf einem Bett, es ist ein großes Bett gewesen. Und zwar waren das Leute, die ich kenne, Ursula und Anja, und dann noch zwei Männer, die habe ich beide nicht gekannt. Und wir haben Eis gegessen und Ursula hatte noch Kuchen gekauft, aber den haben wir nicht anrühren dürfen, der hat ihr privat gehört. Es ist nicht viel passiert, wir haben miteinander gesprochen, Ursula, Anja und ich. Und die zwei Männer sind irgendwo immer dort gewesen auf diesem Bett. Und jetzt gerade lag der eine neben mir und hat die ganze Zeit geblödelt, also ich hatte das Gefühl, er habe getrunken. Und er hat mich irgendetwas gefragt, und ich habe gesagt, ja wir täten Johannisbeeren pflücken. Und dann hat er gesagt: ‚Ui, dann seid Ihr ja alle besoffen nachher.' Und er hat mich so umarmt und wollte mich küssen. Auf jeden Fall habe ich ihn gebissen, weil er mir so zuwider gewesen ist. Und dann ist er erschrocken und ist dann abgezogen."
>
> (weiblich, 19 Jahre, 3.Nacht, 3.REM-Phase)

Dieser Traum hebt sich von den vorangegangenen Beispielen ab, weil hier die Träumerin mit bekannten und unbekannten Personen zusammen ist und weil die Personen neben gemeinsamen Aktivitäten auch aufeinander reagieren. Die Interaktion in diesem Traum ist besonders reichhaltig und schließt verbale und handlungsbezogene Aktivitäten ein. Im Verlauf des Traums wird die Beziehung zwischen der Träumerin und dem fremden Mann konkreter und direkter. Ausgehend von einem erotisierten Vorgeplänkel mit Rede und Gegenrede steigert sich die Interaktion zu einer sexuellen Attacke, auf die die Träumerin mit einem Gegenangriff reagiert, der zu einem Abbruch der Beziehung führt.

Bei der Durchsicht der Träume, in denen das Traumich mit anderen Personen in Interaktion tritt, fiel uns auf, daß Kommunikation sich vorwiegend in Form von Gesprächen abspielte, die nicht etwa unbestimmt waren, sondern ganz konkrete Themen beinhalteten. Demgegenüber traten Beziehungen in Form von Handlungen oder nonverbalen Signalen in den Hintergrund. Worüber unterhielten sich die Träumer mit den anderen Traumpersonen? Am häufigsten drehten sich die Gespräche um alltägliche Dinge, wie das Essen, die Kleidung, Verabredungen, Pläne. Häufig wurde auch über andere Leute und Beziehungen gesprochen, vor allen Dingen dann, wenn die Gesprächspartner der Träumer Freunde, Kollegen, Bekannte und Familienangehörige waren.

Weit seltener kamen in den Träumen berufliche Angelegenheiten zur Sprache, und unpersönliche Ereignisse des öffentlichen Lebens oder gar politische Fragen wurden praktisch überhaupt nicht aufgegriffen. Es war zudem auffallend, daß Gespräche über das Wetter, die im Wachen häufig Kontakte einleiten und aufrechterhalten, in unseren Träumen nicht vorkamen. Offensichtlich muß der Traum keine Gesprächspausen überbrücken, weil er in eigener Regie bestimmt, wie eine Interaktion laufen soll.

Auch wenn in der Mehrzahl der Träume das Ich beteiligt ist, aktiv wird und mit anderen Personen in einen vorwiegend verbalen Austausch über Alltagsthemen tritt, so heißt dies noch nicht, daß der Traum einfach nur Ausschnitte aus dem Wacherleben in unveränderter Form abbildet. Der Realitätscharakter des Traumgeschehens kann erst besser beurteilt werden, wenn wir die Ichbeteiligung im inhaltlichen Zusammenhang mit den Traumelementen bewerten.

Die Themen der Träume

Während eine Aufschlüsselung der Trauminhalte einen Einblick gibt in die Orte der Handlung, die Präsenz des Traumichs und die Beteiligung der auftretenden Personen, erschließt sich der Erlebnischarakter der Träume eigentlich erst durch ihre Thematik. In welcher Situation befinden sich die Träumer und womit beschäftigen sie sich? Greift der Traum Alltagssituationen auf, läßt er den Träumer Ferien und Freizeit erleben oder versetzt er ihn in eine völlig entrückte Welt? Werden die Träume realitätsnah gestaltet oder schaffen sie unvertraute oder gar phantastische Situationen? Welche Leitmotive bestimmen das Traumgeschehen?

Wir haben für jeden Traum bestimmt, ob er das Thema Alltag oder Freizeit aufgreift oder in einer Phantasiewelt angesiedelt ist.

Wie eine Alltagssituation überaus realitätsnah verarbeitet werden kann, veranschaulicht der Traum am Küchentisch:

> „Ich saß an einem Küchentisch und habe ein Kinderbuch angeschaut. Und der Martin saß neben mir und hat auch so etwas angeschaut und hat so Witze gemacht. Und ich habe dann gesagt: ‚Es gibt Leute, die verstehen das erst ab einem gewissen Alter, das Buch.‘ Und ich habe aber gelacht dabei, ich habe das irgendwie ironisch gemeint."
>
> (weiblich, 19 Jahre, 1.Nacht, 3.REM-Phase)

Diese Traumszene entwirft eine scherzhafte Interaktion der Träumerin mit ihrem Freund. Sie weist keine von der Alltagserfahrung abweichenden Elemente auf und könnte sich daher durchaus im häuslichen Leben dieser Träumerin abgespielt haben.

Schon weitaus freier hat der nächste Traum ein Alltagsthema aufgegriffen:

> „Es hat eine Freundin angerufen, und die hatte eine ganz komplizierte Telefonnummer, also etwa dreimal 6, so Zahlenpärchen, die Telefonnummer war irre lang. Und meine Eltern waren noch zu Hause. Und ich habe gedacht, ich rufe jetzt nicht gerade an, wenn die jetzt gerade so neben dem Telefon stehen, ich packe schon mal ein, was die Freundin braucht. Und dann habe ich im Keller unten alles so altes Spielzeug genommen und in Schachteln gepackt, weil ich irgendwie wollte, daß die Freundin das bekommt. Und dann habe ich es so in Gitterwagen gepackt. Und als ich dann fertig war, habe ich noch versucht, diese Freundin anzurufen, habe mich dann aber verwählt."
>
> (weiblich, 22 Jahre, 1.Nacht, 3.REM-Phase)

Die Alltagssituation ist hier zunächst charakterisiert durch die vertraute Umgebung des Elternhauses, in der die Träumerin sich mit Personen beschäftigt, mit denen sie auch im täglichen Leben Umgang hat. Telefonieren, Überlegungen anstellen, Gegenstände verpacken, sind Tätigkeiten, die in den häuslichen Alltag gehören. Der Traum stellt somit einerseits eine Facette aus dem täglichen Leben dar, andererseits hat er aber nicht durchgängig eine wirklichkeitsgetreue Lebenssituation simuliert. Die einzelnen Traumelemente stammen zwar alle aus der täglichen Erfahrung der Träumerin, sie werden aber an mehreren Stellen auf eine Art und Weise kombiniert, die die Wirklichkeit nicht mehr getreu abbildet. Das gilt für die komplizierte und lange Telefonnummer, die es zwar durchaus geben kann, die aber nicht die Nummer ist, mit der die Freundin tatsächlich angerufen werden kann. Auch das Einpacken von Spielzeug ist für sich genommen keine ungewöhnliche Handlung, sie fällt jedoch insofern aus dem Rahmen, als nicht einleuchtend begründet ist, warum die Freundin ausgerechnet Spielzeug braucht.

Die realistische Gestaltung eines Freizeitthemas ist in dem Traum von einer Fahrradtour verwirklicht:

> „Ich bin Fahrrad gefahren so auf einem Kiesweg im Grünen draußen. Bin so friedlich dahingeradelt, und dann bin ich überholt worden von einer Mutter mit einem Kind. Und dann habe ich plötzlich das Fahrradrennen gesehen und zwei Männer, wie sie ein Rad gewechselt haben. Und ich habe dort einfach ein bißchen zugeschaut."
>
> (männlich, 26 Jahre, 1.Nacht, 2.REM-Phase)

Der Traum stellt eine Freizeitaktivität dar, wie sie sich auch im wachen Leben des Träumers hätte abspielen können. Das Thema Fahrradfahren wird auf nachvollziehbare Weise variiert, und die Traumelemente sind stimmig zusammengefügt: Der Träumer radelt mit Muße durch die Landschaft, läßt sich überholen und bleibt nur Zuschauer, als das Fahrradfahren zum sportlichen Wettkampf wird.

In dem Traum über ein rauschendes Fest wurde dagegen das Thema Freizeit schon viel spielerischer umgesetzt:

> „Eine Gruppe von Leuten ist an einem Fest und tanzt. Und zwar so irgendeinen komischen Volkstanz. Und sie klatschen sich auf die Schenkel und tanzen so eine Art Polonaise. Ich bin mitten unter diesen Leuten und feiere auch mit. Was sie feiern, weiß ich allerdings nicht. Es ist riesig laut und mitreißend. Die Luft ist voller Girlanden und so Ballons. Ja einfach so ein richtiges Fest. Der Donald Duck war auch dabei, und zwar mit schönen orangenen Füßen."
>
> (männlich, 26 Jahre, 2.Nacht, 2.REM-Phase)

Die Freizeitsituation ist in diesem lebhaften Traum sinnenfreudig realisiert. Festlichkeit und geselliger Tanz sind der Freizeiterfahrung des Träumers natürlich nicht fremd, dennoch übernimmt auch dieser

117

Traum nicht unverändert ein erinnertes Erlebnis. Elemente, die für Festlichkeit stehen, werden spielerisch zusammengefügt und mit Donald Duck phantasievoll ausgeschmückt. Der traumartige Eindruck wird nicht allein durch das Auftreten einer Comicfigur vermittelt, bei der es sich übrigens auch um eine verkleidete Person handeln könnte, sondern dadurch, daß der Träumer nicht erfährt, wer der Gastgeber ist, wo das Fest stattfindet und welche Leute eingeladen wurden.

In unserer Traumstichprobe von 500 REM-Berichten hatten, wie das Kreisdiagramm der Abbildung 21 veranschaulicht, drei Viertel der Träume Alltagssituationen zum Thema, während nahezu alle übrigen Träume sich in einem Freizeitrahmen bewegten. Nur sechs Träume bezogen sich auf fiktive Themen, die von Filmen oder Literatur angeregt wurden. Den Träumen liegen demnach überwiegend die Erfahrungen zugrunde, in die wir im wachen Leben handelnd einbezogen sind. Träume gehen weniger von Geschehnissen aus, die wir nur konsumieren, wie beispielsweise Fernsehsendungen, ohne unmittelbar daran beteiligt zu sein. Der Traum nimmt die eigene Erfahrungswelt zum Ausgangspunkt und vernachlässigt fremde Welten, die für uns fiktiv bleiben.

Die Alltagssituationen umfaßten vor allen Dingen den engeren häuslichen Bereich, den alltäglichen Lebensraum, aber auch die Laborsituation. Erst an vierter Stelle wurde das berufliche Umfeld einbezogen. Im Rahmen dieser Bereiche waren die Träumer in vielfacher Weise aktiv, sie beschäftigten sich, sie bewegten sich fort, sie führten Gespräche und machten sich Gedanken.

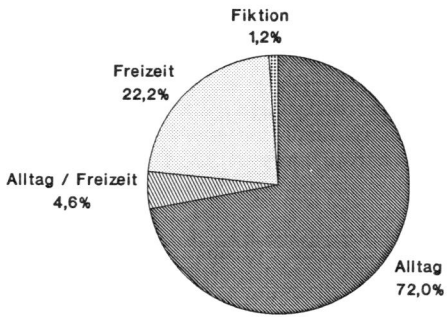

Abbildung 21: Der thematische Bezug in Träumen.
Das Aufgreifen von Alltagssituationen, Freizeitthemen und fiktiven Welten in 500 REM-Träumen.

118

In den Träumen mit Freizeitthemen standen im Vordergrund alle möglichen Arten von Geselligkeit und Muße, gefolgt von verschiedenen sportlichen Aktivitäten und Reisen in nahe und ferne Länder.

Gespräche in den verschiedenen Situationen spielten in mehr als der Hälfte der Träume eine wesentliche Rolle. Meistens sprachen die Traumpersonen über spezifische Themen, wobei nicht selten auch wörtliche Rede vorkam.

Die Träume bezogen sich zwar mehrheitlich auf Themen aus dem Alltag oder aus der Freizeit, sie waren aber keineswegs einheitlich ausgestaltet. Die Umsetzungen dieser Themen bewegten sich auf einer Dimension, die sich von ausgesprochen realistischen Ausgestaltungen bis hin zu phantastischen Schöpfungen erstreckt.

Um diesen Realitätscharakter zu beurteilen, haben wir alle Träume global eingestuft und bei diesem Eindrucksurteil mehrere Stufen von realistisch bis hin zu phantastisch unterschieden: Traumsituationen beurteilten wir als ‚realistisch‘, wenn sie in gleicher Weise im Wachen hätten erlebt werden können. Wir werteten sie als ‚erfunden‘, wenn sie vertraute Wacherfahrungen in ungewöhnlicher Weise zusammenstellten, und wir schätzten sie als ‚phantastisch‘ ein, wenn sie keinerlei Bezug zum Wacherleben aufwiesen.

Der Realitätscharakter der Träume ist im Kreisdiagramm der Abbildung 22 dargestellt. Nur etwa jeden vierten Traum haben wir als realistisch und wirklichkeitsgetreu eingestuft. Am häufigsten waren Träume, in denen realistische mit erfundenen Elementen kombiniert wurden. Demgegenüber trat der Anteil an durchgehend erfundenen Träumen zurück, und phantastische Träume, in denen der Wirklichkeitsbezug völlig aufgegeben ist, konnten wir nur überaus selten kodieren.

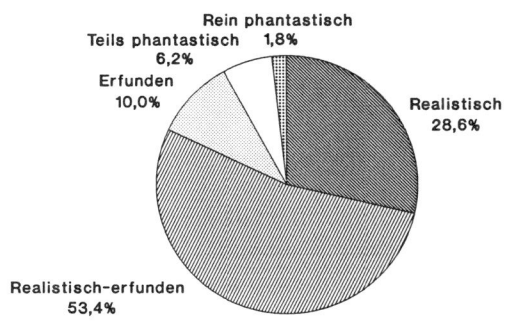

Abbildung 22: Der Realitätscharakter der Träume.
Einstufung von 500 REM-Träumen auf einer Dimension, die von durchgängig realistisch bis hin zu rein phantastisch reicht.

Die realistische Inszenierung eines Alltagsthemas kann in einem Traum durchaus lebendig wirken:

„Mein Vater war mit meinem Großvater beim Fernsehschauen. Die Mutter war total nervös, weil sie zuviel zu tun gehabt hat im Garten, weil jetzt gerade alles reif geworden war. Und dann habe ich sie scheinbar noch geärgert, und dann mußte ich ihr helfen, etwas Holz vom Balkon wegzutragen, damit sie die Wäsche richtig aufhängen kann. Und dann sind wir fast fertig gewesen mit dem Stapeln, und dann habe ich zu ihr gesagt: ‚Ach, schau mal, wer da kommt!' Und dann ist die Großmutter anmarschiert, mit einem Päckchen unter dem Arm und einem Wäschekorb. Und dann hat sie gesagt, ja, wenn sie gewußt hätte, daß die Mutter so viel Arbeit hat, dann wäre sie natürlich nicht gekommen. Und als die Großmutter kam, habe ich gerade begonnen, eine Kiste Äpfel zu waschen und zu polieren. Und die sind irrsinnig schön und gut gewesen."

(männlich, 28 Jahre, 4.Nacht, 3.REM-Phase)

Die farbig geschilderten Szenen aus dem Alltag der Traumfamilie sind alle ausgesprochen naturalistisch. Es handelt sich aber nicht um die wirklichkeitsgetreue Wiederholung einer erlebten Situation, sondern in dieser Milieuskizze verdichten sich vertraute Elemente zu einer neuen Erfahrung.

Wie gleitend der Übergang von realistischen zu freieren Ausgestaltungen sein kann, zeigt der Freizeittraum mit einem spanischen Tanzunterricht:

„Ich bin abends mit meinem Walkman durch das Außenquartier in irgendeiner Stadt gegangen. Wir sind zu zweit gewesen, und wir haben Stephan Eicher gehört. Und dann kam ein Spanier mit seiner Tochter, er war ein Kollege von mir oder von meinem Freund, und der hat gesagt, wir würden uns so komisch bewegen, wir sollten doch einmal eine andere Musik hören. Und dann haben wir den Walkman abgenommen und haben eine andere Musik eingelegt, so spanische Musik. Und er hat mit seiner Tochter zusammen dazu getanzt. Und dann haben wir alle angefangen zu tanzen. Und zwar hat der Spanier gesagt, wie wir tanzen sollten, also erst zwei ganz kräftige Schritte mit beiden Füßen zusammen, und dann mußte man ein Bein ganz lange hochhalten, und mit ihm die Hüfte von dem Mann von hinten umschlingen. Und dann noch einmal fest auftreten."

(weiblich, 27 Jahre, 1.Nacht, 5.REM-Phase)

Der Traum läßt die Träumerin zunächst in vertrauter Weise mit Walkman und Begleiter durch die Straßen ziehen. Die Begegnung mit der spanischen Familie aber leitet über in einen spielerischen Tanz mit erfundenen akrobatischen Figuren. Dieser Traum ist insofern weniger konkret real, weil die Art der Begegnung und die sich daran anschließenden Handlungen in diesem Kontext eher überraschen.

Noch einen Schritt weiter in Richtung einer Verfremdung der Wirklichkeit ist der nächste Traum gegangen:

„Ich bin von Chur, wo ich bei meinen Eltern war, nach Zürich gekommen, wegen eines Festes. Und ich bin mit meiner Freundin lange durch die Stadt gefahren, die wegen diesem Fest ganz verstopft war. Und da habe ich Leute getroffen, und meine Mutter war auch dabei. Und alle waren ganz dämlich verkleidet, weil das offenbar so sein muß für ein Fest. Und unter den Leuten war Anna, eine Freundin, und Jean-Luc Godard. Und die hatten ganz blöde Larven auf. Und Anna hatte ganz graue Haare, und ich wußte nicht, ob das zur Verkleidung gehört. Und meine Mutter sitzt dann draußen und spricht mit ein paar Freunden. Und ich sage, wenn meine Eltern je die Wohnung aufgeben, in der ich jetzt wohne, dann würde mir das nichts ausmachen, ich könnte schon irgendeine andere Lösung finden. Und dann merke ich gerade, wie in diesem Moment meine Mutter zugehört hat."

(männlich, 27 Jahre, 3.Nacht, 3.REM-Phase)

Auch in diesem Traum finden sich durchaus realistische Elemente. Der Träumer bewegt sich an vertrauten Orten und ist mit nahen Beziehungspersonen zusammen. Es widerspricht auch nicht der Wirklichkeit, daß ein Fest stattfindet, allerdings ist dann in der Regel nicht die ganze Stadt Zürich verstopft, und nicht alle Leute sind verkleidet. Auch Jean-Luc Godard hat wohl schon einmal Zürich besucht, aber er hat sich sicherlich nicht gemeinsam mit einer Freundin des Träumers maskiert. Wir haben den Traum als realistisch bis erfunden eingestuft, und dabei dem Eindruck Rechnung getragen, daß sich hier wirklichkeitsgetreue Ereignisse mit unwahrscheinlichen vermischen.

Schon weit mehr phantastische Episoden durchziehen den Traum, in dem eine Mondrakete getauft wird:

„Ich war in einer Großstadt in Amerika und dort war die Taufe von einer Rakete mit bemannter Mondkapsel. Da war Publikum aus aller Welt, und wartete auf etwas Sensationelles. Meine Schwester und Susanne und ich waren eingeladen. Und das Ganze fand am Hafen statt, und beim Start gab es irgendeine Panne, und diese Rakete hat zehn oder vielleicht hundert Meter von der Rampe abgehoben und hat sich danach einfach wieder gesenkt. Und dann haben wir uns vorgestellt, was passiert wäre, wenn sie umgefallen wäre, einfach so ins Wasser geplumpst wäre, oder wenn sie vielleicht 200 Meter hochgeflogen wäre und sich dann vielleicht in der Luft gedreht hätte und von dort ins Wasser gefallen wäre. Wenn sie einen Kilometer hochgestiegen wäre, wäre sie vielleicht schon in die City auf einen Wolkenkratzer gefallen. Und dann haben wir phantasiert, daß diese Rakete mit Muskelkraft von Staatsmännern, der Giscard d'Estaing ist auch dort gewesen, so heraufgeworfen würde, und daß es dann sicher ein Debakel gegeben hätte. Und so ist es dann auch gekommen. Es haben dann ein paar Leute von allen möglichen Nationen die Rakete unten gehalten, haben sie dann gehoben und wollten sie dann heraufschleudern. Und die Rakete ist dann so ungefähr hundert Meter hoch geflogen, hat sich gedreht, ist in Richtung Wasser wieder zurückgekommen, und man hat alles versucht, diese Rakete zu retten. Und es ist noch einmal gelungen, man konnte sie wieder auf eine Flugbahn bringen. Und am Ende ist sie dann ins Wasser gefallen. Und während dieser ganzen Zeit haben wir aus allen möglichen Perspektiven Photos gemacht."

(männlich, 25 Jahre, 4.Nacht, 2.REM-Phase)

Dieser Traum ist schon allein deshalb fiktiv, weil der Träumer noch nie in den USA war, und weil es zudem unwahrscheinlich ist, daß er als Psychologiestudent zu einem nationalen Akt persönlich eingeladen wird. Der Träumer ist in ein Geschehen einbezogen, das er in der Realität nur über sein Wissen und die Veranschaulichung durch Film und Fernsehen kennt. Dann entwickelt sich der verunglückte und auch abstruse Raketenstart zu einem ausgesprochen phantastischen Ereignis, das interessanterweise erst als Phantasie im Traum ausgemalt wird, sich dann aber in der Traumwirklichkeit umsetzt. Erst ganz zum Schluß findet der Träumer auf den Boden der Realität zurück, indem er die üblichen Erinnerungsphotos knipst.

Der letzte Traum von den fahrenden Schwänen mutet ausgesprochen phantastisch an, auch tritt hier eine besondere Kreativität des Traums in Erscheinung:

„Es ging um verschiedene Schwäne, und die gehen von einem Verteilerzentrum jeden Tag zu entsprechenden Städten, nach Chur, nach Solothurn und nach Genf. Und die Schwäne haben verschiedene Routen, nicht jeder macht von Anfang an eine Strecke, sondern irgendwann teilen sich dann die Routen. Ich erzählte Ruedi, daß ich träumen gehen würde. Und er hat sich auch sehr stark für die Schwanwege interessiert, wo die durchgehen. Dann habe ich ihm das einfach so erzählt. Ein Schwan mußte nach Lausanne, und der war für Urs bestimmt. Auf jeden Fall wußte ich, daß sich nach einer gewissen Zeit die Strecke teilt, und daß der Schwan im ganzen etwa zweieinhalb Stunden benötigt, bis er am Endziel ankommt. Diese Strecken waren recht gut markiert. Dann habe ich den Ruedi angerufen, weil nur er den Besitzer kannte, damit er ihm sagt, daß sein Schwan langsam losfahre, und daß er unterwegs noch Filet bekomme. Er solle dafür sorgen, daß diese Strecke frei ist, damit dieser Schwan auch wirklich genau bei diesem Filet vorbeikommt. Als ich Ruedi anrief, nahm zunächst seine Schwester das Telefon ab, und sie war wie üblich recht kühl zu mir. Und vor diesem Schwan waren schon zwei Schwäne am Ziel angekommen. Bei denen war es wesentlich weniger kompliziert, da stand die Strecke ganz genau fest, da mußte man nicht noch telefonieren. Ich mußte auch immer dafür sorgen, daß sie nicht von der Route abkommen, und es war noch schwierig für mich, weil ich nicht so gut bin in Geographie. Und das war alles auf Schienen, ganz wie eine Schmalspurbahn, auf denen diese Schwäne herumgefahren sind."

(weiblich, 31 Jahre, 3.Nacht, 3.REM-Phase)

Es sind die auf Schienen sich fortbewegenden Schwäne, die diesem Traum das phantastische Gepräge geben. Schwäne werden entgegen ihrer Natur in einem Verteilersystem mechanisch dirigiert und erhalten Filet als Reiseproviant. Dieses ausgesprochen bizarre Thema ist allerdings eingebettet in ein Handlungsschema, das zu den alltäglichen Aufgaben eines öffentlichen Transportunternehmens gehören könnte. Die Aktivitäten, die die Träumerin unternimmt, um den Besitzer zu informieren und den Fahrplan einzuhalten, sind noch durchaus realitätsangemessen und vernünftig, wenn man davon absieht, worauf sie sich richten, und daß solche Aufgaben nicht zum Berufsalltag der Träumerin gehören. Eingestreut in diese phantastische Traumgeschichte sind aber auch zwei ausgesprochen realitätsbezogene Elemente, nämlich an der Stelle, wo die Träumerin dem Freund von dem Traumexperiment erzählt und dort, wo die Schwester in üblich kühler Weise auf ihren Anruf reagiert.

Unsere 44 Versuchspersonen hatten alle mehrere ,erfinderische' Träume, es gab aber Unterschiede in dem jeweiligen Verhältnis der beiden anderen Kategorien. Bei 5 Träumern standen realitätsorientierte Träume deutlich im Vordergrund, 23 Träumer bauten phantastische Elemente in ihre Träume ein, aber nur bei drei Träumern kamen gar keine wirklichkeitsgetreuen Träume vor. Individuelle Traumstile deuteten sich in erster Linie in Richtung einer mehr realistischen oder mehr phantastischen Traumausgestaltung an.

In ihren konkreten Inhalten waren unsere REM-Träume zwar einfallsreich, aber sie enthielten in der Regel keine Sensationsmeldungen. Nur in 19 Träumen kamen Vergehen und Verbrechen vor, einmal war der Träumer selbst als Erpresser am Werk und ein anderes Mal wurde er zum Muttermörder. In den übrigen Träumen begingen die anderen Traumfiguren verschiedene Delikte, die vom Diebstahl bis zur Entführung reichten. Nur in wenigen Fällen war der Träumer Zeuge eines Verbrechens, meist wurde er vor vollendete Tatsachen gestellt.

Die Träume waren auch nicht besonders schicksalsträchtig, sondern es gab mehr kleine alltägliche Mißgeschicke als existentielle Bedrohungen. Die Themen Krankheit und Unfall wurden nur in rund fünf Prozent der Träume aufgegriffen, wobei interessanterweise häufiger nicht der Träumer, sondern andere Personen betroffen waren. Die Träumer trugen zwar manchmal kleine Verletzungen davon, sie erkrankten aber nicht lebensgefährlich und hatten auch nie einen tödlichen Unfall. Es fanden in den Träumen auch keine

Naturkatastrophen statt, die Träumer waren nicht in Kriegshandlungen verwickelt und sie erlitten weder einschneidende Verluste noch Entbehrungen. Allerdings fehlten in den Träumen ebenso besondere Glücksfälle, überraschende Erfolge oder Auszeichnungen.

Das seltene Vorkommen schicksalshafter Ereignisse in unserem Traummaterial könnte einerseits damit zusammenhängen, daß die Träumer junge Erwachsene sind. Da Träume sich auf die aktuelle Lebenssituation beziehen, könnte aus diesem Grund das Thema Krankheit einen kleinen Stellenwert haben. Dennoch überrascht es, daß die existentiellen Sorgen, die heute im Wacherleben bei dieser Generation stark im Vordergrund stehen, so wenig in ihren Träumen zum Ausdruck kamen.

In Traumbüchern wird immer wieder berichtet, daß in Träumen bestimmte Themen und Inhalte, wie Metamorphosen, Fallen, Nicht-von-der-Stelle-Kommen, Fliegen, Zahnausfall häufig auftreten. Viele Menschen geben an, solche Traumerfahrungen schon einmal im Verlauf ihres Lebens gemacht zu haben. Sowohl in Sammlungen spontan erinnerter Träume als auch in REM-Träumen sind solche sogenannten typischen Traumphänomene aber nicht besonders oft anzutreffen. In unseren REM-Träumen waren solche Inhalte ebenfalls überaus selten. Nur fünfmal verwandelte sich eine Traumfigur, und nur dreimal sah der Träumer sich selbst oder wußte nicht, wer er war. Von den übrigen Inhalten kam nur das Thema Fliegen oder Schweben in vier Träumen vor, und einmal verlor ein Träumer zwei Zähne in der Laborsituation. Diese besonderen Trauminhalte gehören also nicht zum Traumalltag, sie prägen sich aber aufgrund ihrer Auffälligkeit dem Gedächtnis besonders ein.

Die Palette der konkreten Traumereignisse, in die Träumer mit großem Handlungsspielraum einbezogen sind, umfaßt die ganze Breite menschlicher Erfahrungen. Träume sind im allgemeinen aber nicht durchgehend wirklichkeitsgetreu, sie sind auch nicht ausgesprochen phantastisch, sondern sie spiegeln vor allem eine kreative Umgestaltung der Wacherfahrung.

Träume in verschiedenen Schlafstadien

Wir wissen heute, daß Träume den gesamten Schlaf begleiten und in allen Schlafstadien erlebt werden. Da sich die Schlafstadien in ihren physiologischen Merkmalen deutlich voneinander abheben, drängt sich die Frage auf, ob es entsprechend auch verschiedene Arten von Träumen gibt. Wenn körperliche Vorgänge jeweils komplementär mit spezifischen psychischen Phänomenen einhergehen, dann müßten sich Träume in ihrer Struktur, in ihrer Ausdrucksqualität und vielleicht auch in ihren Inhalten unterscheiden, je nachdem, in welchen Schlafstadien sie auftreten. Können wir demnach erkennen, ob ein Traum aus der Einschlafphase stammt, dem NREM-Schlaf angehört oder im REM-Schlaf erlebt wurde? Gibt es solche stadienspezifischen Träume oder ist das Erleben im Schlaf eher einheitlich und weniger beeinflußt von den wechselnden physiologischen Zuständen?

Träume in der Einschlafphase

Der Übergang vom Wachen in den Schlaf ist besonders gut geeignet, Veränderungen der Bewußtseinsvorgänge zu untersuchen, weil wir beim Einschlafen noch bis zu einem bestimmten Zeitpunkt die sich einstellenden Phänomene erfassen und den Ablauf unserer Vorstellungen in erwartender Beobachtung verfolgen können.

Schon in den Anfängen der Traumforschung wurde daher dem Einschlaferleben viel Aufmerksamkeit geschenkt. So beobachteten Ladd und Maury ihre Gedanken beim Einschlafen, indem sie sich vornahmen, nach kurzer Zeit wieder aufzuwachen. Auf diese Weise gelang es ihnen, Vorstellungen zu erinnern, die mit dem Einsetzen des Schlafs der bewußten Kontrolle allmählich entzogen wurden. Maury hat diese Einschlaferlebnisse hypnagoge Halluzinationen genannt, weil er von der sinnenhaften Anschaulichkeit der Phänomene stark beeindruckt war.

Bei den älteren Untersuchungen mußte allerdings offenbleiben, ob die erinnerten Erlebnisse noch aus dem entspannten Wachzustand oder bereits aus der Einschlafphase stammten. Erst mit der begleitenden EEG-Messung konnten Wachphantasien von Einschlafträumen abgegrenzt werden. Darüber hinaus war es jetzt möglich, das Einschlaferleben verschiedenen physiologischen Phasen des Einschlafvorgangs spezifischer zuzuordnen.

Wolfgang Kuhlo und Dietrich Lehmann haben 1964 eine Arbeit veröffentlicht, in der sie zeigten, daß die Veränderungen des Bewußtseins, die während des Einschlafens stattfinden, mit einer Verlangsamung der Hirnstromaktivität einhergehen. Sie haben das Einschlaferleben durch gezielte Weckungen erhoben, haben aber zusätzlich ihre Versuchspersonen aufgefordert, eine Taste zu drücken, wenn hypnagoge Phänomene auftauchten.

Ein hervorstechendes Merkmal dieser Einschlaferlebnisse war ihr plötzliches Auftreten, sie tauchten ohne sinnvollen Zusammenhang mit den vorangehenden Gedanken auf. Sie setzten sich vorwiegend aus visuellen und akustischen Wahrnehmungen zusammen, wobei der Anteil visueller Eindrücke überwog. Trotz ihrer Anschaulichkeit blieben die Eindrücke aber flüchtig, wurden mit einer gewissen Distanz erlebt, waren gefühlsmäßig neutral und insgesamt eher fragmentarisch und ungeordnet.

Gerald Vogel, David Foulkes und Harry Trosman (1966) haben in ihrer Studie das ganze Spektrum des Einschlafvorgangs, vom entspannten Wachzustand bis zum Einsetzen des Schlafstadiums 2, mit systematischen Weckungen untersucht. Sie beschrieben außer den typischen qualitativen Merkmalen des Einschlaferlebens eine Verlaufsform, die in den verschiedenen Phasen des Einschlafens einen Wandel der Ichfunktionen anzeigt.

In der ersten Phase kann das Ich die auftretenden hypnagogen Halluzinationen noch bis zu einem gewissen Grad steuern, jedoch läßt allmählich die Kontrolle der aufsteigenden Bilder nach, gleichzeitig ist aber das Wissen um die Versuchssituation noch mitgegeben, der Kontakt mit der Außenwelt ist noch nicht abgebrochen. In der zweiten Phase tritt das Bewußtsein, sich in einer experimentellen Situation zu befinden, in den Hintergrund. Das Ich sieht sich hier vorwiegend in der Rolle eines passiven Beobachters, erlebt die Einschlafbilder aber noch nicht als Traum. Erst in der dritten Phase verliert der Schläfer den Realitätsbezug, nunmehr treten die Träume an die Stelle der Außenwelt, wobei das Ich stärker in das ablaufende Traumgeschehen eingebunden ist.

Diese psychischen Verläufe stellten sich zwar häufig parallel mit zunehmender Schlafvertiefung ein, sie konnten aber auch verschoben sein, die Veränderungen des Bewußtseins waren daher den physiologischen Zuständen nicht eindeutig zuzuordnen.

In diesen ersten experimentellen Arbeiten richteten die Forscher ihr Interesse vor allem auf die anschaulichen Phänomene des Einschlaferlebens, Verbindungen der hypnagogen Halluzinationen mit Gedanken und abstrakten Vorstellungen haben sie nicht genauer analysiert.

Die folgenden Einschlaferlebnisse, die wir nach dem Wecken aus dem Schlafstadium 1 zu Beginn der Nacht erhoben haben, geben einen Einblick in die Breite des Erlebens, die nicht nur Wahrnehmungen, sondern auch Gedanken einschließt.

> „Einen Test zusammenstellen, mit Items. Items habe ich zusammenstellen müssen und Leute befragen. So ein Psychotest."
>
> (weiblich, 25 Jahre)

Dieses Beispiel, das von einer Psychologiestudentin stammt, enthält nur Überlegungen, die um eine realistische, berufsbezogene Aufgabe kreisen. Sie hat in der Nachbefragung angegeben, daß sie keine visuellen Eindrücke hatte und ihre Gedanken steuern konnte.

> „So gelbe Fransen habe ich gesehen, dann Besen, Amerika, dann ist die italienische Flagge darin vorgekommen. Und dann habe ich gedacht, hoffentlich weckst Du mich jetzt gerade nicht."
>
> (weiblich, 27 Jahre)

Gegenüber dem ersten Beispiel finden sich in diesem Einschlaferlebnis sowohl visuelle Eindrücke als auch Gedanken. Die gedankliche Kontrolle während des Einschlafens läßt zunächst nach, indem plötzlich Bilder aufsteigen, die ohne ersichtlichen Zusammenhang sind. Diese Bilder werden dann abgelöst von einer realitätsnahen, auf die Versuchssituation bezogenen Überlegung.

> „Was vom Essen. Und zwar ist es um einen großen Kuchen gegangen, der so ausgesehen hat wie ein großer Gugelhupf, aber er hat so orange und rosa Farben gehabt. Und es sind mehrere Leute drumherum gesessen und die haben ein Stück Kuchen bekommen."
>
> (männlich, 24 Jahre)

Dieses Einschlaferlebnis umfaßt eine ausgestaltete, in sich geschlossene visuelle Situation, in die fremde Personen einbezogen sind, wobei das Ich nur als Beobachter beteiligt ist. Obwohl mit der Kuchenverteilung eine Handlung angedeutet ist, wirkt die Szene insgesamt aber eher statisch.

Die Beispiele stammen aus einer Studie, in der wir verschiedene Dimensionen des Einschlaferlebens untersucht haben. Wir haben zwanzig Versuchspersonen an drei Abenden jeweils zweimal während der Einschlafphase aufgeweckt, einmal 30 Sekunden nach Einsetzen von Schlafstadium 1 und einmal 20 Sekunden nach Beginn von Schlafstadium 2. Im Anschluß an den Bericht stuften die Versuchspersonen ihr Erleben auf mehreren Skalen ein.

Obwohl die Weckungen aus zwei verschiedenen Schlafstadien erfolgten, hatten die formalen und inhaltlichen Merkmale des Einschlaferlebens eher einheitlichen Charakter. Es gelang uns nicht, sie den beiden physiologischen Zuständen überzufällig zuzuordnen.

In dieser Stichprobe von Einschlafträumen waren alle Ausdrucksmittel anzutreffen, die auch die Traumerfahrung im REM-Schlaf prägen. Visuelle Wahrnehmungen standen im Vordergrund, gefolgt von Denkvorgängen, während die übrigen Sinneswahrnehmungen zurücktraten. In drei von vier Berichten fanden sich sowohl Gedanken als auch Vorstellungen, demgegenüber waren Einschlafträume, die nur durch Gedanken oder ausschließlich durch Sinneswahrnehmungen repräsentiert wurden, eher selten. In ihrem Aufbau wurden diese Träume als einschichtig eingestuft und inhaltlich überwogen realitätsbezogene Themen. Ein auffallendes Merkmal der Einschlafträume war jedoch ein herabgesetztes Kontrollbewußtsein, weil die Phänomene sich unvermittelt im Erleben einstellten und die Versuchspersonen meistens das Gefühl hatten, sie nicht lenken zu können.

Die Bewußtseinsvorgänge während der Einschlafphase umfassen eine breite Skala formaler und inhaltlicher Merkmale. Aufgrund ihrer Kürze können sie als ‚kleine Träume‘ oder als Vorstufen von Träumen bezeichnet werden, da ihnen im Vergleich zu den REM-Schlaf-Träumen noch eine erzählerische Struktur, eine differenzierte Ausgestaltung und vor allem häufig eine aktive Ichbeteiligung fehlen. Das Einschlaferleben weist sich jedoch in seiner Ausdrucksqualität durchaus als Traumerleben aus. Aufgrund seiner unmittelbaren Nähe zum vorangegangenen Wachzustand nimmt dieses Schlaferleben aber eine besondere Stellung ein, weil sich Wachgedanken leichter mit diesen Träumen vermischen.

Herbert Silberer (1919) hat den interessanten Versuch unternommen, das Einschlaferleben psychologisch zu interpretieren. Er beschrieb verschiedene Arten der Symbolbildung, die den Übergang vom gedankenartigen zum bildhaften Erleben zum Ausdruck bringen. Nach seiner Auffassung wird in den sogenannten Schwellensymbolen der augenblickliche Bewußtseinszustand des Einschlafens, der Wechsel von einem psychischen Zustand in einen anderen, unmittelbar in Bilder umgesetzt. Das Überschreiten der Schwelle äußert sich beispielsweise in der Visualisierung einer Brücke, die sich von einem Ufer zum anderen spannt, im Anblick eines abfahrenden Zugs oder im Aufschließen einer Tür.

Träume im NREM-Schlaf

Die Träume während des NREM-Schlafs standen eigentlich von Anfang an im Schatten der REM-Schlafträume, und auch heute noch werden sie häufig nicht als ,echte' Träume anerkannt. Viele Traumforscher vertraten in den ersten Jahren nach Entdeckung des REM-Schlafs sogar die Auffassung, Träume seien allein an den REM-Schlaf gebunden, den sie deshalb damals auch exklusiv als Traumschlaf bezeichneten.

Die Existenz von NREM-Träumen wurde zunächst bezweifelt, weil Kontrollweckungen aus dem NREM-Schlaf in den ersten Untersuchungen nur vereinzelte fragmentarische Berichte brachten. Diese Berichte wurden als Erinnerungsreste aus vorangegangenen REM-Phasen abgetan oder als Gedanken gewertet, die sich erst während des Aufwachens eingestellt hatten.

Diese Annahme mußte aber revidiert werden, nachdem David Foulkes 1962 eine Arbeit veröffentlicht hatte, in der er nachwies, daß Träume aus dem NREM-Schlaf auch vor Einsetzen der ersten REM-Phase berichtet wurden und daß die Häufigkeit der Erinnerung anstieg, wenn er nicht speziell nach Träumen fragte, sondern allgemeiner danach, was dem Schläfer vor dem Wecken durch den Kopf gegangen war. Von diesem Zeitpunkt an wurden NREM-Weckungen eingesetzt, um genauer zu untersuchen, ob sich das Erleben im NREM-Schlaf durch besondere Merkmale auszeichnet und wie es sich von Träumen aus anderen Schlafphasen abhebt.

In mehreren Untersuchungen wurden Träume, die aus allen Stadien des NREM-Schlafs, auch aus dem Tiefschlaf, stammten, als eher kurze Erlebnisse beschrieben, deren Eindrücke fragmentarisch und unverbunden sind. Sie sind in ihrem Ausdruck eher gedankenartig, beziehen sich meistens in realistischer Weise unmittelbar auf das Wacherleben, wobei der Träumer gefühlsmäßig häufig nicht einbezogen ist. Sie stehen somit in ihren formalen Merkmalen dem Einschlaferleben nahe, sind aber in ihren Ausdrucksqualitäten weniger anschaulich und sinnenhaft.

In unserem Labor haben wir NREM-Träume im Rahmen einer psychophysiologischen Studie erhoben, in der wir die mimische Aktivität während des Schlafs gemessen und mit den Gefühlen im Traum in Beziehung gesetzt haben. In dieser Untersuchung haben wir fünf Versuchspersonen im REM-Schlaf und im NREM-Schlaf aufgeweckt, sie aber gebeten, nur das zu berichten, was ihnen „gerade eben als Allerletztes" durch den Kopf gegangen war. Mit dieser Aufforderung wollten wir für beide Schlafstadien den gleichen Zeitpunkt festsetzen, auf den sich die Erinnerung beziehen sollte. Wir haben 64 REM-Weckungen und 80 NREM-Weckungen vorgenommen und erhielten 59 REM- und 48 NREM-Träume. Die Erinnerungsraten von 92, beziehungsweise 60 Prozent zeigen wiederum, daß sich die Erinnerung an das Erleben im REM-Schlaf in den meisten Fällen einstellt, während sie nach einem Aufwecken aus dem NREM-Schlaf häufiger ausbleibt.

Die NREM-Träume waren charakterisiert durch eine geringe Reichhaltigkeit der Traumelemente, eine eher fragmentarische Struktur und vorwiegend statische Eindrücke. Während die REM-Berichte durchschnittlich sechs Traumelemente enthielten, fanden sich in den NREM-Berichten im Mittel nur drei Elemente. Vier von fünf NREM-Träumen wurden als fragmentarisch eingestuft, weil die Traumelemente isoliert oder nicht miteinander verbunden waren. In den REM-Berichten hingegen zeigten zwei Drittel der Traumerlebnisse eine in sich geschlossene Szene. Es paßt zu dem fragmentarischen Charakter der NREM-Berichte, daß die Traumelemente eher statisch repräsentiert waren und nicht in dynamischer Verbindung standen, wie dies für etwas mehr als die Hälfte der REM-Berichte zutraf.

Die Abbildung 23 veranschaulicht die Ausdrucksqualität der Träume aus den beiden Schlafstadien. Auch die Mehrzahl der NREM-Träume setzte sich ausschließlich aus Sinneswahrnehmungen zusammen, doch folgten an zweiter Stelle Berichte, die nur gedankenartige Vorstellungen enthielten. Den kleinsten Stellenwert hatten Träume, in denen sinnenhafte und gedankliche Elemente kombiniert waren. In den REM-Berichten überwog demgegenüber die sinnenhafte Ausdrucksqualität, die weit häufiger auch mit Gedanken verbunden war. Rein gedankliche Berichte waren hier aber nur vereinzelt anzutreffen.

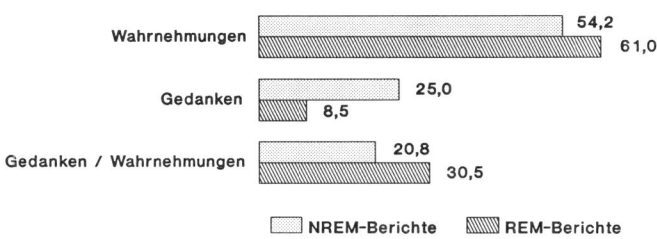

Abbildung 23: Die Ausdrucksqualität in NREM- und REM-Träumen. Prozentualer Anteil von Sinneswahrnehmungen und Gedanken in 48 NREM-Berichten und in 59 REM-Berichten.

In den NREM-Träumen standen weiterhin realitätsbezogene Themen im Vordergrund, nur etwa jeder vierte Traum zeigte Abweichungen von der Realität oder bizarre Elemente. Zwar überwogen auch in den REM-Träumen wirklichkeitsnahe Themen, doch war hier der Anteil traumartiger Elemente größer. Einen markanten Unterschied zeigten die beiden Klassen von Träumen in der Ich-Beteiligung und der gefühlsmäßigen Anteilnahme. Nur in knapp jedem zweiten NREM-Traum spielte das Traumich eine Rolle und war gefühlsbetont in die Traumsituation eingebunden, während in vier von fünf REM-Träumen der Träumer emotional an dem Geschehen teilnahm.

Unsere Ergebnisse über die Qualität von NREM-Träumen stehen in Einklang mit früheren Untersuchungen. Dort wurden allerdings bei der Interpretation der Ergebnisse die Unterschiede besonders hervorgehoben. Auch wenn solche Unterschiede zwischen NREM- und REM-Träumen immer wieder gefunden wurden, so sind doch die Gemeinsamkeiten nicht zu übersehen. Nicht jeder NREM-Traum ist kurz, gedankenartig, unverbunden und unmittelbar auf das Wachdenken bezogen, sondern NREM-Träume können auch überzeugend ‚traumhaft‘ sein.

Mit zwei Träumen, die eine 31-jährige Frau in der 4. Versuchsnacht erinnerte, veranschaulichen wir zunächst einmal typische Unterschiede zwischen NREM- und REM-Berichten. Den ersten Traum erzählte sie, als sie nach eineinhalb Stunden Schlaf zum erstenmal aus dem Schlafstadium 2 geweckt wurde, den zweiten Traum etwas über eine Stunde später nach dem Wecken aus der ersten REM-Phase.

NREM-Traum:

„Es hat sich um Bücher gehandelt, und zwar um Leihbücher. Ich weiß nicht wieso, es waren richtige Leihbücher, die hatten alle hinten diese Nummer aufgeklebt. Die habe ich daheim eingeordnet, ich weiß gar nicht, wie ich dazu kam, Leihbücher einzuordnen. Stapelweise."

REM-Traum:

„Da war eine richtige Straße. Und auf ihr waren lauter kleine Holzautos, und links und rechts waren lauter Papphäuser, so dünn wie ein Blatt. Dann bin ich auf dieser Straße gegangen, und dann kam mir ganz allein ein Dings entgegen, das war halb Kinderwagen, halb Auto. Und dann wollte ich das anhalten, und habe mich ganz breit auf die Straße hingestellt. Der Kinderwagen rollte mir auf ganz ebener Straße entgegen, aber ich habe ihn nicht erwischt. Und dann allmählich hat sich der Kinderwagen verformt wie in ein kleines Auto und ist dann hinter mir herumgeflitzt. Nachher hat es wieder kehrtgemacht und ist wieder auf mich zu. Und da habe ich gedacht: ‚Donnerwetter, das verflixte Ding wirst du doch jetzt kriegen.' Dann hat es wieder so einen Griff gekriegt wie so ein Kinderwagen und kam wieder auf mich zu. Und ich habe gedacht: ‚Also jetzt schmeiß dich drauf, egal wie.' Und dann kam es, und dann hab ich mich wie ein Torwart auf das Ding gestürzt, aber es ist wieder ausgewichen, und ich bin plautz auf die Erde gefallen."

Der NREM-Traum ist kurz und wirkt wie eine Momentaufnahme aus dem Alltag. Die Traumszene ist fragmentarisch auf die Aktivität der Träumerin eingegrenzt, Bücher einzuordnen. Der Traum wird weder in bezug auf die Umgebung ausgestaltet, noch wird die Handlung in einen größeren Zusammenhang eingebettet.

Der REM-Traum hingegen ist ausführlicher, ereignisreicher und hat eine Verlaufsgestalt. Die Träumerin befindet sich zwar auch hier allein in der Traumszene, diese ist aber differenzierter aufgebaut. Der Traum erhält darüber hinaus eine dramatische Qualität durch den Zweikampf zwischen der Träumerin und dem belebten Fahrzeug, das sich bizarr verändert und sich geschickt ihrem Zugriff entzieht.

Die beiden nächsten Träume, die eine 44-jährige Architektin in der 4. Labornacht erinnerte, veranschaulichen die Gemeinsamkeiten, die zwischen REM- und NREM-Träumen bestehen können. Den ersten Traum berichtete sie nachts gegen 4 Uhr nach dem Aufwecken aus Schlafstadium 2, den zweiten drei Stunden später nach dem Aufwecken aus dem REM-Schlaf.

NREM-Traum:

„Ich war in einer Ausstellung, die war unten in einem Institut. Da waren Rahmen, die hatten eine große Tiefe, und wenn einem das Bild nicht gefallen hat, dann konnte man draufdrücken, und das Bild verschwand und das untere kam heraus. Außen war so ein schwarzes Stück wie Eisen, ein Knopf. Es war so, daß die Bilder vollkommen verschieden waren, wenn ein romantisches Bild da war und man drückte, dann kam ein extrem modernes, kaltes, mit nur wenigen farbigen Flächen. Und wenn es ein solches war, da kam so was wie von Rubens. Und dann war es wieder im Institut, aber es war keine Ausstellung mehr, sondern es waren Leute, die meine Verwandten waren, aber ich habe sie noch nie gesehen. Und die liefen also furchtbar geschäftig da durch die Gegend und sagten immer: ‚Ja, das muß alles ganz anders organisiert werden. Das Ganze ist furchtbar unrentabel. So wahnsinnig viel Zeitvergeudung.' Und ich habe immer gedacht: ‚Wovon reden die eigentlich? Ich verstehe gar nicht, was die alle immer haben.' Und ich war also eigentlich ganz ärgerlich, daß die da so als Organisatoren auftauchten und was organisieren wollten, was ich gar nicht verstand."

REM-Traum:

„Wir hatten ein Haus mit großem ausgebautem Keller. Und meine Freundin Rita hat eine Kinderparty vorbereitet und hatte da unzählige Tabletts mit süßen kleinen Zuckerosterhasen, alles sehr großzügig. Und die stürzten sich dann auch alle über die köstlichen Sachen her. Und dann brachte mein Sohn seine Sachen nach Hause und hatte einen Schottenrock von mir, einen sehr gepflegten, da hatte er die Falten ausgerissen. Und meine Tochter hatte sowieso meine Sachen in einer unglaublichen Weise verfleckt und auch so ausgerissen. Und ich fing furchtbar an mit denen zu zetern. Ich habe immer wieder neue Kleidungsstücke entdeckt, die also kaum mehr zu brauchen waren. Und nachher standen die alle oben herum in einem Büro. Und mein Mitarbeiter Helmut, der stand da und putzte sich mit einem neuen Putzmittel die Zähne. Und von dem waren dann ganze Kartons mit Zahnbechern gekommen. Und dann wollte meine Tochter oder sonst jemand auch die Zahnbürste mit dem neuen Zahnmittel ausprobieren. Da sagte ich: ‚Ihr könnt das doch dem Helmut nicht wegnehmen, Ihr könnt Euch doch eine eigene nehmen.'"

Beide Träume sind ungefähr gleich lang und zeigen eine szenische Ausgestaltung, die mit einem Situationswechsel verbunden ist. Gemeinsam ist den Träumen weiterhin, daß das Traumich in das Geschehen einbezogen und gefühlsmäßig beteiligt ist. Außer der Träumerin treten in beiden Träumen weitere Personen auf, die verschiedene Handlungen ausführen. Auch finden sich in beiden Beispielen gewisse Ungereimtheiten, so etwa in dem einen Traum das bizarre Bildwahlgerät und in dem anderen die vielen Zahnbecher im Architekturbüro.

Neben diesen Gemeinsamkeiten unterscheiden sich die Träume aber auch in der Konkretheit ihrer Ausgestaltung und in der Belebung der Traumbühne. Der REM-Traum ist handlungsreicher, es treten mehr bekannte Personen auf, die auch eindeutiger identifiziert sind, und die Träumerin tritt direkt in Kontakt mit ihrer Umwelt. Der NREM-Traum dagegen zeigt eine größere Unbestimmtheit des Traumverlaufs, und die Träumerin hat mehr eine beobachtende und kommentierende Rolle.

Die psychische Aktivität im NREM-Schlaf ist einerseits spezifisch charakterisiert durch einen hohen Anteil gedanklicher Elemente, die wie beim Einschlaferleben realitätsbezogen sind und
eine eher fragmentarische Struktur aufweisen. Andererseits kommen längere NREM-Träume dem szenischen Erleben im REM-
Schlaf nahe, auch wenn ihre dramatische Ausgestaltung weniger
differenziert ist.

Träume im REM-Schlaf

Die Träume des REM-Schlafs, die den leichtesten Zugang zum
Schlaferleben bieten, waren immer der Bezugspunkt, um andere
Klassen von Träumen zu bestimmen. Darüber hinaus haben Traumforscher aber auch zahlreiche Versuche unternommen, das Traumerleben innerhalb des REM-Schlafs zu differenzieren, indem sie es mit
der Physiologie des REM-Schlafs in Verbindung brachten. So haben
sie untersucht, ob Ausdrucksmittel und Qualitäten der REM-Träume mit Aktivierungsmerkmalen in Zusammenhang stehen, oder ob
gar spezifische Erlebnisinhalte mit markanten physiologischen Mu-
stern einhergehen.

Solche Beziehungen erscheinen naheliegend, weil der REM-
Schlaf, obwohl er sich deutlich von den übrigen Schlafstadien abhebt, keineswegs einheitlich ist. Eine allgemeine tonische Aktivierung des EEGs wird überlagert von kurzzeitigen phasischen Veränderungen anderer Körperfunktionen. So wechseln Phasen von
Augenbewegungen mit Phasen der Augenruhe ab, es treten vereinzelte Muskelzuckungen auf und auch Atmung, Puls und andere
Meßwerte können Schwankungen zeigen.

Die Variabilität der physiologischen Vorgänge im REM-Schlaf hat
daher zahlreiche Fragestellungen angeregt: Werden visuelle Traumerfahrungen von Augenbewegungen begleitet und Gedanken eher
von Augenruhe? Gehen dramatische, gefühlsbetonte Träume mit
einer erhöhten phasischen Aktivierung einher und stammen die
alltäglichen Träume aus weniger ‚bewegten‘ REM-Phasen?

So einleuchtend diese Überlegungen sind, so wenig übereinstim-
mend waren aber die Ergebnisse. Es fanden sich zwar immer wieder
Hinweise auf globale Zusammenhänge zwischen physiologischer
Aktivierung und Intensität des Traumerlebens, doch war stärker

aktivierter REM-Schlaf nicht notwendigerweise von besonders lebhaften und intensiven Träumen begleitet.

Der Gedanke, aus den beobachtbaren Körpervorgängen auf den Traum selbst schließen zu können, hat übrigens die Traumforscher von Anfang an beschäftigt. So schrieb schon George Trumbull Ladd Ende des letzten Jahrhunderts:

> „Wenn wir zum Beispiel im Traum die Straße einer fremden Stadt herunterblicken, dann fixieren wir wahrscheinlich unsere Augen ziemlich ähnlich, wie wir es bei derselben Beobachtung im Wachen tun würden, obwohl wir nicht so zielgerichtet schauen wie im Wachen." (*Übersetzung d. Verf.*, 1892, p.304).

In der experimentellen Traumforschung wurde diese Idee bald aufgegriffen. Die Hypothese, die Augenbewegungen während des Schlafs könnten mit dem Umherschauen des Träumers in seiner halluzinierten Traumwelt in direkter Beziehung stehen, ist deshalb verlockend, weil man hier dem Inhalt des Traums auf die Spur kommen könnte. William Dement und Nathaniel Kleitman beobachteten schon in ihren ersten Experimenten gelegentlich auffallende Korrespondenzen zwischen dem Richtungswechsel der Augenbewegungen und den Trauminhalten. So berichteten sie das eindrucksvolle Beispiel, wie ein Schläfer besonders exakt seine Augen von links nach rechts bewegte und nach dem Aufwecken erzählte, er habe gerade einem Tennismatch zugesehen.

Der Schlafforscher Howard Roffwarg ist zum ersten Mal systematisch der Frage nachgegangen, ob aufgrund der schnellen Augenbewegungen während des Schlafs das Umherschauen des Schläfers in seiner Traumwelt vorhergesagt werden kann (Roffwarg, Dement, Muzio & Fisher, 1962). Die Schläfer wurden von einem Versuchsleiter nach charakteristischen Abfolgen von Augenbewegungen aufgeweckt und von einem anderen nach ihren Träumen befragt. Dieser zweite Versuchsleiter bestimmte allein aufgrund des Traumberichts Zahl und Richtung der Augenbewegungen, die in dem Schlafprotokoll aufgezeichnet sein müßten, wenn die Augenbewegungen tatsächlich die räumliche Orientierung im Traum signalisieren. In dieser ersten Untersuchung gelangen richtige Zuordnungen in vier von fünf Fällen, vor allen Dingen bei solchen Traumszenen, an die sich die Versuchspersonen deutlich erinnern konnten.

Dieses ermutigende Ergebnis konnte in nachfolgenden Untersuchungen einerseits bestätigt, andererseits aber auch nicht wiederholt werden. Offensichtlich ist der Zusammenhang von Augenbewegungen und Blickrichtung im Traum nicht so eng, daß aufgrund einzelner Abfolgen von Augenbewegungen eine sichere Vorhersage auf die spezifische Blickrichtung des Träumers gemacht werden könnte.

Außer den Augenbewegungen wurden auch andere physiologische Merkmale zum Traumerleben in Beziehung gesetzt. Howard Roffwarg hat mit seinen Mitarbeitern beispielsweise überprüft, ob während des Schlafs auftretende phasische Muskelaktivierungen in den Armen und Beinen anzeigen, wie sich der Träumer in seiner Traumwelt bewegt. Auf der einen Seite fanden sich auch hier immer wieder sehr spezifische Korrespondenzen, zum Beispiel haben sie eine Aktivierung der Armmuskeln aufgezeichnet und der Träumer gab an, er sei gerade auf einem See gerudert. Auf der anderen Seite wurden aber auch Träume mit vielfältigen Bewegungen berichtet, die nicht mit Muskelzuckungen einhergingen, und umgekehrt waren nicht alle gemessenen motorischen Erregungen von Träumen begleitet, in denen der Träumer körperlich aktiv war (Gardner, Grossman, Roffwarg & Weiner, 1975).

An der Universität Osaka haben zwei japanische Schlafforscher untersucht, ob das Sprechen im Traum mit einer Aktivierung derjenigen Muskeln signalisiert wird, die im Wachen beim Sprechen beteiligt sind (Shimizu & Inoue, 1986). Sie weckten ihre Versuchspersonen auf, entweder, wenn allein die ‚Sprechmuskeln' Ausschläge zeigten oder wenn eine Zeitlang keine Sprechmuskelaktivierung beobachtet wurde. Ihre Ergebnisse zeigten einen überzufälligen Zusammenhang zwischen verdeckter Mimik und Sprache im Traum. Allerdings war auch hier die Übereinstimmung nicht perfekt. So gab es Träume, in denen das Traumich sprach, ohne daß die entsprechenden Muskeln reagierten, und es wurde andererseits auch motorische Erregung in den Sprechmuskeln gemessen, wenn im Traum nicht gesprochen wurde.

Wir sind der Frage nachgegangen, ob phasische Aktivierungen der Gesichtsmuskeln, die auch während des Schlafs in unregelmäßigen Abständen auftreten, möglicherweise Gefühle anzeigen, die im Traum gerade erlebt werden. Im Wachen werden Gefühle von mimischem Ausdruck begleitet. Die Mimik ist einerseits direkt beobachtbar, sie kann aber auch in Form von spezifischen Muskelaktivierungen gemessen werden. Solche Aktivierungen zeigen sich auch dann, wenn der mimische Ausdruck nicht erkennbar ist, was beispielsweise bei vorgestellten Gefühlen der Fall ist. Werden demnach negative Gefühle im Traum von einem verdeckten Stirnrunzeln begleitet und gehen positive Traumgefühle mit mimischer Lächelaktivität einher?

In diesem Experiment haben wir unsere Versuchspersonen unmittelbar nach Zuckungen des Stirnmuskels, nach Aktivierung der Wangenmuskeln und zur Kontrolle aus Phasen der Ruhe aufgeweckt und sie ihre letzte Traumszene mit den begleitenden Gefühlen schildern lassen.

Eine Träumerin, die wir nach einer Aktivierung der ‚Lachmuskeln' aus dem REM-Schlaf aufgeweckt haben, berichtete die Szene:

> „Ich saß in einer Schulstunde und vorne hat eine Lehrerin erzählt, daß sie auf einen Patienten wartet, der wegen eines Unfalls eingeliefert worden ist. Und wir haben gelacht und haben es alle lustig gefunden. Der Lehrerin ist es wahnsinnig peinlich gewesen, weil es nicht geklappt hat, aber sie hat auch mitgelacht."
>
> (weiblich, 26 Jahre)

Gehen wir davon aus, daß die beobachtete Muskelaktivierung am ehesten die Gefühle anzeigt, die das Traumich erlebt, dann findet sich in diesem Traum eine Übereinstimmung. Die Träumerin erlebt ein positives Gefühl, das im Traum unmittelbar durch Lachen zum Ausdruck kommt. Das negative Gefühl der Peinlichkeit hingegen, das der Traumfigur der Lehrerin zugeschrieben wird, hat keine Entsprechung in der physiologischen Messung gefunden.

Nachdem wir in einer REM-Phase unmittelbar vor der Weckung eine Aktivierung des Stirnmuskels beobachtet hatten, berichtete eine andere Träumerin:

> „Ich war in einem Blumenladen und kaufe gerade Schnittblumen. Ich habe eigentlich schon gesagt, ich wolle eine Sorte, und während die Kassiererin an die Kasse geht, habe ich gesehen, daß es noch andere Blumen gibt, die ich eigentlich noch lieber gehabt hätte. Und das hat mich dann ein wenig verärgert. Und da war noch eine Kollegin, die mir gerade die anderen Blumen, die ich nicht gesehen habe, hinhält. Und sie ist erstaunt, daß ich nicht die genommen habe."
>
> (weiblich, 24 Jahre)

Der von der Träumerin erlebte Ärger über die voreilige Auswahl der Blumen könnte in Einklang stehen mit dem beobachteten ‚Stirnrunzeln', wohingegen das Erstaunen der Traumkollegin auch hier nicht in der verdeckten Mimik der Schläferin gespiegelt wurde.

Auch wenn solche Beispiele dafür sprechen, daß die Gefühle, die das Traumich erlebt, mit entsprechenden Muskelaktivierungen verbunden sein können, so ist der Zusammenhang doch nicht sehr stark, weil es nämlich unabhängigen Beurteilern in der Auswertung aller

Berichte nicht gelang, die berichteten Traumgefühle den beobachteten Muskelzuckungen überzufällig zuzuweisen.

Ein Problem solcher psychophysiologischen Untersuchungen besteht darin, daß die Zuordnung konkreter Vorstellungen zu körperlichen Vorgängen bei Träumen noch erschwerter ist als im Wachzustand, weil Träume rückwirkend berichtet und nicht immer mit gleicher Klarheit erinnert werden. Darüber hinaus ist nicht geklärt, wie das Erleben von Raum und Zeit im Traum abläuft, ob es größere Ähnlichkeit mit der Wahrnehmung der realen Welt oder den Phantasien im Wachzustand hat, oder ob es eigenen Regeln folgt.

Psychophysiologische Zugänge zum Traum beziehen sich nicht nur auf das Traumerleben, sondern berücksichtigen auch die gleichzeitig ablaufenden körperlichen Prozesse. Dieser umfassende Zugang hat zum Ziel, das Traumerleben auf der somatischen Ebene zu validieren. Das Traumerleben würde an Glaubwürdigkeit gewinnen, wenn aufgezeigt werden könnte, daß Merkmale des Erlebens sich in körperlichen Vorgängen spiegeln. Die bisherigen Untersuchungen haben einerseits belegt, daß Träume nicht im Moment des Aufwachens entstehen, sondern während des Schlafs ablaufen. Andererseits wurde aber auch deutlich, wie wenig deckungsgleich Traumerleben und physiologische Vorgänge sind. Die Schwierigkeit, zu eindeutigeren Ergebnissen zu kommen, liegt darin, daß hier zwei Systeme zueinander in Beziehung gesetzt werden, die jeweils ihre eigenen Gesetzmäßigkeiten und Ausdrucksformen haben.

Die Versuche, verschiedene Arten von REM-Träumen aufgrund von Aktivierungsmerkmalen innerhalb des REM-Schlafs zu bestimmen, sind also bisher nicht besonders erfolgreich gewesen. Auch Verlaufsanalysen der REM-Träume einer Nacht haben nicht zu spezifischen Ergebnissen geführt, die die einzelnen Träume differenzieren. Hier ist die Frage angesprochen, ob sich möglicherweise REM-Träume mit zunehmender Schlafzeit, von Zyklus zu Zyklus ändern, indem sie traumartiger werden und sich von wachnäheren Themen zu phantasievollen Neuschöpfungen entwickeln.

Der Schlafforscher Milton Kramer hat mit seinen Mitarbeitern überprüft, ob aus den Träumen einer Nacht ihre Abfolge zu erkennen ist (Kramer, Hlasny, Jacobs & Roth, 1976). Drei Beurteiler erhielten fünfzig Traumserien von je drei, innerhalb der Serie zufällig gemischten Träumen mit der Aufgabe, sie in die richtige Reihenfolge zu bringen. Dieser Zuordnungsversuch gelang nicht, aus den Träumen einer Nacht war offensichtlich keine Verlaufsgestalt abzuleiten.

Die folgende REM-Traumserie berichtete in der 4. Labornacht eine 23-jährige Studentin, nachdem wir sie aus den REM-Phasen 2 bis 5, nach jeweils fünf, zehn, fünfzehn und zwanzig Minuten Dauer geweckt haben.

„Ich habe mit meinen Eltern in Thalwil gewohnt. Und dann sind wir immer wieder über diese Kreuzung in Thalwil gefahren mit dem Auto. Und meistens war ich mit einem von den Eltern zusammen, wenn die am Steuer saßen. Und jetzt gerade war es so, daß ich gefahren bin. Und mein Vater hat ab und zu bei der Lokalpolitik mitgemacht. Da hatte er auch einmal einen Sieg, und da sah man an dieser Kreuzung noch Plakate, auf denen er für sich Reklame gemacht hatte. Wir sind oft über diese Kreuzung gefahren, und einmal bin ich auch allein gefahren, ohne ein Elternteil."

„Ich war mit zwei Knaben zusammen, die waren etwa 17 Jahre alt. Die machten ein riesiges Steak, ein T-Bone-Steak. Da sah ich, wie sie das vorbereitet hatten. Das war so ein riesiger Apparat, man hätte meinen können, es sei von einem Elefanten, wahnsinnig groß. Und sie haben darüber gesprochen. Da sah man, wie sie auf der Seite mit der Säge ein paar Knochen weggesägt hatten. Wir sind alle so fasziniert gewesen von diesem Stück Fleisch, das noch roh war. Und da wollten sie irgendwie einen Wettbewerb abhalten mit den Amerikanern, und sie waren sehr überzeugt von sich, daß sie gut abschneiden würden."

„Ich habe gemeint, daß ich wieder wach sei, und daß der Versuchsleiter nicht Du warst, sondern ein Student mit asiatischem Äußeren. Da wurde ich geweckt und stand auf. Ich konnte selbst die Elektroden wegnehmen. Da rief er: ‚He, das mußt Du nicht machen, das mache ich Dir schön.' Aber ich habe das selbst gemacht, weil ich dachte, daß das so einfach sei, diese Elektroden wegzunehmen. Das kann ja jeder selbst machen. Das geht viel besser."

„Ich bin bei meiner Schwester etwas zu früh aufgestanden und zu früh erwacht. Da habe ich ihr das Experiment etwas durcheinandergebracht. Und dann bin ich ihr zuliebe wieder ins Bett mit den Elektroden und habe weitergeschlafen. Und dann haben wir über das Träumen und über den Haushalt diskutiert. Und sie findet, die Sachen, die man heutzutage kaufen kann, seien qualitativ nicht so gut. Das fand ich dann auch. Und dann haben wir über ihren Mann gesprochen, der diese Traumforschung durchführe. Und sie sei eben so enttäuscht, daß er nicht richtig mit seinen Versuchspersonen umgeht, und daß sie das immer wieder gutmachen müsse mit den Versuchspersonen, was er kaputt gemacht habe. Und dann fand ich, daß das etwas weitginge mit ihren Ehefrauenpflichten. Sie müsse sich also wirklich nicht noch in seine Forschungsangelegenheiten einmischen. Das fand sie dann auch, ab jetzt würde sie das dann nicht mehr tun. Sie müsse aber auch immer wieder sagen, daß sie Glück gehabt habe mit ihrem Mann, daß er sehr lieb sei und so viel für sie tue. Dann sind wir noch in ihrem Badezimmer gewesen, und sie zeigte mir eine neue Munddusche. Ich habe das sehr interessant gefunden und war erstaunt, daß sie so etwas hat, weil sie von der Zahnpflege nicht sehr viel hält. Mein Zahnarzt war auch dort und sagte, daß das eine gute Munddusche sei. Und ich trug irgendeinen Pullover und da sagte sie: ‚Nicht

wahr, Du hast wieder etwas gekauft, Du schaust auch nicht aufs Geld.' Da
sagte ich: ‚Solange ich's noch habe, kann ich's auch ausgeben. Aber der
Pullover hat nur 25 Franken gekostet, hoffentlich hält er.' Da fand sie, daß
ich etwas unrealistisch sei. Sie habe die gleiche Sorte Pullover gekauft, aber
der habe 140 Franken gekostet. Dann würden diejenigen für 25 Franken ja
nicht so wahnsinnig lange halten."

Der erste Traum stellt eine Situation dar, die aus dem Wachleben
gegriffen sein könnte. Die Träumerin macht Autofahrten in einer ihr
vertrauten Umgebung, wobei meistens nahe Bezugspersonen am
Steuer sitzen und sie nur einmal allein fährt. Auffallend ist das
mehrfache Überqueren derselben Kreuzung, es wirkt zeitlich ver-
dichtet und ist zudem nicht in eine Rahmenhandlung eingebettet.
Weiterhin ist es zwar nicht ungewöhnlich, daß politische Plakate den
Straßenrand säumen, hier hat der Traum aber ein unwirkliches Element eingeführt, weil der Vater der Träumerin, der auf den Plakaten
für sich wirbt, in der Realität mit Politik gar nichts zu tun hat.

Der zweite Traum greift ein ganz anderes Thema auf. Er stellt in
drastischer Überzeichnung eine erfundene Situation dar, in der ein
bizarrer Wettbewerb vorbereitet wird. In einer nicht näher bestimmten Umgebung beobachtet die Träumerin fasziniert, wie zwei fremde
Jugendliche siegesgewiß ein überdimensional großes Stück Fleisch,
Sinnbild des Animalischen, bearbeiten.

Der dritte Traum geht von der Situation aus, in der sich die
Schläferin gerade befindet, es hat aber, gemessen an der Wirklichkeit, ein Personentausch stattgefunden, da an die Stelle der Versuchsleiterin ein fremdländisch aussehender Mann getreten ist. Darüber hinaus verhält sich die Träumerin nicht gefügig, wie es von einer
Versuchsperson erwartet wird, sondern sie befreit sich selbst von den
Elektroden, um den Versuchsleiter nicht an sich heranzulassen.

Der vierte Traum versetzt die Träumerin in die vertraute Wohnung ihrer Schwester und hier findet ein lebhafter verbaler Austausch statt, bei dem die Träumerin sowohl Nachgebende wie Kriti-
sierende ist. Der Traum ist einerseits nicht ungewöhnlich, die Schwe-
stern sprechen über Haushaltartikel und Kleidung und die Ehe der
Schwester kommt zur Sprache. Andererseits sind mehrere traumhaf-
te Elemente eingeflochten: In der Wohnung der Schwester findet ein
Traumexperiment statt, der Ehemann ist, abweichend von der Realität ein Traumforscher, und der Zahnarzt steht plötzlich im Badezimmer und mischt sich in das Gespräch ein.

Die Träume aus dieser Nacht beeindrucken durch ihre szenische
Geschlossenheit und durch den Wechsel der Traumbühne und der

Akteure. Betrachten wir die ganze Traumserie, dann zeigt sich kein linearer Anstieg der traumartigen Qualität vom ersten bis zum letzten Traum, die Traumthemen verändern sich auch nicht kontinuierlich vom Alltäglichen bis hin zum Phantastischen. Vielmehr finden sich ungewöhnliche Elemente in jedem Traum, die, mit Ausnahme des zweiten Traums, immer mit realen Situationen vermischt sind. Auch die verschiedenen Längen der REM-Phasen, die den Weckungen vorausgingen, stehen nicht in eindeutiger Beziehung zur Vielschichtigkeit des Traumerlebens. Zwar hebt sich der letzte Traum, der aus der längsten REM-Phase stammt, in seinem Umfang deutlich von den übrigen Träumen ab, doch ist er nicht der phantastischste Traum, sondern hier nimmt der animalische Wettkampf des zweiten Traums aus der zehn Minuten langen REM-Phase den ersten Platz ein.

Obwohl es natürlich auch Beispiele gibt, in denen die Träume einer Nacht klare Übergänge von wachnäheren zu wachferneren Themen und einen graduellen Anstieg der traumartigen Qualität zeigen, folgen Träume einer Nacht in der Regel nicht solchen vorhersagbaren Veränderungen, sondern sie stellen eher in sich geschlossene Erlebniseinheiten dar.

Der Vergleich von Träumen aus verschiedenen Schlafphasen

Träume aus der Einschlafphase, den NREM-Schlafstadien und dem REM-Schlaf grenzen sich einerseits in quantitativer und qualitativer Hinsicht so deutlich voneinander ab, daß es sinnvoll erscheint, von verschiedenen Arten von Träumen zu sprechen. Andererseits weisen aber die Überschneidungen dieser Traumklassen darauf hin, daß eine solche Einteilung des Schlaferlebens nicht immer trennscharf ist. Die Unterscheidung von Träumen aus verschiedenen Schlafstadien wird in der Traumforschung aber weiterhin beibehalten, weil die Frage besonders interessant ist, ob die Traumgenerierung in den verschiedenen psychophysiologischen Zuständen jeweils anders gesteuert wird.

Mit einem Zuordnungsversuch hat eine Forschungsgruppe überprüft, ob man allein aufgrund eines Traumberichts bestimmen kann, aus welcher Schlafphase er stammt (Monroe, Rechtschaffen, Foulkes & Jensen, 1965). Unabhängigen Beurteilern gelang es hier, in neun von zehn Fällen REM- und NREM-Berichte richtig einzuordnen. Die Trefferquote war am höchsten, wenn jeweils Paare von

REM- und NREM-Träumen vorgelegt wurden, die von demselben Träumer berichtet wurden, die aus derselben Versuchsnacht stammten und die zudem zeitlich nahe beieinanderlagen.

An einer unserer Serien von REM- und NREM-Träumen, die eine 45-jährige Schulsekretärin in der vierten Versuchsnacht erinnerte, veranschaulichen wir solche Zuordnungen.

1. Weckung 1:15 Uhr: REM-Phase

„Es ging um ein Ehepaar, wo der Mann schon nicht mehr vorhanden war. Und sie war jetzt da arm und geschlagen. Es war so wie ein Spiel, was die da gemacht haben. Und sie war immer sehr unterdrückt, während er mit einem bösen Charakterzug ausgestattet war. Und eines Tages, als man es träumte, war das schon vorbei. Sie hat es dann vielleicht erzählt oder ich habe es rückwirkend gesehen. Jedenfalls hatten die zusammen in dem Haus gelebt. Und sie hat irgendwelche Lampen einschalten müssen, und die haben ganz wüst gestrahlt. Jedenfalls hat sie voller Triumph gesagt: ‚Wenn er das heute hier erlebt hätte, das hätte er nicht überlebt.‘"

2. Weckung 2:36 Uhr: Schlafstadium 2

„Da hat irgendeiner, ich weiß nicht wer, gesagt: ‚Wenn Sie das nächste Mal vom Sexualleben träumen, müssen wir das anders einteilen.‘ Und dann war das so eingeteilt, als wenn lauter Wickelbrötchen dalägen, auf einer Reihe fünf oder sechs. Und dann waren da Zahlen daruntergeschrieben, es war wie eine große Tafel."

3. Weckung 4:12 Uhr: REM-Phase

„Da hat mir eine die Haare gebürstet, und die waren nicht so kurz wie jetzt, sondern ich hatte sie länger. Sie hat sie ganz stark gebürstet, und ich dachte schon: ‚Die kommen bestimmt nicht ins Sitzen.‘ Und dann hat sie nochmal so drumherum geguckt und hat gesagt: ‚Das ist aber keine Frisur.‘ , Ja, das weiß ich, das sitzt einfach so nicht, da muß man die viel stärker nach innen bürsten.‘ Das hat die dann nochmal getan, und dann saßen sie."

4. Weckung 5:16 Uhr: Schlafstadium 2

„Prüfungspläne, Prüfungspläne setzen sich eben um bei mir. Das ist alles Schule. Da war wieder so ein Riesenplan eingeteilt, ich konnte ihn gar nicht erkennen, mit vielen Zahlen. Habe überlegt, und dann ist mir eingefallen, natürlich Prüfungsplan. Sofort war der mir ganz geläufig, obgleich er sinnlos war, denn er war in Felder eingeteilt von vorne bis hinten, genau gleichmäßig, und es war letztlich außer Zahlen nichts darauf zu erkennen. Ich fand das völlig in der Ordnung und richtig, habe ihn etwa keineswegs schwierig gefunden."

5. Weckung 5:53 Uhr: REM-Phase

„Wir standen in einer Straße und da waren viele Autos geparkt, so dicht, daß man gar nicht herauskonnte. Und ein Wagen, den wir gerne herausgehabt hätten, der setzte sich plötzlich in Bewegung, ganz genau nach vorn, und damit war die Lücke da. Wir haben uns unterhalten, standen so drumherum. Da sagte ich: ‚Ach, wenn man in Frankreich so furchtbar schnell fährt, da kommen die Flic-Flacs.' Da sagte einer neben mir: ‚Die kommen nicht, die sind schon da.' Da sagte ich: ‚Ja, halten die so jeden Wagen an?' ‚Jeden, ob das so ein Franzose ist oder ein anderer, das ist ganz gleich.' Und da bin ich mit den Polizisten so eingehakelt gegangen. Da kamen Kolleginnen von mir dazu und sagten: ‚Ach, jetzt werden sie bestochen, die beiden Polizisten da.'"

6. Weckung 6:52 Uhr: Schlafstadium 2

„Vor mir her gingen ganze Mengen von jungen Mädchen, alle nur von hinten zu sehen, durcheinander wie Gänse. Da habe ich gesagt: ‚Was ist das denn da vorne?' Da gab mir jemand, Mann oder Frau, einen ganzen Packen Karteikarten und sagte: ‚Das sind doch alles die Fortgeschrittenen.' Und da habe ich gemeint: ‚Ach, weil sie fortschreiten.' Der Andere sagte: ‚Aber, aber, steht ja alles auf den Karten drauf.' Ich: ‚Sind die alle drauf?' ‚Ja, sind alle drauf.' Dann habe ich auf die Karten geguckt und sagte: ‚Das sind aber alles Männer, das ist verwechselt.' Und dann habe ich ganz schnell nachgeschaut und sagte: ‚Naja, es wird schon stimmen mit diesen Mädchen.' Damit drehten die sich herum und ich sagte: ‚Das sind ja tatsächlich Männer, da bin ich in der falschen Schule.'"

Obwohl sich die sechs Träume dieser Nacht in ihrem Umfang und ihrer Ausgestaltung unterscheiden, fällt keiner dieser Berichte als ausschließlich fragmentarisch und gedankenartig auf, um als ‚typischer' NREM-Traum eingestuft zu werden. Führen wir allerdings einen paarweisen Vergleich durch, dann können wir die NREM-Berichte schon eher von den REM-Träumen abgrenzen.

Den beiden ersten Träumen der Nacht sind mehrere Merkmale gemeinsam: Die szenische Ausgestaltung ist nur ansatzweise gegeben, es kommt wörtliche Rede vor, es sind bizarre Elemente eingestreut, und das Traumich ist lediglich als Zuschauer beteiligt. Der REM-Traum ist umfangreicher, aber er enthält nur ein deutlich visuelles Element, nämlich die strahlenden Lampen, die Vorgeschichte des Ehepaares ist dagegen in Form von Wissen präsentiert. Der NREM-Traum ist in seiner Thematik zwar abstrakter, aber er setzt das Problem der Einteilung des Sexuallebens anschaulich in das Bild der Wickelbrötchen um. Trotz der Gemeinsamkeiten würde eine richtige Zuordnung vielleicht gelingen, weil der NREM-Traum sich durch stärkere Unverbundenheit auszeichnet und die Person des Sprechers und die Umgebung unbestimmt bleiben, während der REM-Traum mehr Aktivitäten enthält und deutlichere szenische Ansätze aufweist.

Das zweite Traumpaar zeigt die prägnantesten Unterschiede. Der REM-Traum stellt eine kurze, aber konkrete Frisierszene dar, in die die Träumerin direkt einbezogen ist. In dem NREM-Traum dagegen sieht die Träumerin nur den Prüfungsplan, über den sie sich realitätsbezogene Gedanken macht. Interessanterweise kehrt hier, wenn auch in anderer Umsetzung, das Thema der Einteilung aus dem ersten NREM-Traum wieder.

Die beiden letzten, gegen Morgen erinnerten Träume zeigen die größten Ähnlichkeiten. Sie sind vergleichbar in bezug auf ihre Länge, ihre Aktivitätsdichte und die Anwesenheit weiterer Traumfiguren, mit denen die Träumerin sich lebhaft unterhält. Auch finden sich in beiden Träumen gewisse Ungereimtheiten, sei es, daß ein Auto sich plötzlich bewegt, die Polizisten Flic-Flacs genannt werden oder die vermeintlichen Mädchen eigentlich Männer sind. Die Gemeinsamkeiten stehen hier im Vordergrund, und erst wenn wir unsere Aufmerksamkeit auf Unterschiede richten, fallen uns feinere Abweichungen auf, die auf eine größere Konkretheit des REM-Traums hinweisen: Der REM-Traum zeichnet sich durch eine etwas deutlichere Umgebung aus, während im NREM-Traum die Szenerie unbestimmter bleibt. Im REM-Traum treten klarer identifizierte Personen, nämlich Kolleginnen und Polizisten auf, während im NREM-Traum die Personen nicht nur anonym, sondern auch in ihrer Geschlechtsidentität unbestimmt bleiben.

Bei der Betrachtung der gesamten Traumserie fällt weiterhin auf, daß alle NREM-Träume Elemente enthalten, die sich in irgendeiner Weise auf die berufliche Situation der Träumerin beziehen, eine Einteilung, ein Prüfungsplan oder Karteikarten von Schülern. Die REM-Träume dagegen präsentieren sich als Situationen, die keine thematische Verknüpfung zeigen und jedesmal neue Lebensausschnitte auswählen. Vielleicht zeichnet sich in diesem Beispiel ein wesentlicher Unterschied in der Produktion von REM- und NREM-Träumen ab, im NREM-Schlaf scheinen Träume eher um das gleiche Thema zu kreisen, während REM-Träume aus einem reicheren Fundus schöpfen.

Einen systematischen Vergleich in bezug auf übergeordnete formale und inhaltliche Kategorien von Träumen aus verschiedenen Schlafstadien hat die Arbeitsgruppe von David Foulkes vorgestellt (Foulkes & Schmidt, 1983). Sie haben von 23 Versuchspersonen in je drei Nächten Einschlaferlebnisse, NREM-Träume und REM-Träume gesammelt. Anschließend haben sie zunächst alle Träume in

Handlungseinheiten zerlegt und für jede Einheit bestimmt, ob das Traumich oder andere Personen beteiligt waren und in welcher Umgebung sie sich befanden. Innerhalb jedes Traums haben sie dann die Kontinuität der kodierten Inhalte über die Einheiten hinweg ausgewertet.

Erwartungsgemäß unterschieden sich die drei Klassen von Träumen in ihrem Umfang. REM-Träume waren in der Regel etwa viermal länger als Einschlaferlebnisse und NREM-Träume. Sie zeigten darüber hinaus auch eine größere Kontinuität, indem einmal eingeführte Orte und Personen über längere Zeit hinweg in das Traumgeschehen einbezogen blieben. Unabhängig davon, wieviele Handlungseinheiten die Träume aufwiesen, enthielten die NREM-Träume weniger Traumfiguren und das Traumich war häufiger unbeteiligt, hier standen also die NREM-Träume dem Einschlaferleben näher als den REM-Träumen.

Diese Ergebnisse bestätigen zunächst nur Unterschiede, die bereits aus früheren Untersuchungen bekannt sind. Um noch eingehender zu überprüfen, welchen Einfluß der Umfang der Träume auf ihre Reichhaltigkeit hat, haben Foulkes und Schmidt Traumpaare gleicher Länge aus den verschiedenen Schlafstadien ausgewählt. Sie konnten zeigen, daß bei vergleichbarer Länge die Unterschiede zwischen Träumen aus verschiedenen Schlafstadien weniger prägnant sind. Sowohl bei NREM- als auch bei REM-Träumen werden Reichhaltigkeit und Kontinuität mitgetragen von dem Ausmaß des Traumgeschehens. Je länger ein Traum ist, unabhängig davon, aus welchem Schlafstadium er stammt, desto zusammenhängender und erlebnisdichter ist er.

An der Universität Bologna hat Corrado Cavallero mit seinen Kollegen in einer Reihe von Experimenten untersucht, ob in den Träumen der verschiedenen Schlafstadien jeweils anderes Gedächtnismaterial verarbeitet wird (Cavallero, Cicogna & Bosinelli, 1988). Sie haben Träume aus der Einschlafphase, dem NREM- und dem REM-Schlaf erhoben und ihre Versuchspersonen anschließend gebeten, zu den einzelnen Traumsegmenten frei zu assoziieren. Die Einfälle der Träumer wurden dann in drei Klassen eingestuft: in episodische Erinnerungen, die konkrete Lebensereignisse betrafen, in Aussagen, die zum allgemeinen Wissen gehören und in Assoziationen, die sich auf die eigene Person bezogen. Die Träume aus den verschiedenen Schlafstadien zeigten unterschiedliche Gewichtungen der Traumquellen: Die Einfälle zu den REM-Träumen waren stärker auf das Alltagswissen bezogen, während die Einschlaf- und NREM-

Träume mehr mit Erinnerungen an konkrete Lebensereignisse verknüpft waren. Aber auch in dieser Studie verwischten sich die Unterschiede, da längere NREM-Träume auch Material aus dem allgemeinen Erfahrungsschatz einbezogen.

Der Traumforscher Alan Moffitt hat mit seiner Arbeitsgruppe Selbstreflexion in Träumen näher untersucht (Purcell, Mullington, Moffitt, Hoffmann & Pigeau, 1986). Sie haben Träume aus den Schlafstadien 2 und 4 und dem REM-Schlaf anhand einer Skala kodiert, die verschiedene Stufen des Denkens beschreibt. In allen Schlafstadien wurden Träume erlebt, die von Denkvorgängen begleitet waren, aber in REM-Träumen machten sich Träumer häufiger Gedanken über den Traum und über sich selbst, während sie sich in den Träumen des NREM-Schlafs mehr unreflektiert dem Geschehen überließen.

Der Traumforscher John Antrobus vertritt die Ansicht, daß NREM- und REM-Träume nach den gleichen Regeln generiert und gespeichert werden, aber verschieden gut abrufbar sind. NREM-Berichte seien nur deshalb kürzer und weniger ausgestaltet, weil es schwerer ist, diese Träume in den Wachzustand zu überführen (Antrobus, 1983). David Foulkes betont ebenfalls den Einfluß, den die Erinnerungsfähigkeit auf die verschiedenen Klassen des Schlaferlebens hat, er meint aber, es sei noch nicht entschieden, ob die unterschiedliche Aktivierung, die die verschiedenen Schlafstadien charakterisiert, sich nicht gleichzeitig in bestimmten Schattierungen des Traumerlebens spiegelt.

Auch wenn der Zusammenhang zwischen Traumerleben und Schlafstadium allgemein nicht besonders eng ist, so hat sich doch eine interessante Zuordnung bei der besonderen Klasse der Alpträume ergeben. Alpträume sind intensive Angsterlebnisse, die mit einem jähen Aufwachen verbunden sind. Dieses plötzliche Aufwachen geht einher mit Schreien und Umsichschlagen, mit intensiver körperlicher Erregung und mit Schwierigkeiten, sich in der wachen Umwelt zurechtzufinden. Menschen, die solche Alpträume erleben, können sich meist nicht erinnern, was diese Ängste ausgelöst hat. Wenn sich Erinnerungen einstellen, dann beziehen sie sich überwiegend auf elementare Angstthemen, wie das Gefühl des Eingeengtseins, Fallens, Sterbens oder Bedrohtwerdens. Diese Erinnerungen sind szenisch meistens wenig ausgestaltet und beeindrucken durch ihren archaischen Charakter.

Der New Yorker Psychoanalytiker Charles Fisher hat als erster das Phänomen der Alpträume eingehend im Schlaflabor untersucht

(Fisher, Byrne, Edwards & Kahn, 1970) und herausgefunden, daß Alpträume ausschließlich an den Tiefschlaf gebunden sind. Er konnte bei vielen Schläfern, die unter Alptraumattacken litten, beobachten, wie während des ruhigen Tiefschlafs ganz unvermittelt der Puls auf das Zweifache anstieg, die Schläfer hochschreckten und Minuten brauchten, bis sie realisierten, wo sie sich überhaupt befanden. Das Alptraumerleben war dann besonders intensiv, wenn die vorangegangene Tiefschlafphase lange gedauert hatte.

Während Alpträume eher seltene Ereignisse sind, die vor allem im Kindes- und Jugendalter sporadisch auftreten und nur bei wenigen Erwachsenen fortdauern, heben sie sich deutlich ab von den häufigeren Angstträumen. Der Psychiater und Schlafforscher Ernest Hartmann hat in seinem Buch ‚The nightmare‘ physiologische und psychologische Aspekte der Angstträume beschrieben und ihre Abgrenzung gegenüber den Alpträumen herausgearbeitet (Hartmann, 1984). Angstträume werden vorwiegend im REM-Schlaf erlebt und gehören eher zum Traumalltag. Sie können zwar auch von großer Erregung begleitet sein, aber hier wachen Schläfer ohne motorische Unruhe auf, orientieren sich leichter und erinnern sich detaillierter an konkrete angstbesetzte Trauminhalte.

Die Ausgangsfrage, ob das Erleben im Schlaf eher einheitlich ist, oder ob es schlafstadienspezifische Träume gibt, kann aufgrund unseres heutigen Wissens noch nicht abschließend beantwortet werden. Träume aus der Einschlafphase, aus den NREM-Stadien und aus dem REM-Schlaf zeigen zwar spezifische Gewichtungen in ihren formalen und qualitativen Eigenschaften, es gibt aber auch immer wieder Überlappungen, die eine eindeutige Zuordnung jedes einzelnen Traums verhindern. Da wir immer nur Träume untersuchen können, die der Erinnerung zugänglich sind, ist auch das Problem nicht zu lösen, ob Unterschiede zwischen stadienspezifischen Träumen letztlich nicht nur eine Folge des leichteren oder erschwerteren Zugriffs sind.

Quellen des Traums

Träume erstaunen uns immer wieder, weil sie uns in Situationen versetzen, die unser Tageserleben nicht wirklichkeitsgetreu aufgreifen oder fortführen. Diesen Eindruck gewinnen wir vor allen Dingen dann, wenn wir den Traum in seiner geschlossenen Gestalt ansehen. Betrachten wir jedoch seine einzelnen Bestandteile, dann stellen wir fest, daß sie alle aus unserer Wacherfahrung stammen und nicht zum ersten Mal im Traum auftauchen. Wir erkennen diese Traumelemente, wir können sie bezeichnen, sie sind nicht an sich fremd, sondern nur ihre Einbettung in die Traumsituation ist ungewöhnlich. Die Abweichung von der Wirklichkeit, die uns verwundert, bezieht sich also nicht auf die Bausteine des Traums, sondern auf die Art und Weise, wie diese immer wieder neu zusammengefügt werden.

Der Träumer erfindet den Traum und daher sind die Quellen aller Traumentwürfe in seinem Gedächtnis aufzuspüren. Die Trauminhalte sind allgemein bestimmt von dem Wissen, über das ein Träumer verfügt, von den Erfahrungen, die er im Laufe seines Lebens gesammelt hat und von den Gedanken, die er sich über sich selbst und die Welt macht. Auch wenn in einen Traum nur das eingehen kann, was in dem Gedächtnis eines Träumers in irgendeiner Form gespeichert ist, so stellt sich doch die interessante Frage, welche zeitlichen Beziehungen zwischen dem Repertoire der Träume und den Wacherfahrungen bestehen. Wie häufig greift der Traum Geschehnisse auf, die in der frühen Lebensgeschichte ihren Ursprung haben? In welchem Ausmaß werden Träume bestimmt von Ereignissen, die in der aktuellen Lebenssituation stattgefunden haben? Welchen Stellenwert haben unmittelbar vorangegangene Tageseindrücke im Traum und inwieweit kann darüber hinaus ein Träumer Signale verarbeiten, die während des Schlafs auf ihn einwirken?

Traumelemente in ihrem Zeitbezug

Wenn wir uns darauf zu besinnen versuchen, auf welche Quellen die Trauminhalte zurückgehen, dann decken wir meistens vielschichtige zeitliche Zusammenhänge auf, die von der unmittelbaren Vergangenheit bis in die frühe Kindheit zurückreichen können. Allerdings wird uns auch immer wieder auffallen, daß Träume bevorzugt Anregungen des vorangegangenen Tages heranziehen. Sigmund Freud, der diese Traumquelle Tagesrest nannte, hat mit seinen detaillierten Traumanalysen nachgewiesen, wie jeder Traum an einen Tagesrest anknüpft, der jedoch wiederum assoziativ mit früheren Lebensereignissen und mit unbewußten Wünschen verbunden ist.

Um den zeitlichen Stellenwert von Traumepisoden herauszufinden, müssen wir den Träumer fragen, worauf er die Inhalte seiner Träume zurückführen kann und wie weit diese Erfahrungen zurückreichen. Das Aufspüren solcher Traumquellen ist allerdings sehr schwierig, weil es nicht nur hohe Anforderungen an die Introspektion und das Gedächtnis eines Träumers stellt, sondern weil Träume sehr dicht und verzweigt mit der Lebensgeschichte verwoben sein können.

Wie komplex eine solche Datierung schon bei einem kurzen und konkreten Traum sein kann, verdeutlicht ein Beispiel aus dem Traumtagebuch einer 28-jährigen Frau:

> „Ich bin in meiner Wohnung mit Anita und Bruno und bereite ein Essen vor. Bruno nähert sich mir, ich versuche ihn wegzuschieben. Dann bin ich mit fremden Leuten auf einer großen Gesellschaft, es werden rote Hüte verteilt. Ich treffe dort Doris und Helene, die mir von ihrem Aufenthalt in einer psychiatrischen Klinik erzählen. Später wird mir klar, daß sich die ganze Szene an einem Ort in England abspielt."

Die zeitlichen Angaben der Träumerin bezogen sich darauf, wann sie den einzelnen Traumelementen in der Realität zuletzt begegnet war. Die Personen Anita und Bruno gehen unmittelbar auf Tagesreste zurück, sie hat die beiden Freunde noch am Vortag gesehen. Ein Essen hat sie in der eigenen Wohnung zuletzt vor drei Tagen vorbereitet, als sie Anita und einen anderen Bekannten eingeladen hatte. Die Handlung ‚Bruno nähert sich, ich weise ihn zurück' bezieht sich auf einen bereits vier Tage zurückliegenden Vorfall, als allerdings ein anderer, nicht im Traum auftauchender Bekannter einen unerwünschten Annäherungsversuch machte. Der Inhalt „fremde Leute auf einer großen Gesellschaft" ist zeitlich nicht einzuordnen, die Träumerin konnte diese eher unspezifische Situation nicht mit einem konkreten Erlebnis in Zusammenhang bringen. Das Element „rote Hüte" hingegen erhält einen zweifachen Zeitbezug. Die Träumerin hatte Anita vor sechs Tagen ihren roten Hut für eine Karnevalsveranstaltung geliehen, sie hatte aber am Vortag einen ähnlich geformten, jedoch andersfarbigen Hut in einem Geschäft zum Spaß aufgesetzt. Die Bekannten Doris und Helene hat die Träumerin zuletzt vor drei Wochen gesehen. Doris war vor zwei Jahren in einer psychiatrischen Klinik, worüber bei diesem Treffen auch gesprochen wurde. Die Szenerie England führt schließlich am weitesten in die Vergangenheit der Träumerin zurück, da sie eine Englandreise vor zehn Monaten unternommen hatte.

In diesen Traum sind Tagesreste, Erlebnisse der vergangenen Woche, aber auch mehrere Monate alte Erfahrungen eingegangen. Die Zeitbezüge sind zudem miteinander verknüpft, indem Vorgänge, die einige Tage zurückliegen, durch Ereignisse des Vortags wieder aufgefrischt wurden. Wir können diesen Traum aufgrund der unterschiedlichen Zeitreferenzen nicht global einstufen, weil der Ort der Traumhandlung weiter in die Vergangenheit zurückreicht als die Datierungen der Personen und Gegenstände. Darüber hinaus ist interessant, daß der affektbesetzten Traumsituation des Annäherungsversuchs kein Tagesrest, sondern ein mehrere Tage zurückliegendes Ereignis zugrundeliegt, allerdings hat der Traum diese Situation mit Hilfe eines Personentauschs in einen Tagesrest eingebettet.

In diesem Beispiel hat die Träumerin versucht, Szenerie, Personen und Handlungen des Traums auf konkrete Erfahrungen ihres Lebens zu beziehen. Träume werden aber nicht nur angeregt von Ereignissen, die sich in der Realität abspielten, sondern natürlich auch von den Gedanken und Vorstellungen, die einen Menschen beschäftigen. Deshalb müssen wir bei einer Zeitbestimmung auch fragen, wann die Traumelemente zuletzt im Denken eine Rolle gespielt haben. Eine solche Aufgabe ist besonders schwierig, weil im Laufe eines Tages unendlich viele Dinge durch unseren Kopf gehen. So hat die Träumerin den Annäherungsversuch in ihrem Traum als konkretes Erlebnis vier Tage zurückdatiert, wir können uns aber leicht vorstellen, daß dieser Vorfall sie auch noch in den letzten Tagen in Gedanken beschäftigt hat, ebenfalls muß offenbleiben, ob sie an ihre Bekannten Doris und Helene, die sie vor drei Wochen getroffen hat, nicht in der Zwischenzeit gedacht hat.

Der Vielschichtigkeit des Zeitbezugs sind wir nachgegangen, indem wir im Labor Träumer eingehend befragt haben, auf welche Quellen sie die Inhalte ihrer Träume zurückführen können. In dieser Studie haben wir berücksichtigt, daß Traumbausteine sich nicht nur auf Wahrnehmungen beziehen, sondern auch Vorstellungen und Gedanken aufgreifen können. Am Morgen haben wir daher die Träumer gebeten, sich auf zwei Zeitbezüge zu besinnen: zum einen, wann sie einzelne Personen, Orte und Gegenstände, die in ihren Träumen auftauchten, zum letzten Mal in der Realität angetroffen und zum andern, wann sie zuletzt in ihren Gedanken eine Rolle gespielt haben. Schließlich sollten sie auch noch angeben, wann ein Traumelement in ihrem Leben zum erstenmal aufgetaucht war. Mit diesen Fragen wollten wir herausfinden, aus welchen Speichern Träume ihre Vorlagen holen, ungeachtet der persönlichen Sinngebung, die ihnen im Zusammenhang des Traumgeschehens gegeben werden kann.

Anhand von zwei REM-Träumen einer Germanistikstudentin veranschaulichen wir zunächst einmal, wie unterschiedlich solche Zeitangaben sein können:

> „Ich war mit jemandem irgendwo in einem Raum. Und der hat immer gesagt: ‚Nein, das geht da nicht, das ist nicht die richtige Umgebung für meinen Film, für den Schluß müssen wir etwas anderes haben, hier können wir ihn nicht spielen.‘ Und dann sind wir zusammen weggegangen und eine Straße mit schönen Häusern entlangspaziert. Es war so eine Wohnstraße in einem ruhigen Teil einer Stadt, mit wenig Gärten, nicht eigentlich belebt. Und er hat eine große schwarze Aktentasche getragen. Dann ist er ein Stück vorausgegangen und ist vorne so in einer Häuserzeile in ein Haus hineingegangen und wieder herausgekommen und hat dann dort vorne auf mich gewartet. Und ich bin relativ langsam auf ihn zugelaufen und habe so ein bißchen herumgeschaut, und plötzlich sehe ich, daß alles mehr belebt ist, als ich gedacht habe. Und in dem Haus dort standen oben am Fenster Leute, und es kamen auch Leute heraus, und es sind Leute herumspaziert. Ich habe nicht gesehen, wer diese Leute sind, und das hat mich gestört. Ich hatte immer das Gefühl, ich sei noch so weit von dem Haus weg, daß ich die Leute noch nicht erkennen kann. Und ich hatte auch das Gefühl, ich käme gar nicht näher auf das Haus zu, obwohl ich ganz angestrengt auf das Haus zugelaufen bin, und es auch schon immer größer geworden ist. Und ich habe dann mit dem Mann angefangen zu schwatzen, weiß aber nicht mehr worüber.“
>
> (weiblich, 24 Jahre, 3.Nacht, 2.REM-Phase)

Die Träumerin konnte keine Einzelheit dieses Traums einer spezifischen Episode ihres Lebens zuordnen. Der Mann war ihr fremd und die anderen Leute waren nicht deutlich genug zu erkennen. Die Traumumgebung hätte für viele Szenerien stehen können, die sie im Laufe ihres Lebens gesehen hat, sie erinnerte sich aber nicht, in letzter Zeit oder früher durch eben eine solche Wohngegend gegangen zu sein. Schließlich weiß die Träumerin natürlich, was eine Aktentasche ist, aber diese spezielle schwarze Traumaktentasche kam ihr nicht bekannt vor.

Dieses Beispiel veranschaulicht, daß der Traum von Vorlagen ausgehen kann, die allgemein im Wissen über die Welt verankert sind. Häuser, Mann, schattenhafte Leute, das Laufen auf einer Straße, dies alles sind alltägliche Erfahrungen, die immer wieder in neuer Ausgestaltung variieren, sie müssen keinen spezifischen episodischen Stellenwert haben.

Wenn Traumbausteine zeitlich nicht datiert werden können, dann gilt das nur für ihre unmittelbare Erscheinungsweise, nicht aber für ihren Symbol- und Deutungsgehalt. Über die Assoziationen eines Träumers könnten auch solche Traumelemente eine Verankerung in der Lebensgeschichte aufzeigen, die aufgrund unserer Befragung als unspezifisch eingestuft wurden. So wies beispielsweise in diesem Traum die Aktentasche keinen Zeitbezug auf, sie könnte aber die Träumerin an eine andere Aktentasche erinnern, die ihr Vater besessen hat und somit diese Beziehung ansprechen, oder sie könnte symbolischer Ausdruck sein für einen angestrebten beruflichen Aufstieg.

In ihrem zweiten Traum konnte die Träumerin dagegen die meisten Elemente auf episodische Wacherfahrungen zurückführen:

> „Ich saß in einem Raum an einem großen ovalen Tisch, und am anderen Ende saß Markus und hat gezeichnet. Er hat ein Blatt Papier vor sich gehabt und zwei Kartonschachteln. Eine war zu, und bei der anderen war der Deckel halb offen, und darin waren alle möglichen Zeichenutensilien, die er herausgenommen hat. Und dazu ist Musik gelaufen, von irgendeinem Tonband. Und ich saß am anderen Ende, und wir mußten auf etwas warten. Es waren irgendwo noch andere Leute, die auch alle warten mußten. Auf was, wußten wir nicht. Und dann bin ich aufgestanden und links zu einem Büchergestell mit lauter weißen Tablaren gegangen. Dort drin waren nicht nur Bücher, sondern ein Haufen anderer Sachen, so altes Spielzeug. Und dort habe ich dann auch Papier geholt, habe mich wieder an den Tisch gesetzt und den Markus gefragt, ob ich etwas von seinen Farben nehmen dürfe. Da waren Wasserfarben, Farbstifte und Kreiden. Und dann hat er so genickt. Und da nahm ich den Stift in die Hand und habe die ersten Striche aufs Papier gemacht."
>
> (weiblich, 24 Jahre, 2.Nacht, 4.REM-Phase)

Die Traumumgebung entspricht einem Zimmer in Wien, das die Träumerin mehrere Monate bewohnte, allerdings war der Raum im Traum teilweise anders eingerichtet. Während der ovale Tisch nach Wien gehört, steht ein solches Büchergestell im Hause ihrer Eltern, dort ist es aber nicht so groß wie im Traum. Die Träumerin ist vor neun Monaten aus ihrer Wiener Wohnung ausgezogen, denkt aber immer wieder daran zurück, bewußt zum letzten Mal vor vier Tagen. Das Büchergestell ihrer Eltern hat sie zuletzt vor zwei Wochen gesehen, aber Regale und Bücher gehören überhaupt zu ihrem

Alltag. In den Tablaren waren einerseits Bücher, die die Träumerin besitzt, andererseits befanden sich dort aber auch welche, die erst auf ihrer Anschaffungsliste standen. Die meisten Bücher sieht sie jeden Tag, es waren aber auch Bücher dabei, die sie auf dem Dachboden untergebracht hat und dort vor einer Woche zum letzten Mal gesehen hat. Markus ist ein Freund der Träumerin, den sie vor vier Tagen traf, an den sie aber am Vortag noch gedacht hat. Die anderen Leute im Raum, die sie nur schattenhaft wahrgenommen hatte, waren ihr unbekannt. Die Kartonschachteln und die Zeichenutensilien sind Eigentum der Träumerin. Die Schachteln, in denen sie alle möglichen Dinge aufbewahrt, hat sie vor fünf Tagen zum letzten Mal bewußt wahrgenommen, mit Zeichenmaterial jedoch beschäftigt sie sich täglich. Das Spielzeug ist zeitlich zweifach bestimmt: Einmal sind es Spielsachen, die bei ihr zu Hause tatsächlich im Büchergestell stehen, zum andern sind es Gegenstände, die sie letzte Woche auf dem Flohmarkt gesehen hat, und die sie gerne kaufen möchte. Die Szene, mit Markus an einem Tisch zu sitzen und zu zeichnen, erinnert sie an eine Situation vor einer Woche, als sie mit Markus zwar an einem anderen Tisch saß, er aber auch etwas zeichnete.

In diesem Traum sind die Zeitbezüge dicht miteinander verwoben. Umgebung, Personen und Objekte des Traums liegen in bezug auf die letzte Begegnung in der Realität auf einer Zeitachse, die sich vom Vortag bis neun Monate zurück erstreckt und auch die Zukunft einschließt. Dieser Zeitbezug verkürzt sich aber, wenn wir davon ausgehen, wann die Träumerin sich mit diesen Inhalten zuletzt in Gedanken beschäftigt hat. Darüber hinaus ist zu bedenken, daß alle Traumelemente, die den Alltag eines Menschen bestimmen, eigentlich immer einen Tagesbezug haben, auch wenn sie im Traum nicht in genau gleicher Gestalt auftreten. So ist der ganze Traum im Grunde genommen von Tagesresten angeregt worden, die aber in der Lebensgeschichte der Träumerin einen unterschiedlichen zeitlichen Stellenwert haben und die darüber hinaus zu einer neuen Traumgestalt zusammengefügt wurden.

Unsere Studie basiert auf fünfzig Träumen, die fünf Versuchspersonen berichteten. In der Nachbefragung haben sie insgesamt 80 Hauptfiguren, 39 Statisten, 74 Szenerien und 298 Gegenstände datiert.

Die Abbildung 24 veranschaulicht zunächst, wie oft die Versuchspersonen die verschiedenen Traumbausteine mit einer konkreten Episode ihrer Lebensgeschichte in Zusammenhang gebracht haben.

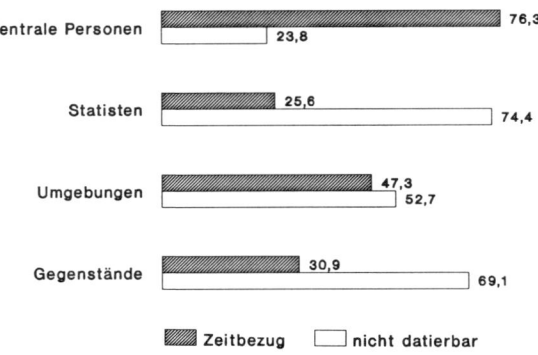

Zentrale Personen	76,3
	23,8
Statisten	25,6
	74,4
Umgebungen	47,3
	52,7
Gegenstände	30,9
	69,1

▨ Zeitbezug ☐ nicht datierbar

Abbildung 24: Der Zeitbezug der Traumelemente.
Der Vergleich von Traumelementen mit und ohne Zeitbezug in 50 REM-Träumen. Die Elemente verteilen sich auf 80 zentrale Traumpersonen, 39 ‚Statisten‘, 74 Szenerien und 298 Gegenstände.

Am häufigsten haben sie einen Zeitbezug bei Personen angegeben, die im Traum eine zentrale Rolle spielten, während Statisten auf der Traumbühne mit großer Mehrheit zeitlich nicht eingeordnet werden konnten. Von den Umgebungen erhielt nur knapp die Hälfte und von den Gegenständen sogar nur etwa ein Drittel eine zeitliche Markierung.

Die vielen Elemente ohne Zeitbezug verweisen auf zwei Strategien der Trauminszenierung: Zum einen bedient sich der Traum des universellen Wissens, zum andern formt er einzelne Elemente nur andeutungsweise aus, so daß sie für viele Konkretisierungen offenbleiben. Hier liegt eine Analogie zum Theater nahe, wo Statisten, Requisiten und Kulissen auch gegenüber den tragenden Personen in den Hintergrund treten und eher austauschbar sind.

In der Abbildung 25 haben wir dargestellt, wie sich die datierten Traumereignisse auf der Zeitachse verteilen, wobei wir bei dieser Auswertung nur die jüngste Erinnerung an einen Baustein berücksichtigt haben, unabhängig davon, ob er in der Wirklichkeit angetroffen wurde oder in Gedanken eine Rolle gespielt hatte.

Die Ergebnisse unterstreichen die große Bedeutung, die den Ereignissen des Vortags bei der Traumgestaltung zukommt. Tagesreste dominierten eindeutig, insbesondere befanden sich unter den Traumfiguren überwiegend Personen, mit denen sich die Träumer am Vortag noch in irgendeiner Weise beschäftigt hatten. Vergleichsweise selten traten Personen im Traum auf, die die Träumer schon längere Zeit aus den Augen verloren hatten. Traumumgebungen und Traumdinge waren zwar ebenfalls an erster Stelle mit dem Vortag verknüpft, hier waren aber auch häufiger weiter zurückliegende Bezüge anzutreffen.

Es ist schwer zu entscheiden, ob diese unterschiedlichen Verteilungen stärker auf die Traumgestaltung oder die Traumbewertung zurückzuführen sind. Für den Träumer ist es naheliegender, Personen in seine Träume einzubeziehen, die auch in seiner aktuellen Lebenssituation von Bedeutung sind, während Umgebungen und Gegenstände nur die Rahmenbedingungen schaffen, auf deren Hintergrund sich Traumsituationen abspielen. Es könnte natürlich auch sein, daß Träumer nur deshalb Traumpersonen als aktueller einstufen, weil sie sich leichter daran erinnern, wann sie einen Menschen zuletzt gesehen oder an ihn gedacht haben, während sie den Einzelheiten ihrer Umgebung tagsüber weniger Beachtung schenkten.

Weiterhin fällt auf, wie selten die Träumer länger als ein Jahr zurückliegende Zeitbezüge angegeben haben. Zudem reichten auch diese Referenzen unserer jungen erwachsenen Träumer keineswegs in die frühe Kindheit zurück, sondern höchstens in die Zeit ihrer Adoleszenz. Der Traum zieht demnach gewöhnlich nicht die gesamte Lebenserfahrung heran, sondern trifft eine Auswahl, die von den

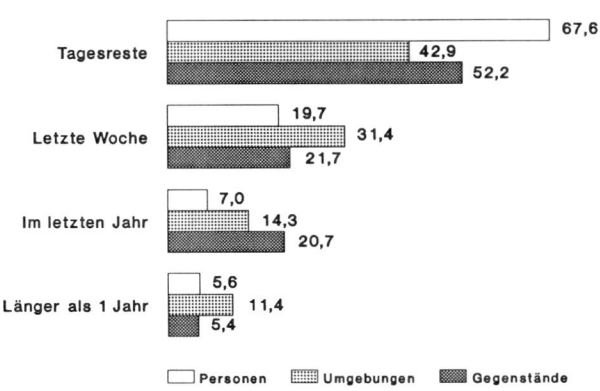

Abbildung 25: Die Zurückdatierung der Traumelemente.
Die Anordnung auf der Zeitachse von 198 datierten Traumbausteinen aus 50 REM-Träumen, prozentual aufgeschlüsselt für die drei Klassen von Elementen. Berücksichtigt wurde jeweils die jüngste Erinnerung, unabhängig davon, ob sie sich auf reale oder vorgestellte Begegnungen bezog.

persönlichen Interessen und den aktuellen Eindrücken gesteuert wird.

Die Verteilung der Datierungen innerhalb der fünfzig Träume zeigte, daß nur neun Träume keinerlei Zeitbezug aufwiesen. Weitere neun Träume waren eher vergangenheitsorientiert, da alle Zeitangaben länger als ein Tag zurücklagen. In die große Mehrzahl von 32 Träumen waren Tagesreste eingegangen. Diese Tagesreste durchzogen allerdings in den meisten Fällen nicht den ganzen Traum, sondern sie verbanden sich mit Erinnerungen der Träumer, die mehrere Tage und Wochen oder auch viele Jahre zurückreichen konnten und die nicht unmittelbar am Vortag in ihrem Bewußtsein im Vordergrund standen.

Auch wenn Tagesreste einen besonders großen Stellenwert in Träumen haben, so handelt es sich hier in der Regel nicht um völlig neue Erfahrungen, die am Vortag zum erstenmal in das Gedächtnis aufgenommen wurden. Für die Träumer waren nämlich diese Tagesreste keineswegs neu, sondern sie stuften sie als bekannte Elemente ein, die kürzlich nur wieder aufgefrischt worden sind.

Es ist letztlich natürlich nicht auszuschließen, daß alle Aspekte eines Traums in irgendeiner Weise am Vortag aktiviert worden sind. Weil aber die Eindrücke und Gedanken eines Tages so unendlich vielfältig sind und außerdem nicht überwiegend im Zentrum der Aufmerksamkeit stehen, ist es gar nicht möglich, alle diese Bezüge noch am nächsten Tag zu erinnern.

Der Einfluß der Vorschlafsituation auf den Traum

Den Einfluß von Ereignissen des Vortags auf den Traum können wir auch experimentell untersuchen, indem wir den Vortag spezifisch gestalten, die Situation unmittelbar vor dem Einschlafen variieren oder dem Träumer den Auftrag geben, ein bestimmtes Traumthema zu realisieren.

Die Traumerhebung im Schlaflabor ist eine standardisierte festgelegte Situation, weil Versuchspersonen, die an einem solchen Experiment teilnehmen, auf die gleichen Rahmenbedingungen und Anforderungen treffen. Die Umgebung, in der der Versuch stattfindet, ist genauso vorgegeben wie das Vorgehen des Versuchsleiters bei der Vorbereitung der Schlafmessung und der Traumerhebung. Die Laborsituation stellt darüber hinaus eine neue und für alle Versuchspersonen vergleichbare Erfahrung dar, und daher ist es besonders interessant zu beobachten, wie sie in den Träumen aufgegriffen und verarbeitet wird. Hinzu kommt der Vorteil, daß auch der Versuchsleiter in mancher Hinsicht beurteilen kann, ob und in welcher Weise Merkmale dieser Situation sich in den Träumen wiederfinden.

Ein Traumexperiment kann auf vielfältige Weise in das Schlaferleben Eingang finden. Als erstes Beispiel bringen wir einen Traum, in dem die Laborsituation das durchgehende Thema ist:

> „Du bist gerade hereingekommen, und ich habe gemeint, ich wäre wach. Und an der Tür stand noch eine zweite Person, ich weiß aber nicht, wer das war. Dann hast Du noch ein Gerät hereingeschleppt und hast gesagt, damit könnte ich besser schlafen. Und dann habe ich gesagt, ich wollte keine Spezialbehandlung. Und das Gerät war eine Kiste mit Schaltern und mit Kabeln aus Metall, die man am Kopf anmacht und die helfen sollen, daß man besser oder endlich schläft."
>
> (männlich, 22 Jahre, 2.Nacht, 2.REM-Phase)

Die Versuchssituation ist in diesem Traum einerseits wirklichkeitsgetreu repräsentiert, da der Träumer sich im bekannten Labor befindet und mit seinem Versuchsleiter spricht. Andererseits hat der Traum aber die reale Situation in mehrfacher Hinsicht erfinderisch abgewandelt. In Wirklichkeit bringt der Versuchsleiter während der Nacht nicht plötzlich ein zusätzliches Gerät herein und unter der Tür steht natürlich auch kein fremder Beobachter. Die Kiste, die den Schlaf herbeiführen und in erster Linie dem Traumforscher zu seinen Daten verhelfen soll, gehört ebenfalls in die Welt der Träume, wobei der Träumer sich verständlicherweise gegen eine solche experimentelle Manipulation zu wehren versucht.

Häufig war aber die Versuchssituation nur der Rahmen für ein Geschehen, das sich auf andere Orte und Inhalte ausweitete:

> „Ich bin am Morgen hier aufgewacht, und ich habe mich wahnsinnig geärgert, daß ich nicht mehr geträumt habe. Und da waren in diesem Haus hier ganz viele Leute. Und die haben da Spiegeleier gebraten und alles mögliche. Und das hat mich schon etwas geärgert, alle diese Leute da. Ich bin so umherspaziert mit meinen Elektroden, und irgendwann habe ich Dich aus dem Auge verloren. Du hattest ganz dickes rotes Haar. Und dann bin ich aus dem Haus gegangen und bin im Pyjama in der Stadt umherspaziert und dachte, ob ich Dich vielleicht sehen würde. Und dann sah ich Dich auf dem Fahrrad. Du warst im Morgenrock und warst geschminkt, ganz rote Lippen und rote Backen. Und dann sagte ich, ob ich nicht vielleicht zuerst meine Elektroden ablegen könnte. Und Du fandest, das wäre noch eine gute Idee. Und dann sind wir wieder nach Hause gefahren. Und auf dem Heimweg sind wir einer Frau mit ihrer Mutter begegnet. Diese Frau hatte zwei kleine Kinder bei sich, die saßen je auf einer Art Schlitten, den man mit einem Seil ziehen konnte.

Und dann hat sie uns, während wir auf dem Rad fuhren, die Schlitten mit ihren Kinder darauf zugeworfen, damit wir sie auffangen und in die andere Richtung mitnehmen. Sie fragte uns: ‚Könnt Ihr nicht meine Kinder mitnehmen?' Es ging bergauf, und dann mußten wir anhalten, weil es so gefährlich war. Und dann sagten wir, daß wir jetzt gar nicht mehr aufsteigen könnten, weil Glatteis war. Und diese Frau fand uns sehr doof. Da wurde ich wütend und sagte zu ihr: ‚Ja wissen Sie, wie gefährlich das ist? Nehmen Sie doch Ihre Kinder selbst mit.' Und ich habe ihr den Schlitten beinahe wie hingeschmissen. Und die war sehr erstaunt. Und dann sind wir weitergegangen hierhin ins Institut."

(weiblich, 23 Jahre, 1.Nacht, 4.REM-Phase)

Der erste Satz des Traums bezieht sich konkret auf das Aufwachen im Labor. Die Träumerin sieht sich allerdings von fremden Leuten umgeben, und die Versuchsleiterin bleibt zunächst unauffindbar. Auf der Suche nach ihr begibt sich die Träumerin, noch ausstaffiert als Versuchsperson, auf einen Spaziergang und trifft endlich die verändert aussehende, ebenfalls unpassend angezogene Versuchsleiterin. Gemeinsam erleben sie dann eine neue Situation, die ihre Aufmerksamkeit ganz in Anspruch nimmt. Erst als sie das Ansinnen der anspruchsvollen Mutter abgelehnt haben, die Kinder auf einem gefährlichen Weg zu begleiten, können sie in das Labor zurückkehren.

Dieser Traum veranschaulicht besonders eindrucksvoll, wie Aspekte der Laborsituation in freier Weise aufgegriffen und mit anderen Ereignissen verknüpft werden. Das Aufwachen im Labor, der Ärger, zu wenig geträumt zu haben, das Tragen der Elektroden und der Wunsch, sie abzulegen, thematisieren auf der einen Seite Vorgänge und Gefühle, die mit der Versuchssituation verbunden sind. Auf der anderen Seite wird aber die Versuchsleiterin mit neuen Attributen ausgestattet und zusammen mit der Träumerin und den Requisiten Elektroden, Pyjama und Morgenrock in einen anderen Kontext überführt, der dem Traum einen bizarren Charakter verleiht.

Sehr häufig haben wir gefunden, daß Anregungen aus der Laborsituation, wie hier im Traum von der Biene, im übertragenen Sinn ausgestaltet werden:

„Ich lag im Bett und habe mit Leuten, die ich vom Sport her kenne, irgendeinen Film angeschaut. Und dann kommt plötzlich von irgendwoher eine Biene und versucht, in meinen Haaren ein Nest zu bauen. Und dann versuche ich, die Biene zu vertreiben, aber es gelingt mir einfach nicht."

(männlich, 26 Jahre, 4.Nacht, 2.REM-Phase)

Das Liegen im Bett und das Ansehen eines Films sind alltägliche Begebenheiten, die für sich genommen noch nicht zwingend auf die

Situation im Schlaflabor hinweisen. Allerdings haben wir bei der Vorbereitung für die Nacht auf dem Kopf der Versuchsperson mit mehreren Elektroden sozusagen ‚ein Nest gebaut‘, und deshalb ist es einleuchtend, daß die irritierende Biene eine Allegorie für die Ableitung des EEGs darstellt.

Noch stärker verfremdet wurde eine Facette der Versuchssituation in dem Häkelmuster-Traum, in den das Thema Träumen in Form einer Metapher eingestreut ist:

> „Ich habe mit Sandra telefoniert und als sie mich anrief, haben wir gesagt, sie komme dann und dann, dann gehen wir zuerst baden und am Abend dann ins Theater. Und dann habe ich darüber nachgedacht, ob das gut ist, daß ich eigentlich jetzt schon den ganzen Tag verplant habe. Und dann habe ich so ein u-förmiges altes Häkelmuster gefunden, das ganz viel wert war. Das wollte ich auf eine Leinwand aufziehen. Aber ich konnte das noch nicht drauftun, weil ich mit dem letzten Traum noch nicht so weit war. Der war noch nicht einmal aufgerollt, und für den brauchte ich fast allen Platz. Und jetzt habe ich eine Karotte gegessen und habe gerade den Abfall so in eine Abfallgrube geworfen.“
>
> (weiblich, 30 Jahre, 4.Nacht, 4.REM-Phase)

Häusliche Aktivitäten sind in diesem Traum locker miteinander verknüpft. Dazwischen findet sich ein Hinweis auf die Traumerhebung, allerdings in verkleideter Form, weil hier Träume nicht erzählt, sondern offensichtlich auf eine Leinwand übertragen werden müssen.

Träume greifen nicht nur in direkter oder verfremdeter Weise verschiedene Aspekte der Versuchssituation auf, sondern sie zeigen darüber hinaus, wie die Teilnahme an einem solchen Experiment auf die Versuchsperson wirkt und wie sie diese Eindrücke verarbeitet:

> „Du bist hier hereingekommen, und ich hätte wieder einschlafen sollen, aber irgendwie in kürzerer Zeit. Ich habe Dich gefragt, ob ich Lippenstift anstreichen soll, weil ich gemeint habe, das sähe man dann besser, mit der Kamera oder sonstwie. Und dann hast Du gesagt, ja wenn ich Lippenstift anstreichen wolle, dann könnte ich das schon machen. Und ich habe gesagt, nein, ich wolle das ja gar nicht, sondern ich meine nur, damit Du das besser siehst. Und am Schluß hab ich aus Versehen so halb in den Lippenstift gebissen und das war sehr eklig.“
>
> (weiblich, 24 Jahre, 3.Nacht, 3.REM-Phase)

Die Versuchsperson bemüht sich in diesem Traum, der Versuchsleiterin ihre Aufgabe zu erleichtern, indem sie sich besonders herrichten möchte. Diese bereitwillige Anpassung wird aber von der Versuchsleiterin nicht besonders unterstützt und endet zudem mit einer

Ungeschicklichkeit, in der das Unbehagen der Träumerin über den Versuch zum Ausdruck kommen mag.

Manchen Träumen gelingt es aber auch, die Rolle der Versuchsperson umzubesetzen und damit ganz andere Reaktionen auf das Laborexperiment zum Ausdruck zu bringen:

> „Ich habe gerade mit Dir heftig diskutiert, ob man Leute, die von diesen Versuchen so begeistert sind, mehr aufweckt, und daß man auch mehr Elektroden setzen könnte. Wir haben zusammen gestritten oder darüber diskutiert, ob es zulässig sei, eine Elektrode mehr zu kleben. Bis jetzt waren es vier, und ich wollte fünf, eine mehr setzen. Und es war so, daß man die Elektroden in Reihen kleben mußte, eine Rückwärtsreihe, eine mittlere Reihe und eine vordere Reihe. Und jede wäre verantwortlich für einen Traum."
>
> (weiblich, 25 Jahre, 5.Nacht, 2.REM-Phase)

Die Träumerin hat in dieser Trauminszenierung ihre abhängige Rolle abgelegt, indem sie sich mit der Versuchsleiterin auf eine Ebene stellt und mit ihr über die fachgerechte Anbringung der Elektroden diskutiert. Die Träumerin, die schon die fünfte Nacht im Labor verbringt, ist sogar inzwischen kompetenter als die Traumforscherin, da sie weiß, daß mit einer fünften Elektrode noch ein weiterer Traum eingefangen werden kann.

In einem anderen Traum wurden Probleme, die bei einem Traumexperiment auftauchen, auf findige Weise gelöst:

> „Ich war hier im Schlaflabor. Und da konnte ich nicht schlafen, und da bin ich nach draußen schlitteln gegangen. Und mein Freund, der war auch dabei. Und dann wollte ich so um acht Uhr oder vorher so zurückkommen, damit Du mich noch wecken kannst. Und ich hatte dann plötzlich ein kleines Motorrad, auf dem wir zu zweit gefahren sind. Und dann habe ich den Weg zurück nicht mehr gefunden, und es war einfach schon zu spät. Wir haben uns verirrt. Wir kamen an einer Stelle, einem Engpaß, vorbei, wo alle sich verirrt haben. "
>
> (weiblich, 24 Jahre, 1.Nacht, 5.REM-Phase)

Das Rezept dieses Traums lautet: ‚Wenn du nicht schlafen kannst, dann steh' doch einfach auf und unternimm' etwas Vergnüglicheres.' Zwar geht die Träumerin nicht ganz aus dem Felde, weil sie wenigstens noch für eine pro forma Weckung zurückkommen will, aber hier spielt ihr der Traum einen Streich und läßt sie den Rückweg nicht rechtzeitig finden.

Laborträume können aber auch Ängste spiegeln, die von der experimentellen Situation ausgelöst wurden:

> „Ich war hier im Schlaflabor und war wach. Und wir sind gestört worden durch Leute, durch Polizei, es wurde irgendwie eingebrochen. Das Zimmer war durchsucht worden, und es waren viele Polizisten hier, die in diesem

Raum die Schränke ausräumten. Und Du warst ziemlich ärgerlich. Und es war nicht ein Zimmer, sondern ein Zelt, und draußen war es hell, es war schon Tag. Und ich bin dann aufgestanden, Du hast mich ausgesteckt. Und ich bin draußen herumgelaufen auf einer Wiese im Pyjama mit den Drähten auf dem Kopf. Und da waren Leute, die ein Picknick machten. Und ich habe mit ihnen gesprochen und erzählt, daß ich Schwierigkeiten gehabt hätte mit dem Einschlafen und dem Träumen. Und dann hast Du gesagt, ich müsse nochmals schlafen, Du würdest es noch einmal brauchen. Und jetzt bin ich gerade wieder ins Zelt hereingegangen und habe probiert, zu schlafen und zu träumen."

(weiblich, 23 Jahre, 1.Nacht, 4.REM-Phase)

Das Experiment wird hier als eine Situation dargestellt, die mit Bedrohung und Verunsicherung verbunden ist. Zunächst wird die Gefährdung der Privatsphäre thematisiert, es wurde eingebrochen und Polizisten durchsuchen das Schlafzimmer. Der Versuchsleiter ist zudem nicht Herr der Lage und muß sogar das Experiment unterbrechen. Das Schlaflabor ist darüber hinaus kein geschützter Raum, sondern ein Zelt, das im Freien steht. Die Träumerin ist dieser mißlichen Situation ausgesetzt und kann sich ihr nicht entziehen. Sie versucht nur, ihre Schwierigkeiten anderen Leuten mitzuteilen, geht aber schließlich gefügig wieder ins Zelt zurück, um das Experiment fortzusetzen.

Aus der Art und Weise, wie die experimentelle Situation im Traum qualitativ abgebildet wird, gewinnen wir einmal Einblick in unterschiedliche Traumstile, da jeder Träumer die Laborsituation anders verarbeitet. Zum andern decken die Themen dieser Träume Gefühle auf, die durch die Versuchssituation ausgelöst wurden und sie zeigen, wie der Träumer mit ihnen umgeht. Die Art und Weise der Verarbeitung der Laborsituation kann somit auch gleichnisartig zu der Lebenssituation des Träumers in Beziehung gesetzt werden.

In einer Reihe von Untersuchungen wurde immer wieder festgestellt, daß Elemente der Versuchssituation bevorzugt in Träumen aufgegriffen werden, wobei allerdings unterschiedliche Häufigkeiten solcher Bezüge gefunden wurden. Wir können aber erwarten, in etwa jedem dritten Traum irgendeinen Hinweis auf das Experiment zu finden.

In einer unserer Studien haben wir den Einfluß der Versuchssituation auf die Trauminhalte an 112 REM-Träumen untersucht, die von zwanzig Versuchspersonen in jeweils zwei Labornächten berichtet wurden und in denen, wie das Kreisdiagramm der Abbildung 26 zeigt, sogar nahezu jeder zweite Traum einen Laborbezug aufwies.

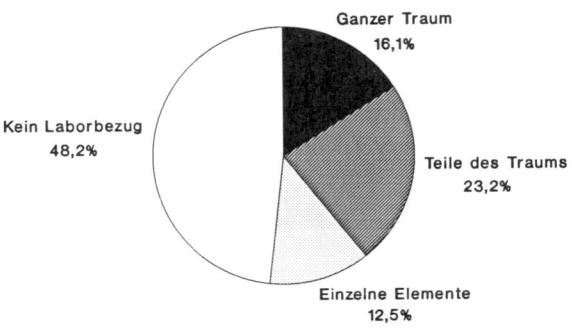

Abbildung 26: Die Verarbeitung der Laborsituation in Träumen.
Häufigkeit und Ausmaß der Bezüge zur experimentellen Situation in 112 REM-
Träumen.

Am häufigsten wurde die Versuchssituation in einzelnen Szenen
eines Traums aufgegriffen, an zweiter Stelle kamen Träume, die sich
als Ganzes thematisch mit dem Traumexperiment auseinandersetz-
ten und in etwa jeden zehnten Traum waren nur einzelne Elemente
des Versuchs in das Traumgeschehen eingebettet. Eine direkte realistische Übernahme der konkreten Erfahrungen des Vorabends war
allerdings, wie auch bei anderen Tagesresten, eher selten, da die
Laborsituation überwiegend in verfremdeter Weise umgestaltet
wurde.

Der Vortag ist einerseits eine überaus bedeutsame Quelle für die
Auswahl der Trauminhalte, andererseits wird nicht jeder Traum in
gleichem Ausmaß von den Erlebnissen des Vortags beeinflußt.
Wenn aber Tagesreste in den Traum Eingang finden, dann werden
sie bemerkenswerterweise nicht unredigiert übernommen, vielmehr
geht die Vorstellungstätigkeit während des Schlafs mit solchen Eindrücken schöpferisch um, indem sie sie abwandelt oder in einen
anderen Kontext stellt.

In unserer Traumstudie über den Einfluß des Experiments haben
wir die Versuchspersonen nicht besonders darauf hingelenkt, von
dieser Erfahrung zu träumen. Hinzu kommt, daß die Laborsituation
sehr komplex ist, weil sie ein breites Spektrum von Eindrücken
umfaßt, aus dem ein Träumer die verschiedensten Anregungen aufgreifen kann. Gestalten wir dagegen die Gegebenheiten des Vortags
spezifischer, dann können wir gezielter untersuchen, ob und wie sich
der Traum beeinflussen läßt.

In einem originellen Experiment hat Howard Roffwarg die Farbwahrnehmung seiner Versuchspersonen im Wachzustand manipuliert, indem er sie mehrere Tage lang Brillen tragen ließ, durch die sie ihre Umwelt nur in rötlichen Tönen sehen konnten (Roffwarg, Herman, Bowe-Anders & Tauber, 1978). Diese veränderte Sichtweise schlug sich in den nachfolgenden Träumen in einem mehr als dreifachen Anteil roter Farbelemente nieder, der sich vom ersten bis zum dritten Tag steigerte und am deutlichsten jeweils in dem ersten REM-Traum einer Nacht war. Es spricht für die Kreativität der Traumgestaltung, daß in diesen Träumen nicht nur solche Szenen in rötliches Licht getaucht waren, die vorher im Wachen auf diese Weise wahrgenommen wurden, sondern auch frühere Erfahrungen wurden in diesem neuen Licht gesehen. Das Tragen der Filter hatte aber interessanterweise keinen nachhaltigen Effekt, schon in der ersten Nacht, die auf eine normale Wahrnehmung folgte, erschien die Traumwelt wieder in den richtigen Farben. Die Art der Tageswahrnehmung hatte also einen direkten Einfluß auf die Traumwahrnehmung. Offenbleiben muß allerdings, ob die rotgetönten Träume allein eine Folge der gefilterten Wachwahrnehmung waren oder ob nicht die Auseinandersetzung der Versuchspersonen mit dieser neuen Situation der entscheidende Faktor war. In diesem Zusammenhang waren Kontrollexperimente aufschlußreich, in denen den Probanden vorher eindringlich suggeriert wurde, im Traum würde eher die Komplementärfarbe grün erscheinen. Die Träume wurden jedoch durch diese Erwartung nicht beeinflußt, der Rotanteil stand weiterhin im Vordergrund.

Während Roffwarg nur die Sichtweise der Wachwelt und nicht ihre Inhalte verändert hat, gibt es eine ganze Reihe von Experimenten, in denen in der Vorschlafsituation spezifische Erlebnisse vermittelt wurden. Hier wurden vor allen Dingen verschiedene Filme vorgespielt, die entweder beschaulich-entspannende oder aufregende und bedrohliche Themen zeigten. Die Annahme, daß sich die emotionalen Reaktionen auf diese Filme in den Träumen wiederfinden würden, konnte aber nicht durchgängig bestätigt werden. Es fanden sich zwar immer wieder Träumer, die nach einem angsterregenden Film auch mehr Angst in ihren Träumen erlebten, aber bei anderen Träumern schienen die Filme keine unmittelbar erkennbare Wirkung zu haben. Eine solche Manipulation des Vorschlaferlebens ist natürlich mit dem Problem verbunden, daß ein bestimmter Film nicht notwendigerweise bei jedem Zuschauer zu den gewünschten Reaktionen führt, darüber hinaus könnte eine Verarbeitung des

Betroffenseins auch schon im Wachzustand stattfinden, ehe die Versuchsperson einschläft.

Direktere Versuche, das Traumerleben zu steuern, werden in Experimenten unternommen, in denen Versuchspersonen über ein persönlich wichtiges Thema träumen sollen. Die Traumforscherin Rosalind Cartwright hat in einem Experiment ihre Versuchspersonen angeleitet, von einer gewünschten Eigenschaft zu träumen (Cartwright 1974). Zunächst mußten die Versuchspersonen mit Hilfe von vorgegebenen Listen ihre realen und gewünschten Eigenschaften ankreuzen. Anschließend wurde eine Persönlichkeitsdimension ausgewählt, die eine große Diskrepanz in der Selbstbeurteilung aufwies. Hatte eine Versuchsperson beispielsweise angegeben „Ich bin kleinlich und möchte gerne großzügiger sein", dann sollte sie sich beim Einschlafen vornehmen, von dem Thema zu träumen „Ich möchte gerne großzügiger sein". In dieser Studie waren die Traumbefehle insofern wirksam, als unabhängige Beurteiler die ausgewählten Eigenschaftsdimensionen überzufällig in den Träumen erkannten. Allerdings hatten die Träumer in den meisten Fällen nicht die Wunscheigenschaft realisiert, sondern ihren Gegenpol aufgegriffen.

Während Rosalind Cartwright von der Diskrepanz zwischen einer wirklichen und einer gewünschten Eigenschaft ausgegangen ist, haben wir unseren Versuchspersonen zwei Arten von Traumbefehlen gegeben: In der einen Nacht haben sich die Träumer vor dem Einschlafen auch vorgenommen, von einer Wunscheigenschaft zu träumen, in einer anderen Nacht jedoch bezog sich die Suggestion auf eine Eigenschaft, die die Versuchsperson an sich schätzte, beispielsweise „Ich möchte heiter bleiben". Mit dieser zweiten Gruppe von Traumbefehlen wollten wir überprüfen, ob eine Autosuggestion wirksamer ist, wenn sie sich auf eine Fähigkeit bezieht, die bereits erworben wurde.

Wir haben von zehn Versuchspersonen in zwei Nächten zur Kontrolle zunächst Träume ohne spezifische Anweisungen erhoben. Dann folgte jeweils eine Nacht entweder mit der Suggestion der gewünschten oder der realisierten Eigenschaft. In der Auswertung gelang es unabhängigen Beobachtern nicht, festzustellen, ob und welche Traumbefehle gegeben wurden. Vielmehr wurden einerseits auch in den nicht stimulierten Träumen die Zieleigenschaften ausgestaltet, und andererseits war in Träumen mit Traumbefehl nicht überzufällig eine spezifische Verarbeitung der Zieleigenschaft zu erkennen.

Persönliche Anliegen dagegen, die einen Menschen beschäftigen und die somit viel konkreter in die Bezüge der Wachwelt eingeordnet sind, finden schon viel eher Eingang in den Traum als Vorgaben von abstrakten Eigenschaften, wie wir in einer anderen Studie zeigen konnten. Hier haben wir von acht Versuchspersonen in drei Nächten 105 REM-Träume aufgenommen. Vor der zweiten Nacht haben wir die Versuchspersonen gebeten, ihre aktuellen Sorgen und Probleme zu beschreiben. Anschließend wählten sie ihr dringlichstes Anliegen aus und setzten es in eine Frage um, beispielsweise „Werde ich wohl meine Prüfung bestehen?" In einer der beiden folgenden Labornächte sollten sie sich ihre Frage vor jedem Einschlafen vergegenwärtigen und als Traumbefehl einsetzen, in der anderen Nacht gab es keine besondere Instruktion.

Ein konkreter oder symbolisierter Bezug zu dem ausgewählten Problem war in den Nächten, in denen das Thema durch die Vornahme besonders angeregt war, in rund vier von zehn Träumen zu erkennen. In den beiden anderen Nächten war es immerhin noch jeder fünfte Traum, der auch irgendeinen Zusammenhang mit dem speziellen Thema aufwies. Persönliche Anliegen scheinen demnach, ähnlich wie die Laborsituation, Träume stärker zu beeinflussen als andere Bedingungen der Vorschlafsituation. Allerdings bestimmten auch die im Tageserleben bedeutsamen Themen nicht etwa durchgehend das Traumerleben, sondern Träumer konnten auch abschalten oder nach freier Wahl andere Inhalte aufgreifen.

Die Alltagsbeobachtung, daß wir uns die Themen unserer Träume nicht einfach auswählen können, wird durch die Ergebnisse dieser Studien bestätigt. Zwar läßt sich der Traum anregen von den Dingen, die uns tagsüber beschäftigen, aber er läßt sich nicht vorschreiben, welche Auswahl er trifft, wie er mit diesen Anregungen umgeht, und in welche Traumsituationen er sie umsetzt.

Die Verarbeitung unmittelbarer Reize im Traum

Die Stimulation während des Schlafs ist die älteste Methode der Traumforschung. Während man aber im letzten Jahrhundert noch meinte, solche unmittelbaren Reize könnten Träume auslösen, verwenden wir heute diese Methode, um festzustellen, ob solche Signale vom Traum aufgegriffen und in das laufende Geschehen eingebunden werden.

Auch heute noch werden in erster Linie akustische Signale einge-setzt, gelegentlich aber auch werden Gerüche und taktile Reize verwendet. Diese Stimuli variieren einmal in dem Grad ihrer Kom-plexität, wenn wir beispielsweise einzelne Töne oder eine kleine Melodie verwenden, zum andern unterscheiden sie sich in bezug auf ihren Sinngehalt, wenn wir etwa Namen vorwärts oder rückwärts abspielen. Und schließlich können Reize allgemein eine Bedeutung tragen, wie etwa ein tiefer Seufzer, oder sie können persönlich wich-tig sein, wie etwa der Name einer Freundin.

Wir haben in einer Studie untersucht, ob ein neutrales und ein negativ gefühlsbesetztes Geräusch, die während des REM-Schlafs präsentiert wurden, in die Träume Eingang finden. Fünf Minuten nach Einsetzen des REM-Schlafs haben wir entweder das an- und abschwellende Geräusch eines Düsenjägers oder das schluchzende Weinen eines Menschen dreimal leise eingespielt und dreißig Sekun-den später die Schläfer aufgeweckt und nach ihren Träumen befragt. Zum Vergleich haben wir in einer Nacht Weckungen ohne vorange-hende Stimulation durchgeführt.

Unabhängige Beurteiler hatten zunächst die Aufgabe, zu bestim-men, ob ein Traum überhaupt stimuliert oder nicht beeinflußt wurde. Sie fanden in der Hälfte der stimulierten Träume Hinweise für eine Aufnahme und Verarbeitung der Geräusche, aber vermuteten auch in einem Drittel der Kontrollträume den Einfluß eines Geräusches. In einem zweiten Schritt sollten die Beurteiler auch noch angeben, welches der beiden Geräusche gegeben wurde. Hier erkannten sie nur noch in jedem dritten Traum, ob der ‚Düsenjäger‘ oder das ‚Weinen‘ Eingang gefunden hatte. Sie machten aber auch falsche Zuordnungen, indem sie in stimulierten Träumen nicht das tatsäch-liche Geräusch bestimmten.

Eine direkte Beeinflussung des Traums gelingt offensichtlich nicht so leicht, wie diese eher niedrigen Trefferquoten zeigen. Dafür lassen sich mehrere Gründe anführen: Ein Traum könnte einen Stimulus ignorieren oder ihn in so verkleideter Form in den Traum einflechten, daß er nicht mehr erkennbar ist. Hinzu kommt das Problem, daß auch in nicht-stimulierten Träumen akustische Eindrücke und mit ihnen verbundene Vorstellungen auftreten können, die dann fälschlicherweise als Reizverarbeitung gewertet werden.

In den Träumen, bei denen der Einfluß eines Signals evident war, zeigte sich die Verarbeitung entweder in der szenischen Ausgestal-tung des Umfelds, aus dem der Stimulus stammt, oder Art und

Qualität des Geräusches selbst wurden aufgegriffen und in einen anderen Kontext gestellt.

Nachdem wir in einer REM-Phase das ‚Weinen' eingespielt hatten, berichtete eine Versuchsperson den Traum von einer Beerdigung:

> „An dem Ort, an dem meine Eltern wohnen, war irgendwie so eine Beerdigung. Dort war ein offenes Grab, und man muß dort so eine Brücke hinaufgehen und dann sieht man so hinunter auf das Grab. Und dort ist auch irgendjemand beerdigt worden. Und ich bin vorbeigelatscht und habe mich zu wenig würdig verhalten. Und dort beim Grab stand ein Pferd. Und damit das Pferd nicht abhaut, haben sie einen Baumstamm über die Straße gelegt. Und dann bin ich irgendwie gerannt und das Pferd ist mit mir gerannt. Und dann wußte ich plötzlich, das Pferd muß springen und sieht den Stamm nicht. Dann habe ich ihm noch so einen Stoß gegeben, daß es so seitlich abgedreht hat. Es hat irgendwie noch so halb das Bein angeschlagen, sonst ging es aber."
> (weiblich, 24 Jahre, 4.Nacht, 5.REM-Phase)

Das ‚Weinen' ist in diesen Traum weder direkt eingegangen noch wurde es in ein anderes Geräusch umgesetzt. Der Traum ist aber insofern auf den Stimulus bezogen, als er mit dem Thema Beerdigung das Weinen assoziativ und szenisch aufgegriffen hat. Es fällt aber auf, daß die Träumerin keinen Anteil an der Beerdigung nimmt, sondern sich eher unangemessen verhält und anderen Dingen zuwendet, was insofern verständlich sein könnte, weil wir den Stimulus in ihren Traum eingeschmuggelt haben.

Nach einer Präsentation des ‚Düsenjägers' erhielten wir den folgenden Traumbericht:

> „Wir waren in einem Krankenzimmer und da war Hans, der wurde von seinem Kollegen gefragt, ob ich mich versuchsweise ins Bett legen würde. Da waren ganz viele Kinder, und denen sollte dann gezeigt werden, wie eine medizinische Untersuchung geht. Und sie haben mir den Mantel abgenommen und den Schmuck, und irgendwie auf halber Strecke hören es auf. Und der Hans ist jetzt mein Vater. Und er und ein Freund reden über ihre Reisen, weil dieser Freund auch weg will. Er erzählt mir, was er alles noch fertig machen muß, daß er siebzehn Kilometer fahren muß, bevor er dann ins Flugzeug steigt. Und mein Vater, der verspricht sich und sagt, daß es wäre vor 3000 oder daß wir mit 3000 aufgefahren sind. Und ich verstehe das dann so, daß er eigentlich sagen wollte, daß wir vor einer Woche auf 3300 Meter hochgefahren sind. Und da lachen dann alle. "
> (weiblich, 24 Jahre, 4.Nacht, 5.REM-Phase)

Auch in diesem Traum findet sich nur das Umfeld des Stimulus wieder, die Versuchsperson hat im Traum kein Düsenflugzeug oder andere Geräusche gehört. Das Thema Fliegen wird aber in Form eines witzigen Gesprächs behandelt, das sich eher unvermittelt an die vorangegangene Szene im Krankenzimmer anschließt. Es entsteht hier der Eindruck, daß der Stimulus den Traum an einer bestimmten Stelle unterbrochen hat, und darüber hinaus können wir spekulieren, ob nicht die dreimalige Stimulierung in die Höhenangaben 3000 und 3300 umgesetzt wurde.

Eine originelle und verfremdete Transformation des Stimulus ‚Weinen' zeigt der Traum von den quietschenden Schritten:

> „Ich war mit einer anderen Frau in einem kleinen Selbstbedienungsladen, und jetzt wollten wir gerade an die Kasse. Es ging darum, daß ich eine andere Flüssigkeit zum Gurgeln kaufe. Und wir sind so im Laden herumgegangen, und jedesmal, wenn ich mit dem rechten Fuß einen Schritt gemacht habe, hat es einfach so gequietscht wie eine alte Türe. So ein regelmäßiges Pfeifen, das ich bei jedem Schritt gemacht habe, als ob ich gequietscht hätte wie ein altes Möbel. Und ich wollte das irgendwie mit einem Gurgelwasser lösen."
>
> (weiblich, 24 Jahre, 4.Nacht, 6.REM-Phase)

Ein Geräusch spielt in diesem Traum zwar eine wichtige Rolle, doch veranschaulicht das Quietschen, das die Träumerin beim Gehen produziert, nur eindrucksvoll die physikalische Qualität des Stimulus. Nicht aufgenommen wurde die emotionale Bedeutung des Weinens oder Vorstellungen, die mit Trauer verknüpft sind. Der Ursprung des Geräusches wurde im Traum zudem nicht einer menschlichen Stimme zugeschrieben, sondern in die Füße verlegt, wobei sich allerdings mit dem Gurgelwasser die eigentliche Geräuschquelle in verkleideter Form wieder andeutet.

Auch der Stimulus ‚Düsenjäger' wurde in einigen Fällen, wie hier im Gasofen-Traum, phantasievoll abgewandelt:

> „Da war irgendwie ein Gasofen, der nicht mehr ging. Und es waren Leute dabei, und Du warst auch dabei, und jeder saß allein vor seiner Herdplatte und hat so sein Zeug gebraut. Und wir haben unabhängig voneinander festgestellt, daß der Gasherd nicht mehr geht. Und wir haben gerade zu Rita gesagt, sie soll nachschauen. Und das Komische war, manchmal ist er auch wieder gegangen und manchmal nicht. Ich hatte manchmal das Gefühl, er spucke einfach, die Flamme war manchmal kleiner und manchmal höher. Und dann ist irgendjemand hereingekommen und fand, bei ihm sei das schon gestern passiert. Und dann ist die Person gekommen, der er gehört hat. Und die hat gesagt, ihr sei es auch passiert. Aber dann war es gut, plötzlich war die Flamme wieder höher."
>
> (weiblich, 24 Jahre, 4.Nacht, 3.REM-Phase)

Hier wurden akustische Merkmale des Geräusches in den Traum eingearbeitet. Mit dem spuckenden Gasherd ist der Düsenjäger in ein verwandtes Geräusch umgesetzt worden. Darüber hinaus spiegelt die größer und kleiner werdende Flamme bildlich auch das An-

168

und Abschwellen des Überflugs und vielleicht auch die mehrfache Stimulierung.

Unsere Ergebnisse stehen in Einklang mit anderen Untersuchungen, die auch nur in etwa jedem dritten Traum eine Reizverarbeitung fanden. Der Traum scheint sich nicht nur autonom gegenüber der Vorschlafsituation zu verhalten, sondern die Traumgestaltung läßt sich auch nicht entscheidend durch unmittelbare Signale ablenken. Finden Außenreize überhaupt Beachtung, dann werden sie häufiger nicht direkt übernommen, sondern umgestaltet und in die Traumhandlung eingepaßt, vielleicht sogar in einem so starken Maße, daß wir den ursprünglichen Reiz gar nicht mehr identifizieren können.

Lebenssituation und Traumerfahrung

Träume sind einerseits immer individuell gefärbt, weil sie Wacherfahrungen verarbeiten, die die Persönlichkeit des Träumers und seine Lebenssituation spiegeln. Träume sind andererseits aber auch kollektiv geprägt, weil Menschen in ihrem Erleben und Verhalten vergleichbar sind und unter bestimmten Lebensbedingungen ähnliche Erfahrungen machen. Wir können daher von übergreifenden Merkmalen der Person oder von verschiedenen Lebensphasen ausgehen, um herauszufinden, ob aufgrund solcher Kriterien Träume typische Merkmale aufweisen und sich spezifisch gruppieren.

Träume in der Entwicklung

Träume von Kindern sind für die Forschung besonders faszinierend, weil sie den Beginn und die Entwicklung des Träumens aufzeigen können. Finden die Phasen der kognitiven und emotionalen Entwicklung, die wir in der Kindheit durchlaufen, ihre Entsprechung in verschiedenen Stufen der Traumgestaltung? Bereichert sich die Traumbühne erst mit wachsender Lebenserfahrung und übernimmt der Träumer im Prozeß der Identitätsfindung wechselnde Rollen im Traumgeschehen?

Bei der Untersuchung von Kinderträumen stellt sich zunächst das Problem, von welchem Alter an Kinder überhaupt in der Lage sind, einen Traum als Traum zu erkennen und ihn nicht mit Wacherfahrungen zu vermischen. Darüber hinaus müssen die verbalen Fähigkeiten der Kinder so weit ausgebildet sein, daß sie das Traumerleben angemessen in einen Bericht umsetzen können. Diese zweite Bedingung gilt natürlich nicht nur für Kinderträume, da auch bei Erwachsenen der Traumbericht von den Fähigkeiten abhängt, inneres Erleben wahrzunehmen und in Sprache auszudrücken.

Die Traumerhebung bei Kindern ist aber auch mit einem Vorteil verbunden: Kinder haben eine unbefangenere Einstellung zu ihren Träumen und erzählen ihre Traumerlebnisse direkter und freier als Erwachsene, die ihre Träume kritischer bewerten und sie Außenstehenden möglicherweise in aufbereiteter oder gar zensierter Form mitteilen. So hat auch schon Freud festgestellt, daß Kinderträume einfacher und in bezug auf eine Deutung durchsichtiger sind, weil sie Wünsche in unverhüllterer Form zum Ausdruck bringen.

David Foulkes hat in eindrucksvollen Experimenten systematisch untersucht, wie sich Inhalt und Struktur der Träume im Verlauf der Kindheit entwickeln (Foulkes, 1982). Eine Gruppe von vierzehn Kindern kam zum erstenmal im Alter zwischen drei und fünf Jahren zur Traumerhebung in sein Schlaflabor, und er hat mit denselben Kindern im Abstand von zwei Jahren die Untersuchung noch zweimal wiederholt. In jeder Etappe dieser Längsschnittstudie wurden die Kinder in acht bis neun Nächten dreimal aus verschiedenen Schlafphasen aufgeweckt und nach ihren Träumen befragt. Darüber hinaus hat er ihren Entwicklungsstand und ihre Lebenssituation mit umfangreichen Verfahren erfaßt. Parallel nahmen an einer weiteren Studie sechzehn Kinder zum erstenmal teil, als sie im Alter zwischen neun und elf Jahren waren, und auch diese Traumexperimente wurden im Abstand von zwei Jahren zweimal fortgeführt.

Die Längsschnittuntersuchungen von Foulkes erfassen somit die Entwicklung des Traumerlebens über die Altersspanne vom dritten bis zum fünfzehnten Lebensjahr, und seine Aussagen beruhen auf der beeindruckenden Zahl von 1500 REM-Weckungen, 908 Weckungen aus dem NREM-Schlaf und 303 Weckungen aus der Einschlafphase.

Schon die 3-5jährigen Kinder berichteten Traumerinnerungen aus allen Schlafstadien, allerdings stellten sich hier Träume noch überaus selten ein: Nur etwa jede vierte Weckung aus dem REM-Schlaf führte zu einem Traumbericht, und Erinnerungen aus den beiden anderen Schlafstadien waren noch seltener. Im Verlauf des ersten Lebensjahrzehnts nahm die Häufigkeit der Traumerinnerung in allen Schlafstadien zu. Im Alter zwischen sieben und neun Jahren war jede zweite REM-Weckung, jede dritte Weckung aus der Einschlafphase und jede fünfte Weckung aus dem NREM-Schlaf erfolgreich. Zwischen neun und fünfzehn Jahren war die Traumerinnerung zwar noch nicht so häufig wie bei Erwachsenen, sie pendelte sich aber insofern ein, als zwei von drei Weckungen aus dem REM-Schlaf und aus der Einschlafphase von Träumen begleitet waren, und die Erinnerung an Träume aus dem NREM-Schlaf auf 40 Prozent anstieg.

Die Erinnerung an Träume ist also in der frühen Kindheit eher spärlich und steigt erst mit zunehmendem Alter an, aber wie die Erwachsenen können Kinder von Anfang an Träume aus wachnäheren Schlafphasen leichter ins Gedächtnis rufen. Foulkes hat aus diesen Ergebnissen die Schlußfolgerung gezogen, daß sich die Fähigkeit zu träumen erst parallel mit der psychischen Reifung entwickelt und die Traumerinnerung nicht allein deshalb besser wird, weil sich die sprachlichen Fähigkeiten differenzieren.

In seinem Buch ‚Children's dreams' hat Foulkes für jede Altersstufe die charakteristischen Traummerkmale zusammenfassend beschrieben. Die Träume der 3 bis 5jährigen Kinder waren sehr kurz, überwiegend statisch und gefühlsneutral. In 40 Prozent der Träume wurden Tiere wahrgenommen, Personen dagegen nur in etwa jedem fünften Traum. Vertraute Figuren und Dinge, gelegentlich schon erfinderisch abgewandelt, standen im Vordergrund. Falls überhaupt Handlungen vorkamen, wurden sie von anderen Traumfiguren ausgeführt, das Traumich war entweder gar nicht erwähnt oder stellte sich passiv dar, beispielsweise schlafend auf einem Feuerwehrauto.

Die Traumberichte der 5 bis 7jährigen Kinder waren wesentlich umfangreicher, belebter und zeigten erste szenische Ansätze in Form von einfachen Aktivitäten, die aber immer noch vorwiegend andere Figuren ausführten, der Träumer war meistens in der Rolle eines Beobachters. Tiere, oft in vermenschlichter Erscheinung, waren in jedem dritten Traum präsent, es fanden sich jetzt aber auch vermehrt vertraute Personen und ebenso die ersten Fremden ein. Interessanterweise waren bereits in diesem Alter die ersten geschlechtsspezifischen Unterschiede zu beobachten: Mädchen berichteten angenehmere Träume mit positiven sozialen Ereignissen, während die Knabenträume mehr negative Gefühle, fremde Traumfiguren und wilde Tiere enthielten.

Eine differenziertere szenische Ausgestaltung und eine größere Aktivität des Traumichs waren die bedeutsamsten Fortschritte in den Träumen der 7 bis 9jährigen. Die Träumer beteiligten sich an zahlreichen Aktivitäten, stellten auch schon gelegentlich Überlegungen an und erlebten Gefühle. Tiere waren jetzt nur noch in jeden fünften Traum einbezogen, während neben Familienmitgliedern häufiger andere bekannte und fremde Personen eine Rolle spielten.

Im Alter von 9 bis 11 Jahren waren die Träumer voll und gleichberechtigt in ein reichhaltiges Traumgeschehen integriert. Tiere waren wie bei Erwachsenen hier nur noch in jeden zehnten Traum einbezogen. Die Träumer nahmen zu den verschiedenen anderen Traumpersonen in erster Linie freundliche Beziehungen auf, aggressive Handlungen wurden den anderen Traumfiguren überlassen, die auch die Folgen zu tragen hatten.

Besonders deutlich zeigte sich der Einfluß der Sozialisierung im Alter von 11 bis 13 Jahren, hier träumten die Mädchen mehr von Freundinnen und die Knaben von gleichaltrigen Freunden, wobei bei den Knaben jetzt aggressive Themen häufiger wurden, während bei den Mädchen weiterhin positive Beziehungen im Vordergrund standen. Erst von dieser Altersstufe an nahmen die Träumer aktiver an Gesprächen teil und machten sich während des Träumens häufiger Gedanken.

Im Alter von 13 bis 15 Jahren hatten sich die Träume gegenüber der vorangegangenen Untersuchung nur wenig verändert. Bei den Knaben war zwar ein Anstieg von Konfliktthemen und bizarreren Traumgestaltungen zu beobachten, dennoch überwogen auch bei ihnen freundliche soziale Interaktionen und positive Traumausgänge.

Von der Kindheit bis zum Jugendalter durchläuft das Traumerleben verschiedene Stadien, und die Entwicklung des Träumens ist auf mehreren Ebenen zu verfolgen. Formal stehen am Anfang kurze statische Traumfragmente, dann folgen szenisch belebtere Momentaufnahmen, und allmählich weitet sich die Traumwelt zu dynamischen und handlungsreichen Geschichten aus. Die Gestaltungsmittel der ersten Träume sind Sinneseindrücke, erst im Laufe der Zeit werden die Träume von Gefühlen begleitet und mit Denkvorgängen durchmischt. Das Traumich wandelt sich von einem passiven Beobachter über die Rolle als Mitläufer zu einem aktiven Handlungsträger. Das Repertoire der Trauminhalte vergrößert sich einerseits mit zunehmender Lebenserfahrung, andererseits verlagern sich die Traumthemen in Verbindung mit den wechselnden Interessen der verschiedenen Altersstufen.

Diese Stufen des Träumens veranschaulichen unmittelbar die Erweiterung und Differenzierung der psychischen Aktivität im Laufe der Entwicklung. Die vielen Traumtiere dagegen, die im ersten Lebensjahrzehnt die Kinderträume beleben und später ihre vorherrschende Rolle verlieren, scheinen eine besondere Funktion zu haben. In der Frühzeit des Träumens, wenn Kinder sich noch nicht selbst in den Traum einbringen können, sind Tierfiguren, die kindliche Attribute haben und das Interesse der Kinder besonders anregen, ein Projektionsschirm für Selbstdarstellungen. Die Funktion der Tiere scheint sich im Laufe der Entwicklung zu erweitern, indem Tiere auch symbolisch Menschen repräsentieren können, mit denen der Träumer in Beziehung steht. Schließlich aber treten Tiere in Träumen natürlich auch einfach nur als Tiere auf, weil sie genauso ihren Platz in der Welt haben wie alle anderen Traumbausteine.

In unserem Schlaflabor untersuchen wir in einem kürzlich angelaufenen Projekt die Traum- und Phantasiewelt von Kindern im zweiten Lebensjahrzehnt. Bisher haben fünf Mädchen und fünf Jungen im Alter zwischen 10 und 12 Jahren je zwei Nächte im Labor geschlafen. Zusätzlich haben sie zu Hause spontan erinnerte Träume auf Band gesprochen und an den Abenden im Labor zu vorgegebenen Themen eine Geschichte erzählt. Wir haben die Kinder insgesamt 68 mal aus dem REM-Schlaf aufgeweckt und 55 Traumberichte erhalten, eine Erinnerungsquote von 80 Prozent, die schon nahe bei den Werten der Erwachsenen liegt.

Diese Kinderträume haben wir in gleicher Weise wie die Träume der Erwachsenen ausgewertet, um herauszufinden, wie sich in der Traumwelt der Kinder kindliche Themen und altersentsprechende Inszenierungen realisieren, und wie wirklichkeitsnah oder phantasievoll ihre Träume sind.

Einen ersten Einblick in die Art und Weise, wie Kinder ihre Träume gestalten, geben drei Berichte, die Varianten des Realitätscharakters der Träume veranschaulichen.

> „Wir sind in einem Bubenlager gewesen, ich und andere Kameraden von meiner Klasse, aber es waren auch paar darunter, die ich noch nicht gekannt habe, und auch noch der Klaus und andere Erwachsene. Und die erste Nacht haben wir nie einschlafen können. Und die zweite Nacht haben wir ganz schnell einschlafen können. Da war so eine Leiter aus Holz und oben sind die oberen Betten und unten die unteren. Und die, die oben schlafen wollen, haben den Schlafsack hinaufgetan und sind die Leiter hinauf, und da hatte es so kleine Maträtzchen. Und die unten schlafen wollen, haben den Schlafsack unten und können einfach so hineinsteigen. Und nachher ist es ganz normal gewesen. Und dann hat es immer so ausgesprochen seltsames Essen gegeben, so chinesisches. Das ist immer gut und lustig gewesen. Und wir haben immer Tim und Struppi Bücher angeschaut."
>
> (Junge, 10 Jahre, 1.Nacht, 4.REM-Phase)

Der Traum vom Ferienlager ist realistisch und konkret auf eine Freizeitaktivität bezogen, die dieser Junge in ähnlicher Weise schon häufiger erlebt hat: Die Jungen richten sich im Schlafsaal in ihren zweistöckigen Betten ein und sie vertreiben sich die Zeit mit Comicbüchern, während die Erwachsenen im Hintergrund bleiben. Das Traumgeschehen wird getragen von verschiedenen Personen, die

aber nur kollektiv in Aktion treten und keine Sprechrollen übernommen haben. Das einzig Ungewöhnliche und Erfundene in diesem Schweizer Traumlager ist die exotische Verpflegung mit chine-
sischem Essen. Ganz offensichtlich haben allerdings das Schlafen im
Labor und die Sorge, nicht einschlafen zu können, in diesen Traum
Eingang gefunden, sie wurden aber umgesetzt in eine altersentspre-
chend vertrautere Situation und abgewandelt in ein Gemeinschaftserlebnis. Dieser Traum repräsentiert die Gruppe der Kinderträume,
in denen eine realistische Ausgangslage mit erfundenen Episoden
angereichert wurde.

Eine Episode aus dem Alltag wird im Traum von der Begegnung
auf der Straße ganz unspektakulär umgesetzt:

> „Ich war mit meiner Mutter in der Bühlstraße, und wir haben da eine Frau
> getroffen. Die hat immer vor sich hingeredet, nicht mit jemand anderem,
> einfach nur vor sich hin. Und auf der Straße waren auch noch andere Leute,
> aber die haben das wahrscheinlich nicht gehört. Und dann hat meine Mutter
> gesagt: ‚Grüezi.' Und dann hat die gesagt: ‚Grüezi' und hat weiter vor sich
> hin gemurmelt. Und dann haben wir ihr so verwundert nachgeschaut."
>
> (Mädchen, 11 Jahre, 2.Nacht, 5.REM-Phase)

Dieser Traum könnte sich genau so in der Wirklichkeit abgespielt
haben. Die Träumerin befindet sich auf einer Straße ihrer Wohngegend, dort kann man schon einmal vor sich hinmurmelnde Menschen
treffen, und es ist auch durchaus üblich, Guten Tag zu sagen und
ebenso naheliegend, daß die Mutter die Frau grüßt, während die
Träumerin einfach nur mit dabei ist.

Der Traum vom Picknick mit einem Kaiser ist dagegen schon
phantastischer, weil hier ein gewohnter Familienausflug mit einem
märchenhaften Reiseführer stattfindet:

> „Irgendein Kaiser hat uns mitgenommen auf eine Reise, also uns vier, meine
> Mutter, meinen Vater und meine Schwester und mich. Und dann haben wir
> gewöhnlich draußen, einfach in einem unbekannten Wald Picknick gemacht.
> Aber es hat kein Fleisch gegeben, es hat nur Bratwürste und Cervelatwurst
> gegeben."
>
> (Mädchen, 11 Jahre, 1.Nacht, 5.REM-Phase)

Das Mädchen erlebt in Begleitung ihrer Familie ein Picknick, bei
dem sie sich einerseits ganz bedürfnisnah mit dem Essen beschäftigt,
sich andererseits aber nicht darüber wundert, daß der Gastgeber ein
Kaiser ist. Die märchenhaften Elemente, der Kaiser und der unbekannte Wald, treten allerdings in den Hintergrund gegenüber einer
nicht ungewöhnlichen Freizeitsituation. Auch dieser Traum ist aus-

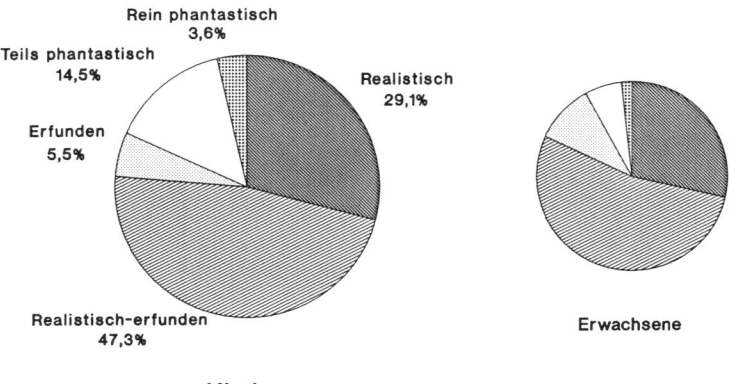

Kinder

Abbildung 27: Der Realitätscharakter von Kinderträumen.
Einstufung von 55 REM-Träumen auf der Dimension realistisch - phantastisch.
Die Ergebnisse der Träume der Erwachsenen sind als Vergleich danebengestellt.

schließlich auf gemeinsame Handlungen ausgerichtet und es kommt nicht zu einer Kommunikation zwischen den Traumpersonen.

Die globale Einschätzung des Realitätscharakters unserer Kinderträume haben wir in der Abbildung 27 dargestellt und zum Vergleich die Werte der Erwachsenen noch einmal danebengestellt. Interessanterweise ist das Kreisdiagramm für die Kinder kaum von dem der Erwachsenen zu unterscheiden. Es ergab sich nicht nur eine gleiche Rangfolge der Kategorien, sondern auch die Häufigkeiten entsprechen sich, indem ungefähr die Hälfte der Träume realistisch-erfunden und jeder dritte Traum wirklichkeitsgetreu ausgestaltet war. Träume mit phantastischen Bezügen waren zwar bei den Kindern etwas häufiger als bei Erwachsenen, jedoch hatten auch sie nur vereinzelt Träume, die in einer völlig realitätsfernen Welt angesiedelt waren.

Die Kinder haben in ihren Träumen, aus der Sicht der Erwachsenen beurteilt, vorwiegend Freizeitthemen aufgegriffen, wie die Abbildung 28 veranschaulicht.

In ungefähr jedem zweiten Traum haben die Kinder Spiele gemacht, Sport betrieben und Ausflüge unternommen. Alltagsthemen, wie beispielsweise eine Schulstunde oder häusliche Aktivitäten, standen demgegenüber nur in jedem dritten Traum im Vordergrund. Dieses Verhältnis von Freizeit- und Alltagsthemen in der Traumwelt

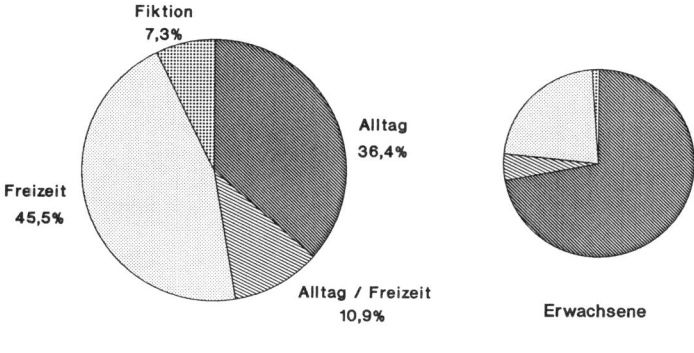

Fiktion
7,3%

Alltag
36,4%

Freizeit
45,5%

Alltag / Freizeit
10,9%

Erwachsene

Kinder

Abbildung 28: Der thematische Bezug in Kinderträumen.
Das Aufgreifen von Alltagssituationen, Freizeitthemen und fiktiven Welten in
55 REM-Träumen. Die Ergebnisse der Träume der Erwachsenen sind als Vergleich danebengestellt.

der Kinder können wir aber nicht als eine Bevorzugung von Vergnügungen interpretieren, weil Freizeitaktivitäten in dieser Altersgruppe auch im Wachleben einen größeren Raum einnehmen. Träume, in denen die Kinder eine Märchenwelt schufen, hatten im Vergleich zu den Alltags- und Freizeitträumen einen eher kleinen Stellenwert, auch wenn solche fiktiven Träume etwas häufiger als bei Erwachsenen waren.

Der Traum von der verlorenen Bratwurst spielt in der Freizeit und hat in realistische Episoden bizarre Elemente eingestreut, die ihm einen absurden Charakter verleihen:

„Ein Freund von meinem Bruder wollte ein Fest machen, und dann hat er ganz viele eingeladen. Und er wollte das Fest bei uns zu Hause im Keller machen. Und dann sind wir aber auf einmal in dem Schulhaus, in dem ich früher in die Schule gegangen bin, gewesen. Ich glaubte, ich war die Größte. Da waren so kleine Kinder und noch meine Handarbeitslehrerin. Und dann haben wir ganz viele Würste gebraten. Und jeder hatte so ein Köfferchen dabei, mit einem Geschenk drin, und in der Mitte war so eine Vertiefung, daß man dort eine Wurst hineinlegen kann. Dann war ich auf einmal in diesem Haus, wo wir früher gelebt haben, und dort waren Theres und mein Bruder. Und ich habe gefragt: ‚Wie soll ich das machen mit dem Grillieren, soll ich einen Stecken nehmen oder den Grill?‘ Und dann hat mein Bruder eine lange Erklärung abgegeben, wie er meine Wurst zuerst einölt und auf den Grill legt und sie nachher so in einem Kasten kochen läßt. Und dann hat er die Wurst einfach genommen und einmal abgebissen. Und der Freund wollte dauernd, daß wir ‚Willkommen‘ auf die Wandtafel schreiben, und den Namen dazu.

Wir saßen in einem Kreis, und das war dann im Handarbeitszimmer. Und dann habe ich auf einmal meine Bratwurst nicht mehr gefunden, und ich habe angefangen zu weinen. Und dann haben alle Kinder gesucht und gesucht. Und nach dem Essen habe ich sie dann gefunden, unter einem Fenstersims, zusammen mit einem Zahnbürstchen. Und sie war wieder ganz. Und nach diesem Geburtstag bin ich zu Hause mit hohem Fieber krank : n Bett gelegen und habe laute, ganz wilde Musik gehört. Und die hat mir gar nicht gefallen."
(Mädchen, 11 Jahre, 2.Nacht, 5.REM-Phase)

Eine normale Vorbereitung für ein Kinderfest bildet in diesem Traum den Auftakt. Allerdings ist schon leicht befremdend, daß das Fest zunächst im Keller zu Hause stattfinden soll, dann aber im Handarbeitszimmer der Schule in Gang kommt, und dazwischen an einem früheren Wohnort weitergeht. An diesem Traum sind vertraute Personen beteiligt, die sich ganz normal verhalten. Völlig absurd ist aber die zentrale Rolle, die die Bratwurst in diesem Traum übernommen hat. Sie wird etwas umständlich grilliert, es ist zudem ein mit Plüsch ausgeschlagenes Spezialfach in einem Geschenkköfferchen für sie vorgesehen, darüber hinaus geht sie im angebissenen Zustand unter nicht geklärten Umständen verloren und findet sich schließlich, gemeinsam mit einer Zahnbürste, unversehrt unter einem Fenstersims wieder.

Der Bratwursttraum enthält drei bizarre Kategorien: abrupte Szenenwechsel, ungewöhnliche Handlungen und seltsame Objekte. Wie aus der Abbildung 29 hervorgeht, waren die meisten Kinderträume

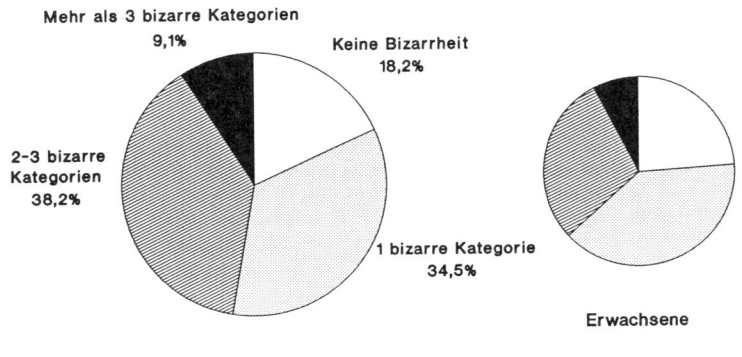

Kinder

Abbildung 29: Bizarrheit in Kinderträumen.
Die Häufigkeit bizarrer Merkmalsklassen in 55 REM-Träumen. Die Ergebnisse der Träume der Erwachsenen sind als Vergleich danebengestellt.

in zwei bis drei Kategorien bizarr gestaltet, nahezu ebenso viele Träume erwiesen sich nur in einer Kategorie als ungewöhnlich und in jeden fünften Traum waren gar keine bizarren Elemente eingestreut.

Im Vergleich zu den Erwachsenen trat Bizarrheit in diesen Kinderträumen insofern häufiger auf, als weniger Träume keine und mehr Träume eine vielfältigere Bizarrheit aufwiesen.

Welche Rollen die Traumfiguren in den Kinderträumen besetzten, haben wir in der Abbildung 30 aufgeschlüsselt. Die Kinder belebten ihre Traumbühne ähnlich wie die Erwachsenen mit allen Klassen von Traumfiguren. Der etwas höhere Anteil an engen Familienangehörigen war zu erwarten, weil Kinder mit ihnen zusammenleben und sich mit ihnen täglich beschäftigen. Wie bei den Erwachsenen kamen auch bei den Kindern andere bekannte Menschen am häufigsten vor, nur waren sie natürlich überwiegend Kinder, so wie bei den Erwachsenen die Traumbekannten größtenteils ebenfalls der eigenen Altersgruppe angehörten. Interessanterweise bezogen Kinder in ihre Träume nicht nur viele fremde Menschen ein, sondern auch in ihrer Traumwelt blieben viele Personen unbestimmt und schattenhaft. Tiere und fiktive Gestalten waren in diesen Kinderträumen zwar auch vertreten, aber nicht mehr mit einem auffallenden Stellenwert.

Ein besonders hervorstechendes Merkmal der Kinderträume war ihr hohes Ausmaß an aktiver Ich-Beteiligung. Kinder scheinen in

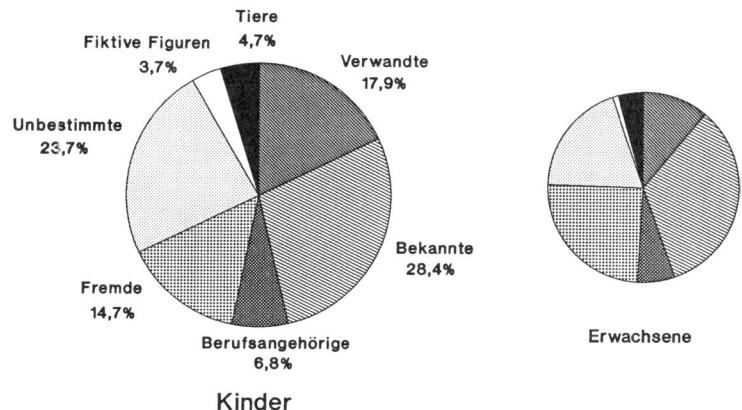

Kinder

Abbildung 30: Lebewesen in Kinderträumen.
Aufteilung von 190 Traumfiguren in 55 REM-Träumen. Die Ergebnisse der Träume der Erwachsenen sind als Vergleich danebengestellt.

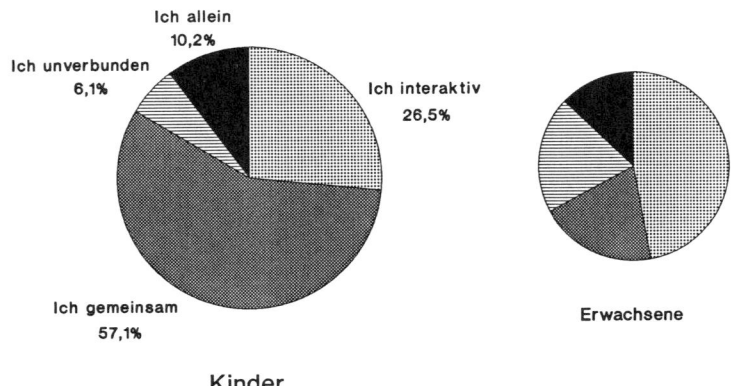

Ich allein
10,2%

Ich unverbunden
6,1%

Ich interaktiv
26,5%

Ich gemeinsam
57,1%

Erwachsene

Kinder

Abbildung 31: Die Ich-Aktivität in Kinderträumen.
Der soziale Bezug der Ich-Aktivität in 49 REM-Träumen (in 6 Träumen war
das Ich nicht aktiv beteiligt). Die Ergebnisse der Träume der Erwachsenen sind
als Vergleich danebengestellt.

ihren Träumen immer dabeisein zu wollen: In neun von zehn Träumen war das Traumich direkt in das Geschehen eingebunden, nur viermal verhielt sich das Traumich passiv, und lediglich in zwei Träumen blieb es als Zuschauer distanziert. In den Träumen unserer jungen Erwachsenen waren die Träumer zwar auch an erster Stelle aktiv am Traumgeschehen beteiligt, aber hier war in nahezu jedem dritten Traum das Traumich passiv, unbeteiligt, oder gar nicht präsent. Offensichtlich können Erwachsene leichter auch solche Träume schaffen, die von der Mitwirkung der eigenen Person unabhängig sind.

Die aktive Ich-Beteiligung in Kinderträumen spielte sich allerdings nicht wie bei den Erwachsenen überwiegend auf einer interaktiven Ebene ab. Wie aus der Abbildung 31 abzulesen ist, standen bei den Kindern eindeutig Träume im Vordergrund, in denen sie gemeinsam mit anderen etwas unternommen haben, ohne daß es zu wechselseitigen Beziehungen kam.

Der Traum von einer Geburtstagsfeier illustriert, wie eine gemeinschaftliche Aktivität in einem Kindertraum zum Ausdruck kommen kann:

„Wir sind an einer Geburtstagsfeier von meinem früheren Freund gewesen, der im Thurgau wohnt. Und dort hat es gebackene Bananen gegeben mit Honig. Und das ist ganz gut gewesen. Und dann haben wir noch Schleckwaren verteilt und alles mögliche. Ganz viel haben wir gemacht, Luftballons haben wir aufgeblasen. Und einer mußte sie aufblasen, bis sie platzen, und dort drin war dann eine Rechenaufgabe, und dann mußte er sie lösen, und das Ergebnis mußte er der Mutter sagen, und damit ist er dann weitergekommen. Und am Schluß hat mich die Mami einfach wieder abgeholt mit dem Zug, und dann sind wir wieder zurückgefahren."

(Junge, 10 Jahre, 2.Nacht, 4.REM-Phase)

Der Träumer verbringt auswärts einen schönen Nachmittag auf einer Geburtstagsparty, die alle kindlichen Wünsche befriedigt: Es gibt etwas zu naschen und gemeinsam werden spannende Spiele gemacht. Der Träumer ist überall mit dabei, tritt aber nicht durch besondere Aktivitäten hervor. Die Kinder gehen auch nicht aufeinander ein, sondern sind ganz in ihre gemeinsamen Aktivitäten vertieft. Typisch für das Alter des Träumers ist auch der Schluß des Traums, als die Mutter ihn abholt und nach Hause bringt.

Während im Traum von der Geburtstagsfeier sich das Traumich nicht von den anderen Personen abhebt, hat der Traum vom Bubenstreich dem Träumer schon eine spezifischere Rolle zugewiesen:

„Ich bin mit ein paar Kameraden zusammen gewesen. Und wir sind eine Straße durchgelaufen, und dann hat einer zu einem anderen Buben gesagt: ‚Renne voraus und klingle bei den Leuten und rufe ganz laut unsere Namen.' Lachend hat er das natürlich gesagt als Witz. Und dann schauen diese Frau und der Mann heraus, und der andere Bub geht hinter die Säule, und sie sieht mich. Und sie schaut mich an, dabei bin ich es gar nicht gewesen."

(Junge, 11 Jahre, 1.Nacht, 5.REM-Phase)

Dieser Traum geht von einer gemeinschaftlichen Aktivität unter Gleichaltrigen aus, aber der Streich wird von einem Anführer geplant und von einem Gefolgsmann ausgeführt. Der Träumer, der zunächst nur Mitläufer ist, gerät dann unverschuldet in Verdacht und wird zum Mittelpunkt des Traumgeschehens, reagiert aber überraschenderweise überhaupt nicht darauf.

In einem Traum, in dem das Schlaflabor in die Schule verlegt wurde, steht das Traumich dagegen in einem aktiven Austausch mit seiner Traumumgebung.

„Ein Junge ist gekommen und hat gefragt: ‚Erinnerst Du Dich noch an den Schlüsselanhänger? Ich habe den gleichen in grün, den hast Du doch gefunden.' Und dann hab ich gesagt: ‚Ja.' Und irgendwie waren wir im Schulhausflur mit dem Schlafsack, Tina, Anja und ich, und haben versucht, einzuschlafen. Dann ist es aber überhaupt nicht gegangen, weil es viel zu eng gewesen ist, obwohl das ein ganz breiter Flur ist. Und dann hat Tina gesagt: ‚Du nimmst mir viel zu viel Platz weg. Ich möchte jetzt auch einmal ein bißchen schlafen.' Und dann bin ich in eine andere Ecke gegangen, und dann sind die beiden anderen auch dahin gekommen. Und dann hat der Lehrer gerufen."

(Mädchen, 11 Jahre, 1.Nacht, 2.REM-Phase)

In diesem Traum wird die Träumerin zweimal angesprochen, und sie reagiert auch, zwar ausgesprochen wortkarg auf die Frage des Jungen und schweigend, aber folgsam handelnd, auf die Beschwerde der Freundin. Obwohl die Träumerin als Person aktiv wird, ist das Traumgeschehen dennoch vorwiegend von einem Gemeinschaftserlebnis getragen.

Im Vergleich zu den Träumen der Erwachsenen wurden in unseren Kinderträumen viel weniger Gespräche geführt. Zwar kam Sprache in nahezu jedem zweiten Traum vor, aber überwiegend redeten andere Traumfiguren, die Träumer haben nur in einem von fünf Träumen selbst das Wort ergriffen.

Die Kinderträume, die im Schlaflabor erhoben wurden, spiegeln, wie bei Erwachsenen, eine Traumwelt, in der aktuelle Lebenssituationen aufgegriffen und phantasievoll verarbeitet werden. Struktur und Inhalt der Kinderträume verändern sich parallel mit der Entwicklung der Phantasietätigkeit und der Differenzierung des Denkens und Fühlens. Kinder bringen in ihren Träumen nicht in erster Linie ihre Fähigkeiten zum Ausdruck, sich handelnd in der Wachwelt zurechtzufinden, sondern sie zeigen, welche Vorstellungen sie sich über sich selbst und die Welt machen können.

Die Träume von Frauen und Männern

Traumforscher haben sich schon lange mit der Frage beschäftigt, ob das Geschlecht eines Träumers einen Einfluß auf die Auswahl der Trauminhalte und den Verlauf eines Traums hat. Sind die Traumwelten von Männern und Frauen verschieden, oder sind Träume so persönlich gestaltet, daß biologische und soziokulturelle Bedingungen, die das Wachleben der beiden Geschlechter bestimmen, in ihren Träumen keinen Niederschlag finden?

Da unsere 500 REM-Träume von 18 Männern und 26 Frauen stammen, haben wir auch untersucht, ob sich die Träume in den von uns erfaßten Merkmalen geschlechtsspezifisch unterscheiden. Um ein wesentliches Ergebnis dieser Auswertungen vorwegzunehmen: Wir fanden nur in wenigen Inhaltskategorien deutliche geschlechtsspezifische Unterschiede, obwohl die Träume der Frauen insgesamt gesehen handlungsdichter und reichhaltiger in ihrer inhaltlichen Ausgestaltung waren als die Träume der Männer.

Die Träume von Frauen und Männern zeigten eine gleich breite Palette an Bühnenbildern und Traumfiguren. Während die Szenerien in bezug auf ihre Lokalisation und den Bekanntheitsgrad ähnlich verteilt waren, variierten aber Identität und Vertrautheit der Traumpersonen.

Das Balkendiagramm der Abbildung 32 verdeutlicht, daß in den Träumen keine allgemeine Diskriminierung der Geschlechter stattfand, weil in beiden Stichproben an erster Stelle weibliche und männliche Figuren gemeinsam auftraten und erst in den weiteren Rangfolgen sich die Akzente verschoben.

Bei den Männern stand eine Auseinandersetzung mit nur männlichen Traumpersonen an zweiter Stelle, gefolgt von Träumen, in denen sie allein waren und erst an vierter Stelle kamen Träume, in denen sie nur Frauen begegneten. Bei den Frauen hingegen hatten ‚Traummänner' einen kleinen Vorsprung vor einem Zusammensein mit nur den eigenen Geschlechtsgenossinnen. Diese Unterschiede sind allerdings nicht besonders groß, wir können sie nur als Tendenz interpretieren, daß Männer in ihren Träumen häufiger mit männlichen Traumfiguren allein sind, während Frauen ihre Traumwelt reichhaltiger beleben und weniger ‚selektiven' Umgang pflegen.

Das Balkendiagramm der Abbildung 33 zeigt den Bekanntheitsgrad der Traumpersonen, der in den Männer- und Frauenträumen ebenfalls die gleichen Rangfolgen aufweist, indem in den meisten Träumen bekannte Personen anwesend waren, vergleichsweise sel-

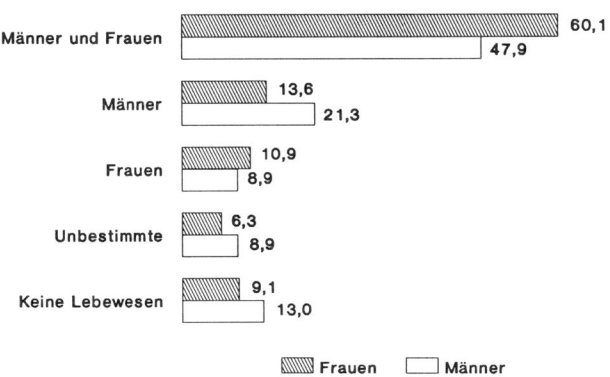

Abbildung 32: Identität der Personen in den Träumen von Frauen und Männern. Prozentuale Häufigkeiten in 331 REM-Träumen von Frauen und 169 REM-Träumen von Männern.

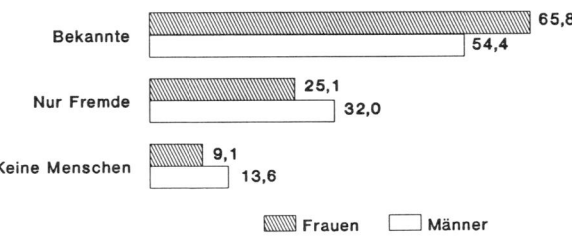

Abbildung 33: Bekanntheitsgrad der Personen in den Träumen von Frauen und Männern.
Prozentuale Häufigkeiten in 331 REM-Träumen von Frauen und 169 REM-Träumen von Männern.

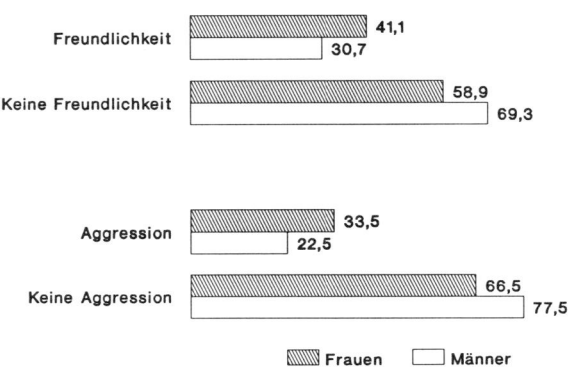

Abbildung 34: Freundlichkeit und Aggression in den Träumen von Frauen und Männern.
Prozentuale Häufigkeiten in 331 REM-Träumen von Frauen und 169 REM-Träumen von Männern.

ten lediglich Fremde vorkamen und in den wenigsten Träumen das Traumich allein war. In der Gewichtung der beiden Verteilungen deutet sich allerdings an, daß Frauen in ihren Träumen eine vertrautere soziale Umwelt vorziehen als Männer, die häufiger allein oder nur mit Fremden zusammen waren.

Die Qualität der sozialen Interaktionen in den Träumen der Frauen und Männer veranschaulicht das Balkendiagramm der Abbildung 34. In der Traumwelt der Männer waren die Beziehungen der Traumfiguren verhaltener, es gab insgesamt weniger freundliche oder unfreundliche Handlungen als in den Träumen der Frauen. Die stereotype Aussage, daß Frauen in ihrem Umgang mit anderen

Menschen entgegenkommender und Männer durchsetzungsfähiger sind, fand in den Träumen insofern keine Bestätigung, als in beiden Gruppen mehr freundliche als feindliche Kontakte stattfanden.

Das Austeilen und Empfangen von Freundlichkeiten war für beide Geschlechter ausgewogen, hingegen waren Träumerinnen häufiger Opfer einer unfreundlichen Handlung als Ausführende, während bei den Träumern die Täterrolle im Vordergrund stand. Keine Unterschiede zeigten sich in der Art der unfreundlichen Handlungen, da Männer und Frauen in ihren Träumen ein gleiches Verhältnis von körperlicher und verbaler Aggression zeigten.

In der Beteiligung des Traumichs am Geschehen und in der sozialen Ausrichtung der Ich-Aktivität waren die Träume von Männern und Frauen nicht verschieden.

Auch spezifische Gefühle und Befindlichkeiten sowie die Intensität der erlebten Gefühle waren annähernd gleich ausgeprägt. Nur in bezug auf die Qualität der im Traum erlebten Gefühle fanden wir geschlechtsspezifische Verschiebungen. Wie das Balkendiagramm der Abbildung 35 veranschaulicht, hatten Frauen mehr negativ affektbesetzte Träume, während die Träume der Männer häufiger von positiven Gefühlen begleitet waren.

Ob allerdings Frauen tatsächlich häufiger unangenehme Träume erlebten als Männer, kann aus diesem Ergebnis nicht zwingend abgeleitet werden, da Frauen auch nur eher bereit sein könnten, solche negativen Gefühle wahrzunehmen und zu berichten.

Weiterhin zeigten die Träume von Männern und Frauen eine vergleichbare Verteilung von Alltags- und Freizeitthemen und die-

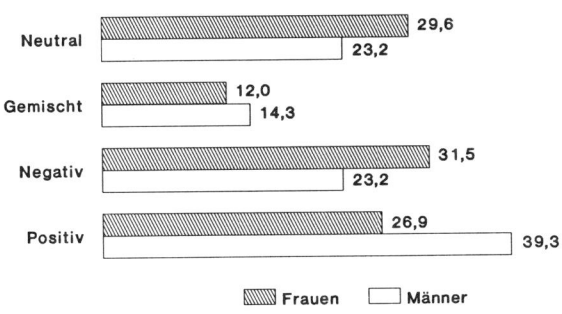

Abbildung 35: Qualität der Gefühle in den Träumen von Frauen und Männern. Prozentuale Häufigkeiten in 331 REM-Träumen von Frauen und 169 REM-Träumen von Männern.

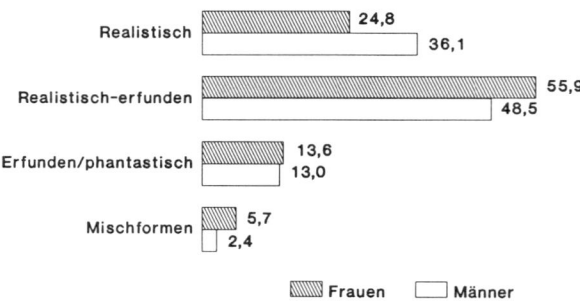

Abbildung 36: Der Realitätscharakter der Träume von Frauen und Männern. Prozentuale Häufigkeiten in 331 REM-Träumen von Frauen und 169 REM-Träumen von Männern.

selbe Rangfolge von realistischen bis hin zu phantastischen Träumen. Wie aber aus dem Balkendiagramm der Abbildung 36 zu entnehmen ist, hatten die Männer innerhalb dieser Rangfolge einen höheren Prozentsatz realistischer Träume. Dieses Ergebnis könnte für sich genommen im Sinne einer Kontinuitätsannahme auf das Alltagsstereotyp hinweisen, das Männern eine realistischere Weltsicht zuschreibt, doch muß dieser Unterschied relativiert werden, weil auch in den Träumen der Männer eine Kombination von realistischen mit erfundenen Elementen deutlich an erster Stelle stand.

Die wenigen Unterschiede, die sich bei unseren Vergleichen ergeben haben, zeigen keine prägnanten Gegensätze zwischen den Traumwelten der Männer und Frauen, sondern nur einige andere Gewichtungen. Deshalb können wir auch oft einem Traum nicht ansehen, ob eine Autorin oder ein Autor dahintersteckt, wie die beiden nächsten, zur Unterstreichung dieser Aussage passend ausgewählten Träume, veranschaulichen.

„Ich stand draußen im Garten und habe die Vögel gehört und Autos, die ganz entfernt vorbeifahren. Und dann war ich plötzlich auf einem Parkplatz und bin auf einem großen schweren Motorrad gefahren. Und ich hatte einen weißen Helm an, bei dem man das Visier so recht raffiniert nach oben klappen konnte. Und rechts und links von einer Mauer waren oben auf Holzböcken Autos geparkt, und man konnte um die Mauer herumfahren. Und vom Zentrum aus gesehen waren nochmals im Kreis herum geparkte Autos. Und dann bin ich da herumgefahren und habe auf einem dieser Parkplätze mein Motorrad abgestellt. Und dann hat mir der nicht gepaßt, und ich habe mein Motorrad dort wieder weggenommen und als ich da herausfuhr, hat mein Vater gerade diesen Parkplatz genommen. Der Parkplatz war ganz voll, aber an einer Stelle stand ein winziger Fiat auf diesen Holzböcken, neben dem gerade ein halber Platz frei war. Und dort standen in einem Dreieck drei geflochtene Körbchen und nochmals drei oben drauf. Und dann habe ich meine Maschine abgestellt, habe diese Körbchen auf die Seite getan und das Motorrad einfach hinaufgehoben. Und dann bin ich mit meinem Vater weggegangen."

(weiblich, 24 Jahre, 3.Nacht, 3.REM-Phase)

„Ich habe einem Juniorenspiel von Hockeyanern zugeschaut. Und die haben unerhört begeisternd mit großem Einsatz gespielt. Und da waren ein paar Zuschauer, und neben mir waren zwei eher junge Leute, die haben sich auch ereifert und begeistert, und ich habe denen so zugeschaut. Und immer wenn einer danebengeschossen hat, habe ich so diese ‚Ahs' gehört. Und ich habe eigentlich vom ganzen Spiel nicht viel verstanden. Und ich habe dann hin und wieder die anderen gefragt, und die haben immer so verwundert geschaut. Ich stand dicht neben der Bande, aber die Bande war nicht aus Blech, sondern aus Schnee. Und das ganze Eishockeyspiel fand auf dem Dach von irgendeinem Haus statt. Ich bin nur durch Zufall auf das Dach raufgekommen, weil ich mich ausruhen wollte, ein paar Schritte ging und deshalb aufs Dach gegangen bin."

(männlich, 23 Jahre, 4.Nacht, 4.REM-Phase)

In beiden Träumen werden Freizeitthemen aufgegriffen, bei denen sportliche Aktivitäten im Mittelpunkt stehen. Die Themen Motorradfahren und Eishockeyspiel sind in realistischer Weise ausgestaltet, werden aber auch mit bizarren Elementen angereichert. Die Parkplätze im Motorradtraum sind unpraktisch und unbefahrbar, und zudem sind sie unpassenderweise von Strohkörbchen verstellt. Das Eishockeyspiel findet überraschenderweise auf einem Dach statt, wo das Spielfeld durch eine Schneemauer abgegrenzt ist. In beiden Träumen ist das Traumich in das Geschehen eingebunden, im ersten Traum aktiv als Motorradfahrer, im zweiten als interessierter Zuschauer.

Nach konventionellen Vorstellungen könnten beide Träume deshalb von Männern stammen, weil sie eher ‚männliche' Freizeitaktivitäten realisiert haben. Vor allen Dingen der erste Traum macht einen ausgesprochen ‚maskulinen' Eindruck, weil sich hier das Traumich als kompetenter Motorradfahrer erweist und sogar seine schwere Maschine auf eine Rampe heben kann. Der zweite Traum hingegen ist nicht so deutlich ‚männlich', weil das Traumich offensichtlich die Regeln des Eishockeyspiels nicht kennt und auch durch die Art seiner Fragen bei den anderen Zuschauern Verwunderung auslöst.

Die junge Frau, die den Motorradtraum berichtete, kann in Wirklichkeit überhaupt nicht Motorrad fahren, und der Mann, der von dem Eishockeyspiel träumte, war mit dieser Sportart im Wachen nur wenig vertraut. Beide Träume haben auf der manifesten Ebene ein Thema aufgegriffen, das nicht die Wachinteressen der Träumer spiegelt. Erst auf der Deutungsebene könnte sich ein Zusammenhang mit Wünschen und Bedürfnissen ergeben, die allerdings nicht notwendigerweise einem Geschlechtsstereotyp entsprechen müßten.

In ihrem Buch ‚The content analysis of dreams' haben Hall und Van de Castle ihre Traumstatistik jeweils getrennt für weibliche und männliche Träumer dargestellt. Grundsätzlich unterschieden sich auch diese Heimträume von Männern und Frauen nicht in ihrer Erlebnisbreite und in ihrem szenischen Entwurf. Allerdings zeichnete sich ein deutlicher Unterschied bei den Traumpersonen ab: In der Traumwelt der Männer traten mehr männliche als weibliche Figuren auf, während bei den Träumerinnen dieses Verhältnis ausgewogen war, ein Ergebnis, das sich in unseren Laborträumen nur als Tendenz abzeichnete, da auch bei den Frauen die männlichen Traumgestalten überwogen, wenn auch nicht in einem so deutlichen Ausmaß.

Auch in den Heimträumen schufen Frauen eine sozialere Umwelt, die mehr von bekannten als fremden Personen belebt war, während bei den Männern der Kontakt mit Unbekannten ein größeres Gewicht hatte. Auffallend war hier weiterhin eine geschlechtsspezifische Gewichtung und Ausrichtung der aggressiven Interaktionen. In den Träumen der Männer wurden aggressive Auseinandersetzungen häufiger in die Tat umgesetzt, während in den Träumen der Frauen nicht-körperliche Aggressionen im Vordergrund standen, ein Ergebnis, das wir in unseren REM-Träumen nicht gefunden haben. Sowohl in den Heim- als auch den Laborträumen beider Geschlechter bezogen sich aber aggressive Interaktionen bevorzugt auf männliche Traumfiguren.

Der geschlechtsspezifische Unterschied, daß Männer häufiger als Frauen von männlichen Traumfiguren träumen, ist vielfach bestätigt worden. Calvin Hall hat die Traumliteratur durchforstet und in 29 empirischen Untersuchungen diesen Unterschied gefunden. Ein Hervortreten von männlichen Traumfiguren war charakteristisch für Heim- und Laborträume von Studenten aus verschiedenen Generationen, aber auch für männliche Jugendliche und ältere Männer sowie für Träumer aus mehreren anderen Ländern und Kulturen (Hall, 1984).

Wie ist dieser Unterschied zu erklären? Eine psychologische Interpretation liegt nahe, wenn wir davon ausgehen, daß Träume das zum Ausdruck bringen, was einen Menschen persönlich beschäftigt. Männer würden unter dieser Annahme deshalb mehr von anderen

Männern träumen, weil für sie die männliche Welt besonders wichtig ist und ihr Selbstbild stärker durch Männer bekräftigt oder in Frage gestellt werden kann. Demgegenüber würden Frauen ausgewogener von beiden Geschlechtern träumen, weil ihr Selbstbild sich nicht nur an der weiblichen Rolle orientieren kann, sondern weil sie sich mit den vorherrschenden Maßstäben der männlichen Welt ebenfalls auseinandersetzen müssen.

Eine mehr soziologische Erklärung bietet sich dagegen an, wenn wir berücksichtigen, daß Träume die konkreten Wacherfahrungen der Menschen aufgreifen. Auf diesem Hintergrund würden Männer deshalb mehr von anderen Männern träumen, weil sie in ihrem Beruf und im öffentlichen Leben häufiger mit Männern in Kontakt treten, während dies im Alltag von Frauen in der Regel weniger der Fall ist. Diese Hypothese könnte man empirisch überprüfen, aber bisher wurde noch nicht untersucht, ob beispielsweise Männer, die beruflich in erster Linie mit Frauen zusammenarbeiten, mehr weibliche Traumfiguren in ihre Träume aufnehmen.

Während sich die Traumwelten von Kindern in den verschiedenen Entwicklungsstufen deutlich voneinander abgrenzen, ordnet sich die Vielfalt der Träume weniger prägnant, wenn wir Träume von Frauen und Männern einander gegenüberstellen. Die größere Verwandtschaft zwischen den Traumwelten der Männer und Frauen zeigt, daß die Geschlechtszugehörigkeit an sich keine spezifischen Träume hervorruft.

Haben besondere Lebenssituationen oder einschneidende Lebensereignisse vielleicht einen bedeutsamen Einfluß auf die Gestaltung der Träume? Obwohl es zu dieser Frage viele Arbeiten gibt, in denen zu Hause erinnerte Träume ausgewertet oder Fallbeispiele berichtet wurden, liegen erst vereinzelte systematische Laboruntersuchungen vor.

Rosalind Cartwright hat untersucht, ob die Träume von Frauen, die sich in Scheidung befinden, charakteristische Merkmale der Traumgestaltung aufweisen (Cartwright, Lloyd, Knight & Trenholme, 1984). Drei Gruppen von Frauen kamen mehrere Nächte ins Schlaflabor: Frauen in Scheidung, die sich entweder als depressiv oder als nicht besonders beeinträchtigt einstuften sowie eine Gruppe von glücklich verheirateten Frauen. Die Gefühlsfärbung in den REM-Träumen der Frauen in Scheidung war negativer als bei den verheirateten Frauen, aber nur die Frauen, die unter ihrer Scheidung litten, hatten eine eingeschränkte, auf die Vergangenheit bezogene Zeitperspektive in ihren Träumen. Diese Studie deutet darauf hin, daß nicht das einschneidende Lebensereignis als solches, sondern die individuelle Auseinandersetzung mit dieser Situation einen Einfluß auf die Träume haben kann.

Die Fragestellung, ob Krankheit als gemeinsames Schicksal Träumen ihren Stempel aufdrückt, wurde schon in vielen Untersuchungen aufgegriffen, naheliegenderweise in erster Linie bei psychischen Erkrankungen. Allerdings wurden hier bisher hauptsächlich Schlafstruktur und Aspekte der Traumerinnerung untersucht, und es gibt noch keine umfassenden Analysen der Erscheinungsweise dieser Träume.

Am eingehendsten wurden bisher depressiv erkrankte Menschen untersucht, für die eine stark herabgesetzte Traumerinnerung charakteristisch ist. Eine Forschergruppe am Zentralinstitut für Seelische Gesundheit in Mannheim berichtete, daß nur jede fünfte REM-Weckung zu einem Traumbericht führte (Riemann, Löw, Schredl, Wiegand, Dippel & Berger, 1990). In mehr als der Hälfte der Weckungen gaben die Patienten an, gar nicht geträumt zu haben, und nach jeder vierten Weckung erinnerten sie sich nur daran, geträumt zu haben, ohne den Inhalt fassen zu können. Die Träume waren kurz, bestanden aus fragmentarischen Alltagsepisoden und waren von einer eher negativen Grundstimmung getragen, allerdings wurden depressive Symptome der Selbstbeeinträchtigung und Selbstschädigung nicht konkret in das Traumgeschehen umgesetzt.

Letztlich ist aber nicht entscheidbar, ob in einer Depression die Traumaktivität allgemein reduziert ist, oder ob die im Vordergrund stehende depressive Symptomatik die Erinnerung an das Traumerleben blockiert und auch die erinnerten Episoden in dieser Sichtweise einfärbt.

Menschen, die durch eine Krankheit psychisch verändert und beeinträchtigt sind, können anscheinend nur Träume schaffen, die diese Veränderungen spiegeln. Daher ist es einleuchtend, daß auch die Träume schizophren erkrankter Menschen Störungen im Denken und Erleben aufweisen.

Träume sind in vielschichtiger Weise mit der Lebenssituation vernetzt, weil es die Träumer sind, die auf dem Hintergrund ihrer Wacherfahrungen die Träume hervorbringen. Träume lassen sich am ehesten gruppieren, wenn Träumer sich in ihrem Denken und Erleben eindeutig unterscheiden. So haben Kinder in den verschiedenen Entwicklungsphasen in vieler Hinsicht andere Träume als Erwachsene, weil ihre Vorstellungsfähigkeit und die Art, über sich und die Welt nachdenken zu können, nicht dieselben Dimensionen haben.

Die Traumwelt psychisch Erkrankter hat ihre eigenen Kennzeichen, weil auch hier bereits im Wachen die Welt anders erfahren wird. Da Frauen und Männer in ihrem Erleben offensichtlich nicht so verschieden sind, weisen ihre Träume mehr Gemeinsamkeiten als Unterschiede auf. Auch einschneidende Lebensereignisse scheinen nicht grundsätzlich die Traumstruktur zu verändern, sondern allenfalls die Traumthematik, die jedoch immer die individuelle Handschrift des Träumers trägt.

Traumkontinuität und Wacherleben

In der steten Abfolge von Wachen und Schlaf sind Träume immer eingebettet in das Wacherleben und es wäre zu erwarten, daß diese zeitliche Nähe eine Verwandtschaft der psychischen Aktivität, eine Kontinuität von Struktur und Inhalt der Traum- und Wacherfahrung fördert. Diese Überlegung berücksichtigt aber noch nicht die verschiedenen Bewußtseinszustände, mit denen Traum- und Wacherleben einhergehen. Das Traumbewußtsein könnte ein besonderes Erleben schaffen, eine eigene, in sich geschlossene Welt, die von dem täglichen Strom unserer Gedanken und Vorstellungen abgezweigt ist.

Die Fragen, wie unverbunden oder wie vernetzt Träume sind und ob sie sich in ihrer Erscheinungsweise durch besondere Merkmale auszeichnen, sind sowohl an den Träumen einer Nacht als auch globaler im Vergleich zwischen Traumerfahrung und Wacherleben untersucht worden.

Die Verknüpfung der Träume einer Nacht

Die Erhebung von Träumen im Schlaflabor hat neue Möglichkeiten eröffnet, den Verlauf von Traumserien zu analysieren. Während Forscher früher auf spontan erinnerte Träume angewiesen waren, wenn sie den Zusammenhängen zwischen Träumen nachgingen, erheben wir im Schlaflabor im Laufe einer Nacht mehrere Träume, die näher beieinanderliegen als sporadisch erinnerte Träume. Wir gewinnen hier einen Einblick in zeitlich umgrenzte Abfolgen der Traumaktivität und können gezielt untersuchen, ob Traumserien formale und inhaltliche Zusammenhänge aufweisen oder in ihren Ausgestaltungen und Themen unverbunden sind.

Gemeinsamkeiten können sich einerseits auf der manifesten Ebene des Traums zeigen, indem einzelne Elemente wiederauftauchen, ein Thema in verschiedenem Kontext wiederholt wird oder eine Handlung sich kontinuierlich entwickelt, andererseits sind sie möglicherweise erst nach einer Deutung des Traums zu erkennen, wenn ein zugrundeliegender psychodynamischer Gehalt herausgefiltert wurde.

Bei der Untersuchung experimenteller Traumserien ist zu bedenken, daß die mehrfachen Weckungen während einer Nacht den ‚natürlichen‘ Verlauf der Träume unterbrechen, was unterschiedliche Folgen haben kann: Die Erinnerung an einen Traum, die ein Wachsein voraussetzt, könnte zum einen im Sinne eines ‚Tagesrestes‘ eine Wiederaufnahme des Themas im nächsten Traum stimulieren, zum anderen könnte sie eine Fortsetzung des Themas auch hemmen, weil es durch die Berichterstattung sozusagen abgehakt worden ist.

William Dement und Edward Wolpert haben 1958 zum ersten Mal untersucht, ob REM-Traumserien inhaltliche Zusammenhänge auf der manifesten Ebene aufweisen. Sie sichteten die Träume aus 38 Nächten und erkannten in etwa jeder fünften Serie Variationen zu einem Thema. Weit häufiger beobachteten sie aber nur Querverbindungen einzelner Traumelemente, die keinen bestimmten Regeln zu folgen schienen.

Wir haben an 36 Traumserien von 24 Versuchspersonen untersucht, ob die REM-Träume einer Nacht direkt miteinander zusammenhängen. Jede Traumserie haben wir daraufhin durchgesehen, ob sie durch irgendwelche gemeinsamen Themen verbunden ist und ob einzelne Inhalte wiederkehren. In vierzehn Traumserien fanden wir thematische Verknüpfungen, wobei allerdings nur in sechs Serien ein Thema durchgehend in jedem Traum behandelt wurde. In weiteren achtzehn Traumserien traten einzelne Elemente wiederholt an verschiedenen Stellen der Serie auf, hier hatten die Träume Requisiten aus einem umschriebenen Fundus ausgewählt. In vier Traumserien stellten wir auf dieser konkreten Ebene keine inhaltlichen Verbindungen fest.

In den folgenden drei REM-Träumen, die ein 28-jähriger Mann in der ersten Versuchsnacht berichtete, fallen keine offensichtlichen Verknüpfungen auf.

> „Ich bin in einem Zug gefahren. Es waren so alte Wagen mit Gang und Abteil. Und ich weiß nicht, wohin wir gefahren sind. Ich bin auf jeden Fall schon lange im Zug drin gewesen. Ich hatte einen Haufen Gepäck und habe mich dort fest eingerichtet. Es war ziemlich laut in diesem Zug, und er hat ziemlich fest geschaukelt. Es waren auch viele Leute in diesem Zug, aber ich habe mit niemandem geredet, ich habe eigentlich dauernd nur zum Fenster hinausgeschaut.“

> „Ich saß mit ein paar Bekannten von der Uni zusammen im Garten von einer Villa und wir haben unsere Erfahrungen ausgetauscht. Wir haben von den

Ferien geredet, von den Erlebnissen gesprochen. Und diese Bekannten stammen zum großen Teil aus den Anfangssemestern, und sie haben sich gegenseitig nicht besonders gut gekannt. Und darum war es irgendwie lustig, daß sie alle zusammensaßen."

„Da war ein Haus, das so aussieht wie eine Erziehungsanstalt, aber keine war. Und dort in einem Teil des Hauses hatten viele Jugendliche ihre Zimmer. Und aus irgendwelchen Gründen haben sie angefangen, miteinander zu streiten. Und das hat sich dann zu einer richtigen Schlägerei entwickelt, die das ganze Haus betroffen hat. Sie haben viele Sachen kaputt geschlagen in diesem Haus, sie haben sogar Türen herausgerissen und Bretter von den Wänden, die sie sich um die Ohren geschlagen haben. Es kam mir vor wie ein richtiger Bandenkrieg."

Jeder dieser drei Träume präsentiert sich als eigenes Bühnenstück mit verschiedenen Rollenbesetzungen, neuen Kulissen und wechselnden Ereignissen. Im ersten Traum unternimmt der Träumer eine ganz gewöhnliche Zugfahrt, in der er nur von unbestimmt bleibenden Personen umgeben ist und schweigend die Landschaft genießt. Im zweiten Traum findet im Garten von einer Villa ein freundlicher Erfahrungsaustausch unter Bekannten statt, an dem der Träumer sich aktiv beteiligt. Im letzten Traum kommt es in einer Art von Erziehungsanstalt zu einem Bandenkrieg mit einer aggressiven Eskalation, in die der Träumer gar nicht einbezogen ist.

Diese drei Träume sind völlig verschieden, es ist weder ein thematischer Zusammenhang zu erkennen, noch tauchen einzelne Traumelemente wiederholt auf. Auch die Steigerung von der neutralen Ausgangsstimmung im ersten Traum über die angenehmen Kontakte bis zur gewalttätigen Zerstörung im letzten Traum geht nicht einher mit einem zunehmenden Betroffensein des Träumers. Obgleich diese Traumserie in ihrer Ausgestaltung keine direkten Zusammenhänge erkennen läßt, wäre es natürlich durchaus möglich, daß Assoziationen des Träumers latente Motive aufdecken könnten, die die Träume miteinander verbinden.

Eine Serie von drei REM-Träumen, die eine 45-jährige Amerikanerin in der dritten Versuchsnacht berichtete, veranschaulicht konkrete Verbindungen zwischen den Träumen einer Nacht.

„Ich war in einem Park und zwei fremde Leute schenkten mir 271 Dollar. Zuerst wollten sie mir 261 Dollar geben, und der eine von ihnen sagte: ‚Nein, wir geben Dir 271.‘ Sie gaben es mir in Eindollarnoten, und ich konnte sie nicht in meiner Handtasche unterbringen."

„Du hast geheiratet und den Anfangsbuchstaben Deines Namens von S. in K. geändert. Du hattest ein kleines rotes Kostüm an mit einer Diamantnadel und zwei Platin-Diamantringen. Wir arbeiteten mit einem anderen Mädchen

194

zusammen und statt im Bett zu liegen, saß ich mit Dir an einem Tisch in einer kleinen Nische, und Du hattest einen kleinen Dir gut stehenden braunen Hut auf. Und vorher war ich irgendwo auf dem Land. Ich bin gelaufen und gelaufen und habe versucht herauszufinden, wo Du warst. Und ich kam an eine Stelle, wo ich sagte: ‚Oh, das ist so eine schöne Szenerie mit diesen Bergen'. Und während ich sie ansah, fiel alles auseinander, weil es alles aus Pappe war, sie drehten nämlich gerade einen Film."

„Ich war sehr beschäftigt mit dem Versuch, Dich zu verheiraten. Jedesmal, wenn ich Dich dazu gebracht hatte, Dich feinzumachen, wenn wir Hüte und Handschuhe beieinander hatten, konnten wir den Mann nicht finden. Dann war ich mit zwei kleinen Babies, es waren Zwillinge, zusammen, die teilweise negroid waren, eines hatte glänzende rote Haare und blaue Augen. Ich gab diesem Baby einen Kuß und mein Lippenstift verschmierte sich über sein Haar, und statt Haar hatte es Seidensträhnen auf seinem kleinen Kopf. Die Eltern der Kinder waren bekannte Sänger, und ich wohnte in der Carnegie Hall. Es gab allerlei Verwirrung, weil das Gebäude so alt war. Die kleinen Babies waren so hübsch und sauber angezogen und ich nahm sie in ihrem Wagen mit in den Park. "

Die Traumserie setzt sich insgesamt aus fünf Szenen zusammen. Der erste Traum enthält nur eine Situation, in der unbekannte Personen der Träumerin in einem Park Geld schenken. Der zweite Traum spielt zunächst in einer Kulissenlandschaft, in der die Träumerin die Versuchsleiterin vergeblich sucht. In einer zweiten Episode hat die Versuchsleiterin geheiratet und die Träumerin ist zu einer Mitarbeiterin in dem Experiment avanciert. Im dritten Traum ist die Träumerin zu Beginn bemüht, die Versuchsleiterin unter die Haube zu bringen, dann wechselt der Traum in die Carnegie Hall, wo sich die Träumerin mit zwei fremden Babies beschäftigt, die sie in den Park ausführt.

Den auffälligsten Zusammenhang zeigen die beiden Szenen, in denen die Heirat der Versuchsleiterin, allerdings mit unterschiedlichem Ausgang, thematisiert wird. Im zweiten Traum ist die Heirat eine vollzogene Tatsache, die im dritten Traum wieder rückgängig gemacht wird, weil hier die Heirat mangels Bräutigam nicht zustandekommen kann. Die Versuchsleiterin kommt darüber hinaus auch in der zweiten Szene vor, als die Träumerin sich auf die Suche nach ihr begibt. Die erste und letzte Szene der Traumserie heben sich thematisch deutlich von den übrigen ab, sie sind jedoch durch das Element ‚Park' verknüpft. Aber auch noch weitere konkrete Elemente kehren in verschiedenen Traumszenen wieder: Kleidung, Farben und das Aussehen werden in den beiden Heiratsszenen betont und tauchen in der Arbeitsbesprechung und in der Beschreibung der Babies auf.

Obwohl die Träume dieser Nacht teilweise durch ihre Themen und einzelne Elemente miteinander verbunden sind, vermittelt die Traumserie nicht den Eindruck einer Geschichte, die ein Leitthema verfolgt. Die Szenen wirken trotz ihrer gemeinsamen Elemente eher unverbunden, weil Orte, Personen und Situationen wechseln und die Träumerin nicht in gleicher Weise in die Traumgeschehnisse einbezogen ist. Im ersten Traum hat sie das Glück, ohne ihr Zutun ein Geldgeschenk zu bekommen, das sie aber nicht recht unterbringen kann. Im zweiten Traum ist sie erfolglos bei ihrer Suche nach der Versuchsleiterin, und die bewunderte Landschaft erweist sich als eine Filmkulisse. Anschließend sieht sie sich der inzwischen verheirateten Versuchsleiterin gegenüber und übernimmt jetzt erfolgreich eine aktive Rolle im Traumexperiment. Der dritte Traum geht zunächst einen Schritt zurück, indem sich die Träumerin vergeblich bemüht, die Versuchsleiterin zu verkuppeln, und er greift nicht auf, daß die Heirat bereits im vorangegangenen Traum ohne Hilfe der Träumerin stattgefunden hat. Die letzte Traumszene mit den Babies weist der Träumerin eine Rolle zu, in der sie persönlich eher wenig betroffen ist, und die auch nicht von Erfolg oder besonderem Mißlingen gekennzeichnet ist.

Auch wenn diese Traumserie nicht durchgängig von gemeinsamen Themen und wiederkehrenden Elementen geprägt ist, so deutet sich doch ein psychodynamisches Leitmotiv an: Aus dem Wechsel von Erfolg und Mißlingen ist ein erster Hinweis auf unerfüllte Wünsche zu entnehmen, die sich mit einem Problem der Selbstverwirklichung verbinden, auf dem Hintergrund einer Welt, in der nicht alles echt ist.

Die nächste Serie von vier REM-Träumen berichtete eine 51-jährige Frau in ihrer vierten Versuchsnacht. Anhand dieses Beispiels kommentieren wir ausführlicher, wie Träume einer Nacht vielschichtig und dicht miteinander verwoben sein können.

„Da waren Kinder, die gehörten in ein verarmtes altes Schloß. Und da war noch so eine Mutter, die war ein bißchen kümmerlich. Die lüfteten so ihre Kammer, wo alte Sachen drin waren, das haben sie alles rausgehängt. Da waren so komisch gestickte Gewänder mit Lochstickerei. Und dann haben die Kinder noch Sachen davon weggenommen und haben sich verkleidet. Einer hatte zwei halbe Sellerie auf den Ohren, wie so eine Vogelmaske. Ich habe dann immer wieder gelobt, wie chic sie sich hergerichtet haben. Es waren wahnsinnig viele Kinder, nicht alle von dieser Frau, nur Knaben, von vierzehn Jahren an abwärts. Wie Waldkäuze haben sie ausgesehen, sie wuselten da herum, ganz friedlich."

„Das war in einem Landhaus. Da war eine Familie, die hatte Kinder, die nicht mehr im Haus waren. Jedenfalls waren noch zwei Töchter und eine Pflegetochter da. Die Pflegetochter war ganz lebenslustig und hat schrecklich gerne getanzt. Dann wollte sie immer Feste machen, und die Mutter verstand es ganz hervorragend, alles, was ihr unbequem war, auf irgendein Beinleiden zu schieben. Da war gerade ein Fest, wo getanzt wurde und wo die sich furchtbar lustige Sachen ausgedacht hatten, so Gedichte. Ich durfte auch mittanzen, ich war aber irgendwie alt und nicht gern gesehen. Die Kleinen waren nett zu mir, die Alte hat mich nicht gemocht. Und da war noch eine dabei, die wollte immer irgendein Stück aufführen. Das scheiterte daran, daß man nie den fand, der die richtige Rolle spielen konnte, weil die Typen irgendwie nicht paßten. Und dann wollte ich der Alten helfen, den Tisch zu decken, das hat ihr aber gar nicht gepaßt. Und da hat sie dann gesagt: ‚Ach, wir sehen uns ein anderes Mal gemütlich wieder.‘ Und da bin ich zu den Lustigen gegangen. Und der Mann hat Brezeln kommen lassen, so in einer Tüte, ganz toll geschichtet.“

„Das war entsetzlich kompliziert. Mein Sohn war mein Bruder und meine Tochter war unsere Tochter. Wir waren alle so einfache Bauern und hatten auch keine rechten technischen Einrichtungen. Und dann hat mein Sohn gesagt, er hätte alles angeguckt, was der Vater machte, und er hätte ja gesehen, daß er schöne Erfindungen gemacht hätte für den Haushalt, und das bekäme alles einmal seine Schwester. Vorher war noch etwas anderes bei einem Friseur. Der hat gesagt: ‚Heute müssen wir die Damen, die zuletzt gekommen sind, bitten, wieder zu gehen. Wir können das nicht mehr machen.‘ Da mußte man wieder gehen, es war halb sechs Uhr. Da war eine Dame, die konnte nicht richtig laufen, die habe ich dann so auf einem Schubkarren gefahren. Und dann habe ich noch das Baby unseres Nachbarn in einem Kinderwagen mit bißchen Sadismus so über Steine gekarrt, die gerade abgeladen worden sind zum Walzen, so daß es furchtbar geholpert hat.“

„Es war irgendwie in den Bergen, wo viele Leute waren, die ich nicht kannte und die mir unsympathisch waren. Frauen, aus denen man nicht ganz klug werden konnte. Das war kein geregeltes Haus, es gab einfach so mehrere Zimmer. Und ein Bekannter, mit dem ich sonst gut stehe, der war nicht auf meiner Seite, der war auf der Seite dieser Frauen. Und da war eine, die konnte tolle Sachen, man hat es aber nie gesehen. Und einmal habe ich bemerkt, wie sie aus ihrem Zimmer kam am Morgen, da hat sie sich einfach so vom Boden abgedrückt und ist so durch die Luft geflogen. Und dann bekam ich von einem Mann einen Zettel, daß meine Tochter sich seit Januar in ernster Lebensgefahr befände. Das habe ich zuerst nicht geglaubt, und dann fiel mir ein, daß sie auch hier oben mit mir zusammen war, und daß sie bei wahnsinnigem Wetter mit dem Rad weggefahren ist. Und dann habe ich mir überlegt, daß irgendein gräßlicher Mensch sie geschnappt hat und nur gegen Lösegeld wieder hergeben will. Und wenn ich das nicht gebe, dann bringt er sie um. Ich habe das den Leuten erzählt und das hat die alle einen Dreck interessiert. Und dann tauchte noch eine Freundin auf, zu der habe ich immer gesagt: ‚Hilf mir doch, was soll ich denn bloß machen, es ist doch kein Mensch da, der mir helfen kann, ich muß doch alles tun, damit ich zu

197

diesem Kind hinkomme.' Und die hat immer nur so die Achseln gezuckt und gesagt: ‚Ich weiß es auch nicht.' Da habe ich ihr gesagt: ‚Du hast Dich doch früher auch dafür interessiert, wenn jemand Sorgen hatte.' Da hat sie dann nur gesagt: ‚Das tu ich aber jetzt nicht mehr. Ich bin ein fröhlicher Mensch und will es lustig haben.' Und es war dasselbe grauenhafte Wetter wie damals. Ich mußte auch rein in das Wetter, ein Rad hatte ich auch, ich habe aber nichts gefunden, was ich hätte anziehen können. Und da habe ich in einer Kleiderablage rumgewühlt bei diesen Weibern, da war unten drin so eine Rolle mit einem Reißverschluß, da war eine schicke Regenhaut drin, die habe ich mir geklaut."

Die Traumserie stellt keinen Fortsetzungsroman dar, da jeder einzelne Traum eine neue Geschichte erzählt. Die vier Träume stammen zwar von derselben Autorin, sie präsentieren aber verschiedene Lebensausschnitte und sind in ihrem Handlungsablauf in sich geschlossen mit Ausnahme des dritten Traums, der sich aus mehreren Szenen zusammensetzt.

Abgesehen von dieser Eigenständigkeit der Traumgestaltung weist die Serie zahlreiche Gemeinsamkeiten auf, die die Träume wie ein grobmaschiges Netz überdecken und verknüpfen. Zunächst fällt auf, daß alle Träume geschlossene Räumlichkeiten entwerfen. Die Träumerin befindet sich jeweils in Häusern, allerdings an verschiedenen Orten. Der erste Traum spielt in einem Schloß, der zweite in einem Landhaus, in einer Szene des dritten Traums lebt die Träumerin mit ihrer Familie in einem einfachen Bauernhaus, und im letzten Traum hält sie sich in einem Haus in den Bergen auf. Keines dieser Häuser ist der Träumerin vertraut und sie fühlt sich in der fremden Umgebung offensichtlich auch nicht ‚zu Hause': Das Schloß ist alt und verarmt, das Bauernhaus ist primitiv und ungenügend eingerichtet und in den beiden übrigen Häusern ist sie nur Gast und überdies nicht gerade gern gesehen.

Die Traumserie zeichnet sich also durch eine geringe räumliche Expansion aus, das Geschehen läuft in einem begrenzten Innenraum ab, und es gibt wenig Anzeichen für eine Auflösung oder Ausdehnung der räumlichen Dimension.

In der gesamten Traumserie übernehmen weiterhin fremde und eigene Kinder sowie Mütter eine zentrale und gefühlsbesetzte Rolle. Im ersten Traum spielen Knaben ein komisches Verkleidungsspiel. Im zweiten Traum treten zwei erwachsene Töchter und eine Pflegetochter auf. Im dritten Traum ist die Träumerin inzestuös mit ihren eigenen Kindern in komplizierte Verwandschaftsverhältnisse verwickelt, und zudem taucht noch ein Baby auf. Im letzten Traum schließlich hat die Sorge um die entführte Tochter einen besonderen

Stellenwert. Mit dem Thema Kinder verknüpft sich auch das kontinuierliche Auftreten von Mutterfiguren. In den beiden ersten Träumen sind fremde Mütter in die Traumhandlung verwoben, während sich in den beiden letzten die Träumerin selbst in ihrer Rolle als Mutter darstellt.

Ein weiteres, in der ganzen Traumserie wiederkehrendes Element sind Frauengestalten, die in irgendeiner Weise mit körperlichen oder psychischen Mängeln behaftet sind oder in ihrem Vorhaben behindert werden. Die Mutter im ersten Traum wird als „kümmerlich" geschildert, die Gastgeberin im zweiten Traum ist mißmutig und tyrannisiert die Umgebung mit ihren Krankheiten, und eine andere Frau in diesem Traum kommt mit der Aufführung eines Stückes nicht zum Zuge. Im dritten Traum taucht als Randfigur wieder eine Frau mit einem Beinleiden auf, die zusammen mit der Träumerin von einem Friseur abgewiesen wird. Im letzten Traum sind alle Frauen unsympathisch und wenig rücksichtsvoll, und sogar eine Freundin der Träumerin zeigt keinerlei Verständnis.

Das Thema ‚Mutter-Kind' sowie im erweiterten Sinn das Thema ‚alt-jung' durchziehen wie ein roter Faden die ganze Traumserie. Dabei wird deutlich, daß die älteren Frauengestalten eher als krank, unfreundlich oder unbeliebt geschildert werden, während die jüngeren lebenslustig und gern gesehen sind.

Schließlich wiederholen sich in den einzelnen Träumen auch bestimmte Formen der Interaktion. In den beiden ersten Träumen ist ‚spielen' ein gemeinsames Element, einmal verkleiden sich Kinder und in dem anderen Traum wird etwas vorgeführt. Mit diesen Handlungen sind Rollenspiele verbunden, die zudem indirekt im dritten Traum noch einmal aufgegriffen werden, indem die Rollen der einzelnen Familienmitglieder nicht genau festgelegt sind. Darüber hinaus findet sich das Gegensatzpaar ‚Hilfe und Abweisung' in den letzten drei Träumen. Im zweiten Traum will die Träumerin helfen, den Tisch zu decken, wird aber von der Gastgeberin zurückgewiesen. Im dritten Traum wird die Träumerin vom Friseur weggeschickt, bemüht sich ihrerseits aber um eine beinbehinderte Frau. Im letzten Traum sucht die Träumerin verzweifelt Hilfe für ihre Tochter, die ihr aber von der ganzen Gruppe verweigert wird.

Die Gemeinsamkeiten dieser Traumserie, die die drei Bereiche Räumlichkeit, Traumfiguren und Interaktionen umspannen, haben keine Stagnation der Thematik zur Folge, sondern sie führen zu einer dynamischen Verlaufsgestalt, die einen übergreifenden Zusammenhang zwischen den Träumen dieser Nacht herstellt. Die vier

Träume zeigen die allmähliche Entwicklung einer Konfliktsituation, die sich dramatisch zuspitzt und ohne Auflösung bleibt.

Der erste Traum der Serie gibt einen harmlosen Auftakt. Als Randperson schaut die Träumerin einer Verkleidungsszene zu und verteilt an die Kinder, ein wenig unbeteiligt wie es scheint, freundliches Lob. Der Traum hat eine eher spielerische und freundliche Atmosphäre, auch wenn er auf dem Hintergrund eines verarmten und etwas kümmerlichen Milieus spielt. Schon der zweite Traum konfrontiert jedoch die Träumerin mit einer angespannten Situation. Die Gesellschaft, auf der sie sich befindet, akzeptiert sie nur teilweise. Mit den jungen Leuten bleibt sie zwar weiterhin in gutem Kontakt, von den älteren wird sie jedoch nicht gern gesehen, da auch die Hilfe, die sie anbietet, abgelehnt wird. Trotz gleichbleibender Anpassungsbereitschaft erfährt also die Träumerin eine Zurückweisung, auf die sie ausweichend reagiert, indem sie sich „den Lustigen" anschließt. Der dritte Traum zeigt zum ersten Mal einen Wandel in der Handlungsweise der Träumerin. In der ersten Szene steht sie noch in einem ausgewogenen Kontakt mit der Umwelt, auch wenn dieser kompliziert und nicht eindeutig bestimmt ist: Sie ist mit dem Sohn verbunden, während der Vater für die Tochter sorgt. In der zweiten Szene wird die Träumerin von der Umwelt erneut abgewiesen, indem sie bei dem Friseur nicht an die Reihe kommt. Wiederum fügt sie sich und setzt ihre Hilfsbereitschaft dieses Mal bei einer kranken Frau ein. Erst in der letzten Szene erfolgt ein plötzlicher Umschlag. Hier ist die Träumerin zum ersten Mal aggressiv einem Baby gegenüber, die aggressive Handlung erfolgt spontan und nicht als Reaktion auf ein bestimmtes Verhalten der Umwelt. Der letzte Traum führt zu einem Höhepunkt der Spannung. Jetzt ist die Träumerin in eine Umgebung versetzt, von der sie völlig zurückgewiesen wird. Alle sind gegen sie, und als die Situation sich zuspitzt und die Träumerin verzweifelt um Hilfe bitten muß, findet sie kein Gehör. Auch eine Freundin wendet sich lieber lustigen Dingen zu als ihr zu helfen. War es im zweiten Traum noch die Träumerin selbst, die sich unangenehmen Dingen entzog und das Vergnügen suchte, wird ihr jetzt dieselbe Haltung von der Umwelt entgegengebracht. Am Ende der Serie ist die Träumerin ganz allein auf sich gestellt und es bleibt ungewiß, ob das dramatische Geschehen einer Lösung zugeführt werden kann.

Im Verlauf dieser Traumserie wird vom ersten bis zum letzten Traum ein mehrfacher Wandel in der Dynamik des Geschehens sichtbar. Zwar spiegelt jeder einzelne Traum dieselbe Problematik, doch sie kommt zunächst nur vorsichtig und versteckt und schließlich immer unverhüllter zum Vorschein. Die anfänglich friedliche Situation wird zunehmend ernster. Die eingangs unpersönliche Atmosphäre führt über wachsende Gespanntheit zu einer ausgesprochen persönlichen Gefahr. Die der Träumerin zunächst freundlich gesinnte Umwelt teilt sich in zwei Lager, bis am Ende keiner mehr zu ihr hält. Das Traumich ist am Anfang freundlich gelassen und eher wenig beteiligt und befindet sich am Ende in großer Verzweiflung. Dazwischen gibt es Momente von passivem Trotz und Aggression am falschen Platz.

Auch ohne Angaben zur Person der Träumerin und ohne weitere Assoziationen wird aus den Traumtexten eine Altersproblematik deutlich sowie eine widersprüchliche Einstellung der Träumerin zu ihrer Mutterrolle einerseits und zu ihrer Umwelt andererseits. Die affektive Unausgewogenheit zwischen Zuwendung und Ablehnung, zwischen Anpassung und Aggression führt zu einer Spannung, die nicht nur das Traumich zum Ausdruck bringt, sondern die auch im Verhalten der anderen Traumfiguren wiederzufinden ist. Die wiederkehrenden Themen und Elemente in dieser Traumserie umgrenzen und benennen diesen Konflikt, während der Verlauf die Intensität und die affektive Dynamik des Konflikts abbildet.

Milton Kramer hat mit seinen Kollegen den Zusammenhang von Traumserien auf der Deutungsebene untersucht (Kramer, Whitman, Baldridge & Lansky, 1964). Sie beschrieben zwei Verlaufsmuster, Progression und Stagnation. In ihrem Material zeigte jede zweite Traumserie in ihrem Verlauf eine progressive dynamische Entfaltung der unbewußten Problematik. Die Konfliktlösung, zu der ein einzelner Traum gelangte, schien hier die Ausgangsbasis für die dynamische Strukturierung des nachfolgenden Traums zu bilden. In jeder dritten Traumserie schienen dagegen die einzelnen Träume einer Nacht ständig um einen Grundkonflikt zu kreisen, das Leitproblem wurde in verschiedenen Aspekten variiert, es war aber keine Entwicklung oder eine Lösung zu erkennen.

Sukzessive Träume einer Nacht können einerseits in ihren Inhalten auf ein Leitmotiv zentriert sein, das von Traum zu Traum entweder mit leichten Umwandlungen stagnierend wiederkehrt oder sich im Verlauf zu einem negativen oder positiven Höhepunkt steigert. Auf der anderen Seite gibt es Traumserien, in denen jeder Traum für sich allein zu stehen scheint. Zwischen diesen beiden Typen treten viele Mischungen auf: Träume einer Nacht sind durch Zäsuren getrennt, bauen sich als Rahmenhandlung auf oder verbinden sich benachbart oder springend durch gemeinsame Elemente, die wiederum im Mittelpunkt oder am Rande stehen können.

Stagnierende oder progressive Verläufe von Träumen einer Nacht scheinen mit dem aktuellen Befinden eines Menschen in Verbindung zu stehen. Je nachdem, ob die psychische Situation festgefahren ist, von einem Konflikt überschattet wird oder sich in lebendigem Fluß befindet, sind auch in den Träumen verfestigte oder bewegliche, konstante oder wechselnde Muster zu erwarten.

Wachphantasien und Träume

Um die besonderen Merkmale der Traumwelt zu bestimmen, haben Forscher schon seit jeher Träume mit dem Wacherleben verglichen. Träume wurden einerseits in Beziehung gesetzt zu der wahrgenommenen Wachwelt und andererseits zu der induzierten und spontanen Phantasietätigkeit.

Messen wir Träume an den realen Erfahrungen, die wir im Wachen machen, dann fällt uns die Andersartigkeit der Träume besonders auf. Der Traum repräsentiert ein Augenblickserleben, das nicht in die lebensgeschichtliche Kontinuität eingebettet ist und in dem der Rückbezug auf die Vergangenheit und die Planung der Zukunft in den Hintergrund treten. Darüber hinaus sind in Träume Räumlichkeiten, Personen und Dinge einbezogen, die zwar nicht unbekannt sein müssen, aber oft auf andere Weise zusammengesetzt und gestaltet sind als es der unmittelbar gegebenen Wacherfahrung entspricht.

Messen wir Träume nicht an der wahrgenommenen Wachwelt, sondern an den Gedanken und Vorstellungen, die in unserer Phantasie auftauchen, dann sind Träume gar nicht mehr so einzigartig. In unserer freien Phantasie fällt es uns auch leicht, aus der realen Situation herauszutreten, die Grenzen von Raum und Zeit zu überspringen und Neues aus unseren Erfahrungen zu schaffen.

Die Beantwortung der Frage, wie Träume sich vom Wachen unterscheiden, hängt also wesentlich von dem gewählten Bezugspunkt ab. Die Phantasie bietet sich deshalb als naheliegender Vergleich an, weil Träume und Phantasien eine innere Welt schaffen, die nicht unmittelbar an der Wahrnehmung der Außenwelt orientiert ist.

Wie unterscheiden sich Träume von Wachphantasien? Diese Frage wird wohl nie erschöpfend zu beantworten sein, weil der Vielfalt der Traumwelt eine uneingeschränkte Spannbreite des Phantasieerlebens gegenübersteht. Während Träume immer eine Auswahl zu treffen scheinen, weil sie nicht alles aufgreifen, was wir uns im Wachen ausdenken und vorstellen können, sind unserer Phantasie eigentlich keinerlei Grenzen gesetzt.

Wir haben uns dem Vergleich von Träumen und Phantasien anzunähern versucht, indem wir Wachphantasien im Schlaflabor erhoben und sie mit den gleichen Kriterien ausgewertet haben wie unsere REM-Träume.

Von fünf Frauen und fünf Männern haben wir 120 Wachphantasien unter verschiedenen Bedingungen aufgezeichnet. Die Versuchspersonen kamen an jeweils vier Nachmittagen ins Schlaflabor, lagen auf dem Bett und versuchten sich zu entspannen. Wir haben jedesmal drei Phantasien erhoben, die sich auf eine Zeitspanne von etwa fünf Minuten bezogen. An zwei Nachmittagen verbalisierten die Versuchspersonen fortlaufend, was ihnen durch den Kopf ging, an den beiden anderen Nachmittagen berichteten sie ihr Erleben aus der Rückbesinnung. Zusätzlich regten wir in der Hälfte der Versuche die Phantasie durch einen Einleitungssatz an, beispielsweise „Stell' Dir vor, Du stehst an einem Fenster. Was erlebst Du?", während wir bei der anderen Hälfte keine Vorgabe machten.

Zwei Wachphantasien sollen zunächst einen Eindruck vermitteln, wie vielfältig die Erlebnisvorgänge sind, die sich im entspannten Wachzustand einstellen können. Beide Phantasien wurden von einem 25-jährigen Mann retrospektiv berichtet, wobei bei der ersten keine Anregung erfolgte.

„Ich war in meinem alten Gymnasium, in der Etage, in der das Zeichenzimmer ist und habe über die Treppe geschaut. Auf der Treppe saßen zwei merkwürdige Gestalten, die ich früher einmal gemalt habe, im gleichen Winkel, wie ich schaute. Im unteren Stockwerk waren Leute, die mich ausgelacht haben. Um mich herum war auch jemand, oder Gestalten, die mich so ein bißchen geknufft haben. Und auf dem Nebenschauplatz, quasi dort im Hintergrund, hat der Zeichenlehrer nach meiner Zeichnung mit dem Apfel gesucht. Und dann sind irgendwelche jungen Leute ganz schnell das Treppengeländer heruntergerutscht, ein ganzer Haufen. Ich bin dann in den Werkraum gegangen, der wie ein Schlauch, wie eine Höhle war, hinten klein und vorne ganz groß und weit. Der hat sich dann verwandelt in eine Schnellstraße in Tokyo, unter der ich stehe. Ein wüstes graues Gebilde mit Pfeilern. Und das beginnt zu schwanken und bricht immer wieder zusammen. Und ich will immer weg, habe aber immer die Füße darunter. Und weil ich die Füße darunter habe, werden die so wie ein Geist, der aus der Flasche steigt. Und oben bin ich dann wie ein Rauch. Und der Geist verändert seine Form, bekommt zuerst einen spitzigen Ausschlag, der zum Schnabel eines Vogels wird, und wird dann ein schöner Vogel. Der schmilzt nachher, wie eine klebrige Masse, die heruntertropft. Andererseits ist es, als ob er sich auseinanderziehen würde, wobei er oben immer noch intakt ist. Es gibt dann so drei Ebenen, unten irgendwie so ein Nichts, nachher in der Mitte der Boden und oben der Vogel, der immer noch fröhlich fliegt. Die Ebene weitet sich dann irgendwie aus in eine große Weite, wo ein intensives Licht herausstrahlt, das weit nach hinten geht, das quasi wie ein Weg ist. Und je näher ich versuche, auf das Licht zuzugehen, umso mehr kommt es mir plötzlich auch entgegen. Und das Zurückkommen verwandelt sich nachher in einen Springbrunnen, und dann bin ich auch schon wieder in der Realität, mitten in Tokyo. Aber der Springbrunnen ist gleichzeitig auch wie ein Thron für einen großen bärtigen Mann, der der St. Nikolaus sein könnte."

Die Phantasie wird eingeleitet mit einer Situation aus der Vergangenheit, das Phantasie-Ich fühlt sich in die vertraute Schulsituation zurückversetzt. Die wiederauflebenden Erinnerungen sind phantasievoll ausgestaltet, indem einzelne frühere Erfahrungen auf ungewöhnliche Weise kombiniert und abgewandelt werden. So wird der schon einmal erlebte Blickwinkel zwischen Zeichner und Modellen mit anderem Kontext vom Zeichenzimmer in das Treppenhaus verlegt. Der bekannte Werkraum verändert seine Dimensionen, und darüber hinaus bleibt unverständlich, warum das Phantasie-Ich sich im Gymnasium befindet, ausgelacht und von unbestimmt bleibenden Gestalten gepiesackt wird. Die Phantasie steigert sich nach dieser ersten Szene zu ausgesprochen phantastischen Vorstellungen, bei denen der Realitätsbezug ganz aufgehoben ist: Nachdem das Phantasie-Ich durch ein erdbebenartiges Geschehen von Betonmassen bedroht und eingeklemmt wird, löst es sich auf, und die Dimensionen des vertrauten Weltbezugs gehen völlig verloren. Ein Licht führt das Phantasie-Ich aus diesem Chaos wieder in eine Realität zurück, die mit dem Thron für den St. Nikolaus immer noch verwunderlich, aber nicht mehr existenzbedrohend ist.

Die zweite Phantasie schloß sich an den Einleitungssatz an: „Stell' Dir vor, Du bist an einem Bach".

„Ich sah den Bach vor meinem Haus und ich ging mit dem Barry, einem Bernhardiner, spazieren, an dem Bach entlang. Und auch an einem anderen Bach, der eigentlich der Bach ist, wo der Hund immer spazierengeht. Ich wechselte ein wenig hin und her zwischen diesem und dem anderen Bach. Ich sah am Bach noch die Situation, als mein Freund gesagt hatte, daß er zurück nach Spanien wolle, was mich sehr traurig machte. Ich habe aber auch den Bach gesehen, als ich einmal heimlief, als es das erste Mal richtig kalt war und überall weißer Rauhreif an den Bäumen hing, was mir sehr gefallen hat. Ich war dann an dem anderen Bach und habe die Frau gesehen, die so ängstlich war wegen des großen Hundes und die ihren kleinen Pinscher auf den Arm nahm. Und die beiden Hunde bellten sich an. Nachher habe ich so gedacht, daß der Barry immer ein wenig riecht, daß auch die Wohnung von Barry ein wenig riecht. Und daß ich einmal das Handtuch vergaß mit ins Volleyballtraining zu nehmen, und mir der Besitzer von Barry seins gab, und ich ihn fragte, ob er damit den Barry abgetrocknet habe, das rieche nach Hund. Ich dachte dann an den letzten Match, wo ich mit dem Schiedsrichter wieder einmal unzufrieden war und mich fürchterlich aufgeregt habe, daß er mir den schönen Punkt abgepfiffen hat. Habe mir vorgestellt, ich hole ihn vom Bock herunter. Dann habe ich noch den Aufschlag geübt und dann habe ich einen Match geschrieben, und habe dann daran gedacht, daß ich früher einmal einen Match schreiben mußte, obwohl ich lieber woanders zugeschaut und jemand getroffen hätte. Dann bin ich von der Turnhalle rüber zum Schulhaus gewandert, habe gesehen, wie ich über den Schulhausplatz schlenderte, obwohl ich eigentlich eine Stunde gehabt hätte. Ich dachte mir, daß mich der Französischlehrer beim Rektor verpfeifen würde. Habe mich aber auch wieder dort am Bach sitzen sehen, mit unserer Arbeitsgruppe. Und dachte am Schluß, wie Du mir die Elektroden angeklebt hast und wieviel von der weißen Paste eigentlich dran ist.“

Die suggerierte Vorstellung wird in dieser Phantasie aufgenommen, indem das Phantasie-Ich an dem Bach vor seinem Haus und an einem anderen bekannten Bach entlangläuft. Dieser Spaziergang weckt gefühlsbetonte Erinnerungen an verschiedene Situationen, die mit der Landschaft assoziativ verbunden sind. Der Bernhardiner, der das Phantasie-Ich begleitet, läßt Erinnerungen aufsteigen, die zu einem Wechsel der Szenerie in die Turnhalle führen. Das neue Thema Sport bringt weitere frühere Erlebnisse zurück, wird aber angereichert durch den Wunsch, den Schiedsrichter für eine ungerechte Entscheidung zu bestrafen und die Vorstellung, eine Schulstunde zu schwänzen. Die Phantasie klingt aus, indem das Phantasie-Ich auf seinem Rückweg noch einmal am Ausgangspunkt des Baches haltmacht und ganz am Schluß mit seinen Gedanken wieder in die aktuelle Versuchssituation zurückkehrt.

Obwohl beide Phantasien von derselben Versuchsperson stammen, beeindrucken sie durch ihre Verschiedenheit. In der ersten Phantasie werden nicht nur Erinnerungsbilder neu zusammengefügt, sondern sie erweitert sich zu einer bedrohlichen Vision, in der die Welt zusammenbricht und das Ich aufgelöst wird, wobei diese dramatische Steigerung erst am Ende der Phantasie wieder abklingt. Diese Wachphantasie ist mit dem Traumerleben dort vergleichbar, wo sie Erinnerungsinhalte neu zusammenstellt, in ihrer visionären Ausgestaltung allerdings ist sie viel phantastischer als es Träume gewöhnlich sind.

Demgegenüber wirkt die zweite Phantasie gleichförmiger in ihrem Ablauf und alltäglicher in ihrem Inhalt. Sie hat keine dramatischen

Höhepunkte, sondern reiht Erinnerungsbilder und Vorstellungen aneinander, die durchaus gefühlsbezogen sind, aber in der persönlichen Erfahrung konkret verankert bleiben. Bei dieser Phantasie ist viel deutlicher die Bewußtseinsnähe zu spüren, weil die assoziativen Verknüpfungen nachvollziehbar sind und den Boden der Realität nicht verlassen.

Die Auswertung aller Wachphantasien zeigte zunächst einmal, daß Phantasien ebenso wie Träume die ganze Palette von Ausdrucksmitteln, mit allen Sinnesmodalitäten, Denkvorgängen und Gefühlen einbezogen haben. Die Träume hoben sich von den Wachphantasien nicht etwa durch größere Sinnenhaftigkeit ab, da auch die Phantasien in erster Linie geprägt waren von bildhaften Vorstellungen, gefolgt von Denkvorgängen, akustischen Eindrücken und Körperempfindungen.

Die Träume hatten mit den Wachphantasien auch gemeinsam die Breite, Differenzierung und Qualität des Gefühlserlebens, die in den verschiedensten konkreten Gefühlen und Befindlichkeiten gespiegelt wurden. Interessanterweise zeigten die einzelnen Phantasien ebenfalls keine Vielfalt an Gefühlsempfindungen und ein ausgewogenes Verhältnis zwischen positiven, negativen und neutralen Stimmungen. Auch in den Wachphantasien waren die konkreten Gefühle häufiger negativ gefärbt, während in den Befindlichkeiten positive Gestimmtheiten im Vordergrund standen. Diesen Gemeinsamkeiten standen jedoch zwei auffallende Unterschiede gegenüber: Während drei von zehn Träumen ohne Gefühlsbeteiligung erlebt wurden, war dies nur in einer von zehn Wachphantasien der Fall. Die Wachphantasien waren nicht nur häufiger von Gefühlen begleitet, sondern die Gefühle wurden auch besonders intensiv erlebt.

Die Wachphantasien waren weiterhin durch einen größeren Reichtum an Inhalten gekennzeichnet als die Träume. In der Regel spielte sich eine Phantasie in mehreren Räumlichkeiten ab, nur selten blieb die Umgebung konstant. Die Abbildung 37 veranschaulicht, daß Phantasien am häufigsten in vertrauten Szenerien angesiedelt sind. Während in den Phantasien jede zweite Umgebung bekannt war, war den Träumern nur jede vierte Traumszenerie vertraut.

Nur gelegentlich wurden in den Phantasien vertraute Orte verfremdet, nahezu genauso oft wie in Träumen dagegen wurden neue Umgebungen aufgesucht. Es war zudem auffallend, daß auch in Wachphantasien, wenn auch weniger häufig als in Träumen, das

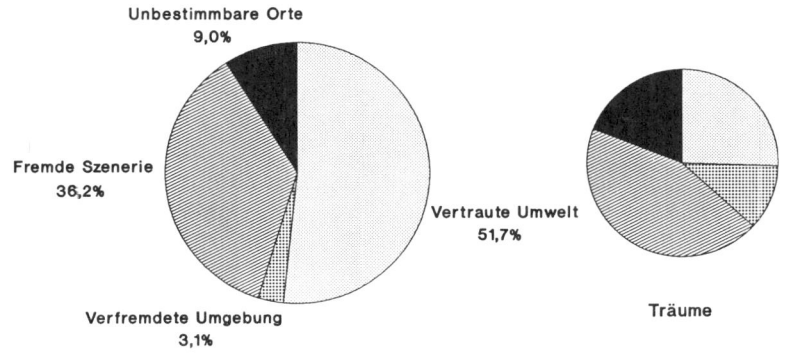

Wachphantasien

Abbildung 37: Die Szenerie in Wachphantasien.
Aufteilung von 323 Orten in 120 Phantasien nach ihrer Vertrautheit. Die Ergebnisse der REM-Träume sind als Vergleich danebengestellt.

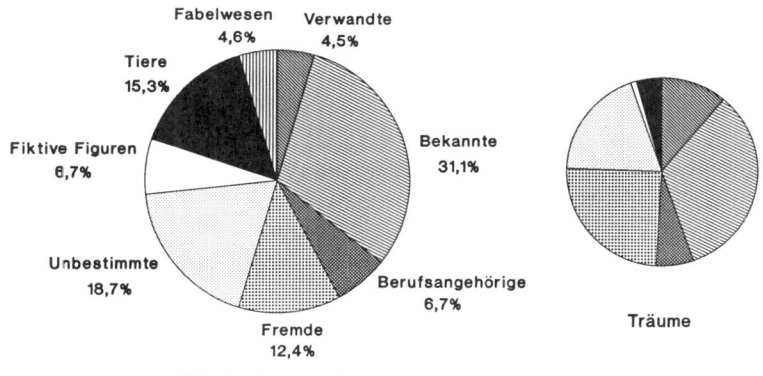

Wachphantasien

Abbildung 38: Lebewesen in Wachphantasien.
Aufteilung von 582 Phantasiefiguren in 120 Phantasien. Die Ergebnisse der REM-Träume sind als Vergleich danebengestellt.

Umfeld nicht immer klar ausgestaltet war und unbestimmt bleiben konnte.

Die Phantasien waren außerdem belebter als die Träume, da insgesamt mehr Personen, Tiere und Lebewesen auftraten. Nur in wenigen Beispielen wurde eine Phantasiewelt geschildert, die sich nur mit Selbstreflexion oder Naturbeschreibungen befaßte. Das Kreisdiagramm der Abbildung 38 zeigt, daß die Phantasien in erster Linie von Menschen belebt waren.

Tiere traten allerdings in den Phantasien häufiger auf und der Anteil fiktiver Figuren lag ebenfalls höher und wurde darüber hinaus ergänzt durch die Kategorie ‚Fabelwesen'. Solche Fabelwesen, beispielsweise Zwerge, Wassergeister, waren eine Besonderheit dieser Wachphantasien, sie kamen in den REM-Träumen überhaupt nicht vor. Die Menschen, die die Phantasien belebten, waren nicht nur Bekannte und Verwandte, sondern es gab nahezu ebensoviele Personen, die entweder unbestimmt blieben, sich als Fremde präsentierten oder Berufsgruppen angehörten.

Die Zuordnung der Phantasiefiguren zu den einzelnen Wachphantasien zeigte, daß am häufigsten bekannte Personen zusammen mit anderen Figuren auftraten, aber auch hier kreiste, mit den Träumen vergleichbar, jede vierte Phantasie um nichtvertraute Figuren.

Die Identität der Personen in den Wachphantasien war, wie die Abbildung 39 veranschaulicht, auffallend ähnlich verteilt wie in den Träumen. In den Phantasien traten mehr Frauen, Männer oder Kinder auf, während gemischte Gruppen oder Personen mit unbestimmbarer Identität weit weniger häufig genannt wurden. Männer waren insgesamt zahlreicher als Frauen, was vor allen Dingen, wie bei den REM-Träumen, auf die überwiegend männlichen Berufsangehörigen zurückzuführen ist. Die Phantasien

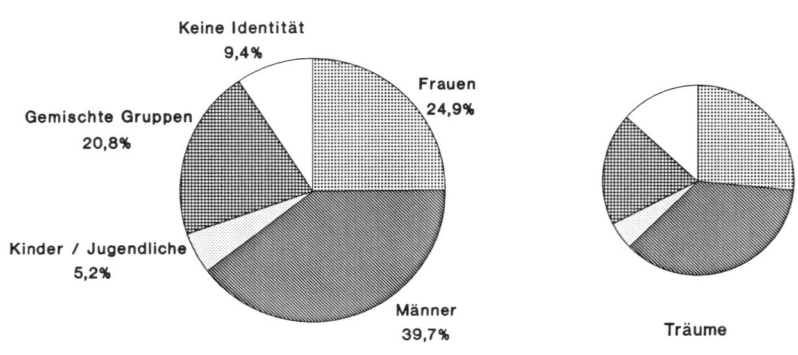

Wachphantasien

Abbildung 39: Identität der Phantasiepersonen.
Aufteilung von 466 menschlichen Figuren in 120 Phantasien. Die Ergebnisse der REM-Träume sind als Vergleich danebengestellt.

schufen demnach eine belebte Welt, die nicht nur um die eigene Person kreise, sondern in der auch andere Menschen Rollen besetzten.

Die Wachphantasien wählten häufiger Freizeit- als Alltagssituationen zu ihrem Thema. Darüber hinaus schweiften sie nicht selten in fiktive Welten ab, die märchenhaft ausgeschmückt oder bedrohlich aufgelöst waren. Hier unterschieden sich die Träume deutlich von den Wachphantasien, weil in Träumen konkrete Begebenheiten des Alltags im Vordergrund standen. Bedrohungen durch Krankheit, Unfall, Verbrechen und Tod waren in den Phantasien häufiger zu beobachten, auch hier waren aber eher andere Personen betroffen.

In ihrem Verlauf waren die Wachphantasien sprunghafter und vermischten oft Themen aus Alltag, Freizeit und Fiktion, während Träume gradliniger waren, indem sie eine Situation ausgestalteten und den thematischen Rahmen weniger oft wechselten.

In nahezu allen Phantasien war das Ich an den Vorstellungen beteiligt. Die größere Bewußtseinsnähe der Phantasien führte dazu, daß das Ich seltener als in den Träumen ausgeschlossen wurde. Gegenüber den Träumen trat allerdings in den Phantasien der Anteil sozialer Interaktionen zurück, das Phantasie-Ich bewegte sich zwar nicht in einer einsamen Phantasiewelt, nahm aber mit den Phantasiefiguren weniger aktive Beziehungen auf, vielleicht deshalb, weil sie nicht als so wirklich erlebt wurden wie in den Träumen.

Bizarre Elemente sind keineswegs nur ein Begleitmerkmal von Träumen, sondern sie fließen auch in vielfältiger Weise in die Phantasietätigkeit im Wachen ein. In den Phantasien traten in zwei von drei Berichten ungewöhnliche Inhalte auf, wie unwirkliche Szenerien, außergewöhnliche Fähigkeiten und merkwürdige Gestalten. Bizarrheit war also insgesamt gesehen in den Phantasien weniger häufig anzutreffen. Allerdings können wir daraus nicht den Schluß ziehen, Träume seien bizarrer als Wachphantasien, weil sich ungewöhnliche Phänomene in diesen Phantasieberichten extremer verteilten. Während Träume durchgängiger von einer mäßigen Bizarrheit geprägt waren, fanden sich neben ausgesprochen nüchternen Phantasien auch zahlreiche, die sich in einer völlig wirklichkeitsfremden Phantasiewelt bewegten. Im Wachzustand können wir Bizarrheit auch absichtlich als Stilmittel einsetzen, während wir Träume nicht bewußt konstruieren können, sondern uns von ihrer Bizarrheit überraschen lassen müssen.

Individualität von Traumerleben und Wacherleben

Träume und Wachphantasien sind psychische Aktivitäten, die nicht unmittelbar auf die Außenwelt bezogen sind, sondern mit Vorstellungen und Gedanken eine innere Realität schaffen. Diese gemeinsame Ausgangslage führt zu Übereinstimmungen in der Ausgestaltung und Erscheinungsweise von Traum und Phantasie. Sie sind daher nicht grundsätzlich verschieden, auch wenn sie in dem Grad der Ich-Beteiligung, in ihrem Wirklichkeitscharakter und im Ausmaß ihrer Strukturierung variieren. Diese Variation steht einerseits in Zusammenhang mit den verschiedenen Bewußtseinszuständen und spiegelt andererseits die Individualität psychischen Erlebens. Da bei allen Gemeinsamkeiten Träume und Wachphantasien große interindividuelle Unterschiede aufweisen, können erst Vergleiche innerhalb einer Person genaueren Aufschluß darüber geben, wie sich die psychische Aktivität in den beiden Bewußtseinszuständen im einzelnen unterscheidet.

Eine der wenigen Arbeiten, in denen die Individualität von REM-Träumen und Wacherleben systematisch untersucht wurde, stammt von Milton Kramer und seinen Mitarbeitern (Kramer, Roth & Palmer, 1976). Sie sind der Frage nachgegangen, welche Motive in Träumen und Wacherzählungen auftreten. Sie haben zunächst von 12 weiblichen und 12 männlichen Versuchspersonen 214 REM-Träume erhoben. Denselben Versuchspersonen wurden im Wachzustand Bildtafeln vorgelegt, zu denen sie eine Geschichte erfinden sollten. Grundlage der Auswertung war eine Liste von zehn verschiedenen Motiven. Die häufigsten Traummotive waren ‚Behauptung‘, ‚Bindung‘, ‚Aggression‘ und ‚Leistung‘. Das Hervortreten dieser vier Motive war aber nicht traumspezifisch, da sie in den Erzählungen ebenfalls die Liste anführten. Die Aussage, daß Träume die gleichen Motive zum Ausdruck bringen wie die Wachgeschichten, ist allerdings nur als allgemeine Richtlinie zu verstehen, da die verschiedenen Gewichtungen der Motive zu berücksichtigen sind. So stand beispielsweise bei den Frauen das Behauptungsmotiv im Wachen und im Traum an erster Stelle, während bei den Männern dies nur in den Wachgeschichten der Fall war, sie brachten in ihren Träumen in erster Linie Bindungsmotive zum Ausdruck.

In der Auswertung unserer Traumsammlung haben wir eigentlich in allen Merkmalen sowohl inter- als auch intraindividuelle Unterschiede beobachtet. Individuelle Vergleiche von Wachphantasien und Träumen haben wir bisher nur bei wenigen Personen durchgeführt, doch fanden wir hier den interessanten Hinweis, daß Träume erfinderischer sind: Zwar setzten die jungen Erwachsenen und auch die Kinder individuell Bizarrheit in unterschiedlichem Ausmaß ein, aber immer war die bizarre Ausgestaltung in ihren Träumen markanter als in ihren Wachphantasien.

Wie eine Wachphantasie und ein Traum individuell gestaltet sein können, illustrieren wir an einem Beispiel. Eine 24-jährige Studentin hat am Abend im entspannten Wachzustand eine Phantasie berichtet, angeregt von der Vorstellung, sich auf einer Wiese zu befinden. Den Traum erzählte sie nach dem Aufwecken aus der 4. REM-Phase.

Wachphantasie:

> „Es ist eine Wiese vor dem Haus, fast ein Garten, er ist ziemlich wild, und es wachsen sehr viele Pflanzen dort. Ich sitze vor dem Haus an einem Holztisch mit Leuten, die dort in der Nähe von Thun wohnen. Man hört den Fluß, es ist sonnig, und wir schauen herum und entscheiden, daß wir einen Spaziergang machen. Und dann gehen wir und sehen alle die Pflanzen an. Und da ist auch ein Bambuswald, der ist sehr kühl und hoch. Und ich habe den Eindruck, man könnte sich darin verlieren. Da sind auch Brennesseln, und Katzen spielen, und da sind Steine, und es ist ziemlich schwierig, dort zu gehen. Dann gehen wir weiter, und sehen ganz ungewöhnliche Blumen und Pflanzen. Da ist eine, die ist wie ein Kelch, aus dem man trinken kann. Und darin ist ein Wulst, der ist schwarz und warm, und mit dem zieht die Pflanze die Insekten an, schlingt sie hinunter und läßt sie nach der Befruchtung wieder heraus. Es ist einfach sehr ruhig, wir gehen und sprechen, denn wir haben uns lange nicht mehr gesehen."

Traum:

> „Wir sind zu dritt auf einem Schiff, eine Frau, die Kapitän ist, Heinz und ich, und wir fahren in den Hafen hinein. Der ist so bedeckt, als ob wir in ein Haus fahren würden. Ich sitze zuvorderst und halte die Kupplung in der Hand. Und wir fahren in ein Becken, und wir sind viel zu schnell, das Ufer nähert sich und die Wand des Gebäudes. Es gab zwei Kupplungen, und wir wußten eigentlich nicht, wo der Rückwärtsgang war, und die Kapitänin hat gerufen, daß man sie nach hinten ziehen muß. Und sie hat uns geholfen, den Rückwärtsgang einzulegen, und uns die Hand geführt. Und dann hält das Boot plötzlich an, ganz scharf am Ufer. Und es war eine große Aufregung, daß alles so genau geklappt hat. Und am Ufer erwarten uns die Eltern von Heinz, und wir gehen gemeinsam nach Hause."

Die Vorgabe einer Wiese hat die Phantasie angeregt, ein Stimmungsbild über die Natur zu entwickeln. In eine harmonische Rahmenhandlung, einen Spaziergang mit vertrauten Menschen, sind aber auch bedrohliche Momente eingestreut: Da sind Brennesseln und hinderliche Steine, und es wachsen Pflanzen, die ihre Opfer zunächst verschlingen, ehe sie sie wieder loslassen. In der Ausgestaltung der Phantasie fallen einige bizarre Elemente auf: Der Bambuswald überrascht als eher unerwartete Szenerie und die Überlegung, sich in ihm verlieren zu können, mutet seltsam an. Die exotische Pflanze ist nicht nur ungewöhnlich, sondern sie scheint wegen ihrer symbolischen Aussagekraft eine besondere Faszination auszulösen.

Der Traum ist durch ein dynamisches Geschehen gekennzeichnet, in das die Träumerin voll einbezogen ist. Sie hat das Ruder eines Schiffs übernommen, das sie eigentlich gar nicht steuern kann, schießt in gefährlicher Fahrt in einen Hafen hinein, und nur mit Hilfe des Kapitäns kann ein Unglück verhindert werden. Der Traum ist in mehrfacher Hinsicht bizarr: Der Hafen, der auch ein Haus sein könnte, schafft eine unwirkliche Szenerie. Eine Frau als Kapitän ist auch unüblich, in jedem Fall aber überrascht, daß sie der völlig unerfahrenen Träumerin bei einer merkwürdig rasanten Beschleunigung das Steuer des Bootes überläßt, das gleich mit zwei Kupplungen bestückt ist, und erst in letzter Minute rettend eingreift.

Vergleichen wir die beiden Berichte, dann fallen eigentlich nur Unterschiede auf. Während in der Phantasie eine Idylle entworfen wird, die allerdings etwas brüchig erscheint, stellt der Traum ein aktionsreiches Geschehen dar. Beide Berichte enthalten zwar bizarre Elemente, die aber ganz anders wirken. In der Phantasie scheinen sie wie aufgesetzt und nicht stimmig in das Erleben integriert, die Bizarrheit im Traum hingegen ist in das Geschehen eingewoben und bestimmt den dramatischen Verlauf. Phantasie und Traum unterscheiden sich weiterhin durch zwei Gegensatzpaare: Der lockeren Aneinanderreihung von Vorstellungen steht ein dramatischer Ablauf gegenüber, eine passiv-kontemplative Haltung des Phantasie-Ichs hebt sich ab von einem aktiven Involviertsein des Traumichs. Diese Polaritäten tragen zu dem Eindruck bei, daß der Traum irgendwie ernsthafter, direkter und unbefangener ist, während die Phantasie verhaltener, kontrollierter und unverbindlicher wirkt.

Auf die Frage, wie unabhängig oder wie verbunden Träume sind, gibt es nicht nur eine Antwort: Träume sind einerseits vielfach verknüpft mit der individuellen Wacherfahrung, mit der Art und Weise, wie Menschen erleben und denken. Sie tragen aber andererseits in ihrer Erscheinungsweise eigenständige Züge und immer gelingt es ihnen, aus Bekanntem etwas Neues zu schaffen.

Eine Bilanz der Spurensuche

Die experimentelle Traumforschung befindet sich noch im jungen Erwachsenenalter, eine Bilanz erscheint aber nicht verfrüht, weil die umfangreiche Sammlung und Auswertung von Träumen im Schlaflabor unser Wissen über die Traumvorgänge wesentlich erweitert hat und einige populäre Aussagen über den Traum schon heute revidiert werden müssen.

Die physiologischen Messungen des Schlafs stellen einen großen methodischen Fortschritt dar, da wir mit ihrer Hilfe Träume systematisch unter kontrollierten Bedingungen erheben können. Die kontinuierliche Aufzeichnung der Hirnstromaktivität im Verlaufe einer Nacht gibt uns zunächst die Gewähr, daß wir einen Menschen, den wir nach seinen Träumen fragen, aus dem Schlaf aufgeweckt haben. Diese Aussage ist keineswegs trivial, denn wenn wir einen Schläfer nur beobachten, ist nicht verläßlich zu erkennen, ob er schläft, sich in einem Stadium zwischen Wachen und Schlafen oder gar im entspannten Wachzustand befindet. Auch die Angaben einer Versuchsperson über ihren Bewußtseinszustand vor einer Weckung stimmen nicht notwendigerweise mit den physiologischen Werten überein. Sie kann beispielsweise angeben, daß sie wach gewesen ist, während das EEG den Schlafzustand anzeigte, oder sie hat ihrem Gefühl nach bereits geschlafen, obwohl das EEG noch einen deutlichen Alpharhythmus aufwies.

Über die Bestimmung des Schlafzustands hinaus sind die Aufzeichnungen von Hirnströmen, Augenbewegungen und Muskelspannung der Bezugspunkt, um gezielte Weckungen zu bestimmten Zeitpunkten vorzunehmen. Die physiologischen Signale zeigen an, aus welchem Stadium wir einen Schläfer aufwecken, wie lange er sich in dieser Schlafphase befunden hat, ob vorher kurzfristige Aktivierungen aufgetreten sind und wie sich der Aufwachprozeß gestaltet. Mit diesen Informationen können wir das Traumerleben in die Zyklizität des Schlafverlaufs einordnen und das Auftreten und die Erscheinungsweise der Träume mit dem begleitenden physiologischen Zustand in Verbindung bringen.

Die physiologischen Messungen sind für eine kontrollierte Traumerhebung unverzichtbar, sie dürfen in ihrer Bedeutung aber nicht überschätzt werden, was beispielsweise dann der Fall ist, wenn man sie für ‚objektive' Traumindikatoren hält. Diese Aussage ist unzutreffend, weil Träume nicht durch Hirnwellenmuster, schnelle Augenbewegungen und andere körperliche Vorgänge definiert werden, sondern psychische Erfahrungen darstellen, die einer anderen Lebensdimension angehören. Das körperliche und das psychische System sind zwar komplementär aufeinander bezogen, sie erklären sich aber weder einseitig noch wechselseitig.

Die Schlafmessungen ermöglichen kontrollierte Traumerhebungen, Traumforscher sind aber weiterhin auf die Selbstbeobachtung des Träumers angewiesen, weil nur er direkten Zugang zu seinen Träumen hat. Wir können einen Schläfer nur unter möglichst optimalen Bedingungen aufwecken, aber nicht vorhersagen, ob er sich an einen Traum erinnern wird und erst recht nicht, was er geträumt hat.

Die Traumerinnerung ist für die Forschung besonders interessant, weil sie der einzige Schlüssel ist, der das Tor zur Traumwelt öffnen kann. Hinzu kommt, daß bis heute nicht hinreichend geklärt ist, warum die Erinnerung an Träume so unberechenbar und flüchtig ist und warum sie sich nicht bei jedem Menschen in gleicher Weise einstellt.

Unter den vielen physiologischen und psychologischen Faktoren, die den Zugang zu Träumen fördern oder hemmen, kommt dem Schlafstadium eine wichtige Bedeutung zu. Weckungen im Schlaflabor haben eindeutig gezeigt, daß der REM-Schlaf mit einer häufigeren Traumerinnerung einhergeht als der NREM-Schlaf. Im Durchschnitt erhalten wir nach neun von zehn REM-Weckungen einen Traumbericht, während nur ungefähr jede zweite Weckung aus dem NREM-Schlaf erfolgreich ist.

Die leichtere Erinnerung an REM-Schlafträume ist insofern erklärbar, als Träumer hier aus einem besonders aktivierten, wachnahen Schlafzustand aufgeweckt werden. Die häufig ausbleibende Traumerinnerung nach Weckungen aus den wachferneren NREM-Stadien verstehen wir als Ausdruck eines erschwerten Zugriffs auf das Schlaferleben und interpretieren sie nicht als Anzeichen einer sporadisch auftretenden ‚Traumlosigkeit'. Wir stützen uns hier auf die plausible Annahme, daß in einem lebenden Organismus die psychische Aktivität nicht völlig aussetzen, sondern höchstens verschiedene Qualitäten annehmen kann. Da wir einen Traum jedoch

214

nur über die Erinnerung fassen können, ist im Grunde genommen die Frage nicht zu beantworten, ob Träume kontinuierlich den Schlaf begleiten.

REM-Weckungen führen zu einer großen Traumausbeute und das ist der Grund, warum wir unsere Versuchspersonen aus dem REM-Schlaf aufwecken. Da aber auch hier die Erinnerung gelegentlich ausbleibt und bei manchen Menschen sogar häufiger versagt, kann das Schlafstadium allein keine hinreichende Bedingung für die Traumerinnerung sein.

Von ebenso großer Bedeutung ist der Übergang vom Schlaf in den Wachzustand. Die Art und Weise, wie ein Mensch erwacht, hängt nicht nur davon ab, ob er aus einem tiefen oder einem leichten Schlafstadium geweckt wird, sondern es kommt auch darauf an, wie er auf den Wechsel seines Bewußtseinszustands unmittelbar reagiert. Wenden wir uns nach dem Erwachen nicht abrupt von der Traumwelt ab, sondern versuchen, die Verbindung mit ihr nicht abreißen zu lassen, dann ist die Wahrscheinlichkeit größer, einen Traum zu erinnern. Richten wir dagegen unsere Aufmerksamkeit sogleich auf die Wachwelt, dann kann diese Ablenkung die Rückbesinnung auf den Traum verhindern, indem die neuen Eindrücke den Traum zurückdrängen.

Die Qualität eines Traums hat ebenfalls einen Einfluß darauf, ob wir beim Erwachen dem gerade erlebten Traum oder den ersten Wacheindrücken die größere Beachtung schenken. Dramatische und intensive Träume scheinen die besten Chancen zu haben, erinnert zu werden, weil sie aufgrund ihrer Prägnanz noch nachwirken und somit leichter zu fassen sind als alltägliche Träume. Diese Aussage ist zwar nicht zu beweisen, weil wir nicht wissen, wie die Träume beschaffen sind, die sich unserer Erinnerung entziehen. Sie wird allerdings gestützt durch die Beobachtung, daß auch im Wachen eindrucksvolle Erlebnisse stärker im Gedächtnis haftenbleiben als unauffällige Begebenheiten. Die Alpträume mit ihrem archaischen Charakter sind ein weiterer Beleg dafür, daß auch Erlebnisse aus dem Tiefschlaf spontan ins Wachbewußtsein treten können, wenn sie besonders intensiv sind.

Die Beschaffenheit eines Traums trägt nicht nur dazu bei, ob er leichter oder schwerer in den Wachzustand hinübergenommen werden kann, sondern sie bestimmt auch, wie ausführlich und traumgetreu ein Traumbericht ausfällt. Jede Erinnerung an einen Traum stellt einen Versuch dar, ein ganzheitliches Erleben zu rekonstruieren und in Sprache umzusetzen. Es gibt Träume, bei denen es uns schwer fällt, alle Nuancen des Geschehens genau zu erfassen und zu behalten. Das kann bei Träumen der Fall sein, die in ihrer Ausgestaltung unbestimmt und in ihren Inhalten verschwommen sind, aber auch bei Träumen, in denen die Elemente auf unerwartete und ungewöhnliche Weise verknüpft sind. Die eher geringe Nachhaltigkeit der Traumerinnerung, die bei einem nochmaligen Erzählen eines nachts erinnerten Traums deutlich zum Ausdruck kommt, hängt unter anderem auch mit der Beschaffenheit des Traums zusammen, weil Träume keine in unserem Gedächtnis bereits fest verankerten Erfahrungsmuster wiederholen, sondern aus bekannten Bausteinen neue Situationen schaffen.

Schlafstadium, Aufwachsituation und Qualität des Schlaferlebens sind wesentliche Bedingungen für die Erinnerung an einen Traum, aber sie werden überlagert von der Einstellung und Motivation des Träumers. Eine positive Bewertung von Traum und Phantasie und die Überzeugung, daß sie eine Bedeutung für das eigene Leben haben, stehen in Verbindung mit einer guten Traumerinnerung, indem sie eine uneingeschränkte Zuwendung zum Traum in allen seinen Facetten begünstigen.

Die Zusammenhänge dieser physiologischen und psychologischen Faktoren mit der Traumerinnerung sind gut belegt, dennoch können wir im Einzelfall eine Traumerinnerung nicht vorhersagen, weil wir noch zuwenig darüber wissen, welches Gewicht die verschiedenen Faktoren haben und in welcher Weise sie sich unterstützen, ergänzen oder gar aufheben.

In der Laborsituation versuchen wir Schläfer aus einem Schlafstadium aufzuwecken, das die Traumerinnerung erleichtert. Unsere Versuchspersonen sind darauf vorbereitet, daß wir sie auf eine persönliche Art wecken, indem wir sie mit ihrem Namen ansprechen. Wir gehen bei der Traumerhebung nicht in das Schlafzimmer, um die Ablenkung möglichst gering zu halten. Indem wir in der Regel gute Traumerinnerer aussuchen, die ihre positive Einstellung zu Träumen bereits durch ihre freiwillige Teilnahme bekunden, beziehen wir auch den Faktor Motivation ein. Während wir diese für die Traumerinnerung günstigen Rahmenbedingungen setzen können, haben wir auf die Prägnanz der Träume keinen Einfluß, weil wir nicht ihr dramatisches Drehbuch schreiben können.

Das Sammeln von Träumen im Schlaflabor schafft die besten Voraussetzungen, auch solche Träume einzufangen, die im Alltag nicht greifbar sind. Der häufig vorgebrachte Einwand, die Laborsituation würde eher künstliche Träume hervorrufen, die nicht die

‚wahre‘ Traumwelt spiegeln, ist durch Untersuchungen widerlegt worden, in denen sich keine markanten inhaltlichen Unterschiede herausstellten, als Laborträume nicht mit gelegentlich erinnerten Träumen, sondern mit Traumtagebüchern verglichen wurden.

Wenn wir im Labor im Verlauf einer Nacht mehrere Träume erheben, erfassen wir natürlich auch nur einen Ausschnitt der Traumaktivität, dieser Einblick in das Traumerleben ist aber im Vergleich zu der spontanen Traumerinnerung repräsentativer. Solche unter vergleichbaren Bedingungen gewonnenen Träume sind daher eine angemessene Grundlage, um Gestaltung und Erscheinungsweise der Traumwelt umfassend zu beschreiben.

Träume beeindrucken als ganzheitliches Erleben, weil Träumer sinnenhafte Erfahrungen machen, in die sie denkend einbezogen sind und die in ihnen Gefühle auslösen. Träume sollten nicht einseitig als Bilderfolgen beschrieben werden, da an der Traumerfahrung in gleicher Rangfolge wie im Wacherleben die verschiedenen Sinne beteiligt sind. In der halluzinierten Traumwelt dominieren zwar bildhafte Eindrücke, sie werden jedoch häufig ergänzt durch Hören und Sprechen sowie durch Tasten und Körperempfindungen, während Geruch und Geschmack sehr selten auftreten.

Träumer schaffen eine Traumwelt, in die sie einbezogen sind, sie lassen sich aber nicht nur von dem Traumgeschehen mittragen, sondern bringen sich selbst ein, indem sie sich über das Traumgeschehen Gedanken machen, gelegentlich ihr Wissen aktivieren oder durch Worte und Taten den Verlauf des Traums mitbestimmen.

Die Denkvorgänge während des Träumens sind in zweifacher Hinsicht nicht dem Wachdenken gleichzusetzen, da sie einfacher und weniger ausdauernd sind und Träumer nicht über die ganze Breite ihres Wissens verfügen. Im Traum geben wir uns vorwiegend einem Augenblicksgeschehen hin, das unsere ganze Aufmerksamkeit gefangennimmt, und fragen uns nicht gleichzeitig, was vorher war oder was nachher kommt, und ob die Rollen, die wir übernehmen, unserem Selbstbild entsprechen.

Gefühle treten in Träumen in der ganzen, uns vom Wachen her vertrauten Palette auf. Konkrete Gefühle, wie Freude, Angst oder Ärger, stellen sich in jedem zweiten Traum ein, während in den übrigen Träumen entweder nur eine Stimmung oder gar keine Gefühlsempfindung erlebt werden. Auch wenn Gefühle in Träumen sehr intensiv sein können, so begleiten sie doch nicht ständig den Traum. Genauso wie das Denken sind Gefühle offensichtlich keine notwendige Bedingung, um einen Traum als wirklich zu erfahren, da es nicht wenige Träume gibt, in denen Träumer in ein handlungsreiches Geschehen verwickelt sind, ohne dabei konkret etwas zu fühlen oder sich ihrer Befindlichkeit bewußt zu sein.

Die Auffassung, Träume seien ständig von Gefühlen begleitet, kann angesichts der vielen gefühlsneutralen Träume nicht aufrechterhalten werden. Eine weitere Annahme, Träume seien mehrheitlich von negativen Gefühlen getragen, muß ebenfalls revidiert werden, da das Verhältnis zwischen positiven und negativen Träumen insgesamt ausgewogen ist und lediglich bei den konkreten Gefühlen negative Affekte stärker im Vordergrund stehen.

Das sporadische Auftreten von Traumgefühlen und das nicht kontinuierliche Gewahrwerden einer Befindlichkeit sind mit dem Wacherleben vergleichbar, hier werden wir uns auch nicht ständig intensiver Gefühle und nachhaltiger Stimmungen bewußt. Gefühle hingegen, die aus einer Bewertung der eigenen Person im sozialen Kontext entstehen, wie Schuld und Scham, treten in Träumen sehr selten auf, was damit zusammenhängen mag, daß Träumer sich selbst weniger auf dem Hintergrund ihrer lebensgeschichtlich verankerten Ängste und Hoffnungen beurteilen.

Träume entwerfen ereignisreiche und handlungsbetonte Lebenssituationen, die sich immer wieder in anderer Ausgestaltung und mit wechselnden Ausstattungen präsentieren. In den Inszenierungen der Traumspiele werden viele vertraute Bühnenbilder wieder hervorgeholt, die gelegentlich mit einzelnen Versatzstücken verfremdet sind, weitaus häufiger sind jedoch neue Kulissen aufgestellt. Die Traumbühne ist aber keineswegs immer detailliert ausgearbeitet und ausgeleuchtet, und oft auch nicht geographisch eindeutig zu lokalisieren, sondern sie tritt häufig gegenüber der Traumhandlung in den Hintergrund.

Es ist keineswegs überraschend, daß Träume sich in Landschaften oder an verschiedenen Orten abspielen, denn wäre dies nicht der Fall, dann würden Träume nicht als wirklichkeitsnah erlebt. Der Einbezug von vertrauten, unbekannten oder nicht genau bestimmbaren Szenerien scheint sich danach zu richten, wie sie zu der Traumhandlung passen und mit dem Traum als Ganzem in Einklang gebracht werden können. In diesem Sinne sind Traumumgebungen eher von sekundärer Bedeutung, es sei denn, sie rücken in den Mittelpunkt, indem sie sich plötzlich verändern, etwa wenn eine Landschaft zur Theaterkulisse wird, oder sie werden zum Bedeutungsträger und Träumer müssen ihre Handlungen auf sie einstellen, wenn beispielsweise das Schlaflabor sich in ein Badezimmer verwandelt.

Auf der Bühne der Träume treten die verschiedensten Personen und Lebewesen auf. Der Träumer als Dramaturg bevorzugt zwar bei der Besetzung vertraute und bekannte Personen, aber er übergibt auch Fremden tragende Rollen, reichert die Szene mit Statisten an und setzt Berufsangehörige und Tiere ein, wenn es sein Drehbuch erfordert. Die vielfältigen Personen, die in Träumen in Erscheinung treten, zeigen den weiten Erlebnishorizont der Träumer, die sich nicht nur mit nahen Beziehungspersonen beschäftigen, sondern durchaus neue Begegnungen suchen.

Der hohe Anteil an fremden Traumfiguren ist eigentlich nicht ungewöhnlich, da wir im Wachen auch immer wieder mit Unbekannten zusammentreffen, auffallend ist vielmehr, daß Träumer in nahezu jedem dritten Traum ausschließlich mit Fremden zu tun haben. Darüber hinaus bleiben fremde Traumpersonen häufig fremd, auch wenn der Träumer mit ihnen gemeinsam etwas unternimmt. Hier tritt ein besonderes Merkmal des Traumerlebens hervor, daß wir als Träumende offensichtlich Fremdheit eher ertragen oder unreflektierter hinnehmen können und nicht wie im Wachen das Bedürfnis haben, uns mit einem fremden Gegenüber bekanntzumachen.

Träumer sind in den meisten Träumen aktiv am Geschehen beteiligt, auch wenn sie Traumsituationen schaffen können, die sie nur als Beobachter wahrnehmen, oder an denen sie überhaupt nicht beteiligt sind. Das Traumich ist in vielfältiger Weise aktiv, vorwiegend auf gesellige Art, da Kommunikationen mit Traumpersonen im Vordergrund stehen, die sich praktisch immer über Gespräche abwickeln. Hier fällt aber auf, wie wenig Träume von sozialen Floskeln und ritualisierten Umgangsformen bestimmt sind. Die Traumfiguren sagen gewöhnlich nicht „Wie geht's?", wenn sie sich treffen, und sie überbrücken auch nicht Zeit mit Gesprächen über das Wetter, sie langweilen sich nicht, sondern kommen gleich zur Sache. Geradlinige und geschehensorientierte Inszenierungen sind für Träume ganz besonders charakteristisch. Träumer denken nicht dauernd darüber nach, wer sie sind, wie sie auf andere wirken und welche Folgen ihre Handlungen haben, sie fallen aber auch nur selten aus der Rolle, in erster Linie bringen sie sich naiv und teilnehmend in das Traumgeschehen ein.

Das hohe Maß an Ich-Beteiligung in Träumen ist nicht besonders erstaunlich, denn warum sollten Träumer Nacht für Nacht Erlebnisse schaffen, in die sie nicht einbezogen sind? Vielleicht liegt hier auch eine Erklärung dafür, warum Träume sich überwiegend mit alltäglichen und kaum mit besonders spektakulären Ereignissen auseinandersetzen: Träume gehen uns allein schon deshalb etwas an, weil wir uns mitten in ihnen befinden, uns handelnd in der Traumwelt bewegen und ständig etwas Neues erleben.

Träume formen immer wieder andere Erlebniseinheiten, in denen Vertrautes zu neuen in sich geschlossenen Gestalten zusammengefügt wird. Messen wir die Traumentwürfe an den Vorstellungen, die wir von der realen Welt haben und den Erfahrungen, die wir im Umgang mit ihr gesammelt haben, dann fällt in erster Linie ihr erfinderischer Realismus auf. Träume muten am häufigsten als realistisch-erfunden an, indem sie Situationen schaffen, die der Wirklichkeit entnommen sind, ihr aber insofern nicht ganz entsprechen, als sie unerwartete und wenig wahrscheinliche Ereignisse einflechten. Solche bizarren Ausgestaltungen können sich auf alle Arten von Traumbausteinen beziehen und an verschiedenen Stellen im Traum auftauchen. Auffallend ist jedoch, daß solche bizarren Phänomene lediglich eingestreut sind in ein Traumgeschehen, das den vertrauten Weltbezug nicht in Frage stellt.

Träume sind auch häufig durchgängig realitätsnah, aber selbst solche realistischen Träume sind nie völlig detailgetreue Wiederholungen früherer Erlebnisse. Der Realitätsbezug der Träume führt aber keineswegs dazu, daß sie, während des Erlebens und in der Rückschau, langweilig und eintönig wirken. Träume machen in dem Sinne nie einen banalen Eindruck, weil sie eine Wirklichkeit simulieren, die uns einbezieht, in der wir uns zurechtfinden können und in der wir neue Erfahrungen machen.

Es mag überraschen, wie selten Träume sich in die Dimension des Phantastischen ausweiten. Solche Träume treten zwar gelegentlich auf, sind jedoch keineswegs kennzeichnend für das Traumerleben, sondern stellen Ausnahmen dar, die sich besonders einprägen und daher zu einer voreiligen Verallgemeinerung verleiten. Das geringe Ausmaß an realitätsentfremdeten Träumen mag auch einen besonderen Grund haben: Würden uns Träume jede Nacht in eine durchgehend phantastische und völlig verfremdete Welt entführen, dann müßten wir uns jeden Morgen erneut auf unsere Identität besinnen und uns auch erst wieder der Beständigkeit der Wachwelt vergewissern. Die mäßige Bizarrheit der Träume trägt somit dazu bei, daß wir als Träumende vor unseren nächtlichen Phantasien nicht erschreckt fliehen, uns aber auch nicht gelangweilt von ihnen abwenden.

In der experimentellen Traumforschung wurden zahlreiche Versuche unternommen, Träume den begleitenden Körpervorgängen zuzuordnen. Die Entdeckung des REM-Schlafs und sein Zusammenhang mit der Erinnerung an lebhafte Träume hat zunächst zu der einseitigen Annahme geführt, Träume seien auf diese zyklisch auftretenden REM-Phasen begrenzt. Das war insofern einleuchtend, als die spezifischen Aktivierungsmerkmale des REM-Schlafs mit der psychischen Aktivität des Träumens in Einklang zu stehen schienen und man die schnellen Augenbewegungen mühelos mit der Visualität der Träume in Zusammenhang bringen konnte.

Als schließlich nicht mehr zu übersehen war, daß Träume sich auch nach Weckungen aus Schlafstadien einstellen, die keine auffallenden Aktivierungsmerkmale aufweisen, mußte die Gleichsetzung von REM-Schlaf mit Traumschlaf aufgegeben werden. Weil diese Kurzformel so griffig ist, fällt es auch heute noch manchen Forschern schwer, Träume aus den anderen Schlafstadien als gleichwertig anzusehen und sie in ihre Überlegungen zur Entstehung und zur Bedeutung des Träumens einzubeziehen.

Da Träume alle Stadien des Schlafs begleiten können, stellt sich die naheliegende Frage, ob es entsprechend verschiedene Klassen des Schlaferlebens gibt. Die bisher vorliegenden Ergebnisse haben zu keiner eindeutigen Abgrenzung von Träumen aus verschiedenen Schlafstadien geführt. NREM-Träume können genauso sinnenhaft, lebendig und eindrucksvoll sein wie REM-Träume, und daher können wir einem Bericht auch nicht ohne weiteres ansehen, aus welchem Schlafstadium er stammt. Allerdings sind NREM-Träume in der Regel kürzer als REM-Träume und dieser Unterschied hat zur Folge, daß NREM-Träume weniger inhaltsreich und ausgestaltet sind.

Letztlich ist nicht zu entscheiden, ob Träume im NREM-Schlaf tatsächlich fragmentarischer und ereignisärmer sind, oder ob es nur nicht gelingt, dieses Erleben vollständig zu erinnern. Wenn daher NREM-Träume als eher gedankenartig charakterisiert werden, ist damit die Einschränkung verbunden, daß bei einem erschwerten Prozeß des Erinnerns die Eindrücke verblassen und entschwinden, während bei einem leichteren Übergang vom Traum in den Wachzustand die verschiedenen Aspekte des Traumerlebens klarer und nachhaltiger ins Bewußtsein hinübergenommen werden können.

Träume im NREM-Schlaf sind noch nicht so gründlich untersucht worden wie die REM-Träume und in den meisten Arbeiten wurde stärker hervorgehoben, in welchen Merkmalen sie hinter den REM-Träumen zurückstehen. NREM-Träume wurden eher als ‚unvollkommene Träume' beschrieben, und es muß noch eingehender überprüft werden, ob sie möglicherweise doch eine eigenständige Erlebnisklasse darstellen, die ihre Vorlagen aus anderen Gedächtnisspeichern bezieht und andere Gestaltungsmittel einsetzt.

Die Frage, aus welchen Quellen Träume ihre Elemente beziehen, ist einerseits leicht zu beantworten, weil alle Traumbausteine aus unserem Gedächtnis stammen, aus unserem Wissen über die Welt und unseren persönlichen Erfahrungen. Andererseits wissen wir noch sehr wenig darüber, wie einzelne Träume entstehen und auf welche Weise sie zu neuen Situationen zusammengefügt werden. Träume greifen jedoch bevorzugt Tagesreste auf, sie scheinen ihr Material nicht vorwiegend aus Speichern zu nehmen, die dem wachen Zugriff entzogen sind. Hier zeigt sich eine enge Verbindung zwischen den Gedächtnisspuren von Wachen und Schlaf, da die zeitliche Nähe für die Auswahl der Traumelemente offensichtlich ein wichtiges Kriterium ist. Es fällt aber weiterhin auf, daß Träume bevorzugt Bausteine heranziehen, die in den Ablauf des Traumes passen, und die dazu beitragen, wirklichkeitsnahe Situationen zu entwerfen. Darüber hinaus sind diese Elemente häufig so treffend ausgewählt, daß sie den persönlichen Sinngehalt eines Traums unterstreichen.

Nicht klar ist jedoch, nach welchen Regeln bestimmte Tagesreste oder Eindrücke während des Schlafs in den Traum eingehen. Versuche, Träume experimentell zu beeinflussen, haben deutlich gezeigt, daß der Traum seinen eigenen Spielregeln folgt. Er behält sich vor, ob er überhaupt auf eine Anregung oder ein Signal eingeht und wenn er sie beachtet, gestaltet er sie in unvorhersagbarer Weise um und stellt sie in einen anderen Bezugsrahmen.

Träume greifen Wacherfahrungen auf und zeigen, wie wir unsere Vorstellungen über die Welt in einem anderen Bewußtseinszustand verarbeiten. Diese Aussage wird am eindrucksvollsten belegt durch die Entwicklungsphasen des Träumens im Kindes- und Jugendalter. Die Traumwelt der Kinder verändert sich parallel zu der Entwicklung ihres Denkens und ihres Vorstellungsvermögens. Erst wenn Kinder sich im Wachen Geschichten ausdenken können, sind sie auch in der Lage, ein handlungsbezogenes Traumgeschehen zu schaffen, und erst wenn sie ein Bild von sich selbst haben, können sie im Traum eine aktive Rolle übernehmen. Kinderträume spiegeln somit die Entwicklung des Selbst und zeigen gleichzeitig, wie sich der Erfahrungshorizont erweitert.

Während die verschiedenen Phasen der Entwicklung mit prägnanten Veränderungen der Traumaktivität einhergehen, unterscheiden sich Träume von Frauen und Männern nur in den Gewichtungen einzelner Traummerkmale. Männer setzen sich zwar insgesamt gesehen häufiger mit männlichen Traumfiguren auseinander, gestalten ihre Träume etwas realitätsbezogener und geben mehr positive Traumgefühle an, aber die Traumwelten der beiden Geschlechter sind nicht grundsätzlich voneinander verschieden, was nicht besonders überrascht, weil auch ihre Erlebnisweisen im Wachen mehr Gemeinsamkeiten als Unterschiede aufweisen.

Träume zeigen in Struktur und Inhalt viele Parallelen mit unseren Phantasien im Wachzustand, indem sie die gleichen Gestaltungsmittel benutzen und ihre Bausteine ebenso aus der Wacherfahrung nehmen. Träume und Wachphantasien sind in ihrem Erfindungsreichtum miteinander verwandt, sie bauen neue Welten auf, die jedesmal anders belebt sind. Die Beobachtung, daß das Gedächtnismaterial kreativ umgearbeitet wird, gilt nicht nur für den Traum, hier kommt eine grundlegende Fähigkeit der Psyche zum Ausdruck, Erfahrungen neu zu ordnen. Allerdings wirken Träume in ihrer Gestalt und in ihrem Verlauf eigentlich immer echt und unmittelbar, während Wachphantasien gelegentlich gewollt und distanziert erscheinen können.

Eine weitere Gemeinsamkeit zwischen Traum und Phantasie liegt in der breiten Palette der Inszenierungen, die von wirklichkeitsnahen Situationen bis zu phantastischen Ereignissen reicht. Träume können einerseits in gleicher Weise wie Phantasien Alltagsgeschichten erzählen, andererseits werden auch in Phantasien ungewöhnliche Begebenheiten erfunden. Hier überschneiden sich die beiden Erlebnisbereiche, weil Träume wachnah und Phantasien traumhaft sein können. Auch wenn bizarre Ausgestaltungen in den Phantasien in extremer Form auftreten können, sind Träume dennoch bizarrer, weil sie durchgängiger von einer mäßigen Bizarrheit geprägt sind.

Eigentlich heben sich Träume nur in einem Aspekt eindeutig von den Wachphantasien ab: Sie sind nicht bewußt zu kontrollieren und versetzen uns in eine scheinbare Wirklichkeit, in der wir als Personen handeln, ohne zu wissen, daß wir diese Welt geschaffen haben. Diese besondere Erlebnisweise des Traums ist vielleicht nur deshalb gegeben, weil wir während des Träumens uns des Träumens nicht bewußt sind. Es könnte aber auch sein, daß wir Träume in ihrer Wirklichkeit deshalb nicht in Frage stellen müssen, weil sie überwiegend wirklichkeitsnahe Situationen schaffen.

Mit unserem Versuch, das Erleben im Schlaf zu beschreiben, haben wir unsere Aufmerksamkeit auf das den Träumen Gemeinsame gerichtet, um die Traumerfahrung übergreifend in ihren typischen Merkmalen zu bestimmen, wobei solche Ordnungsansätze notwendigerweise von den unbegrenzten Konkretisierungen der einzelnen Träume abstrahieren. Die vielfältige Ausgestaltung und das breite thematische Repertoire der Träume kommen aber in den übergeordneten Kategorien ebenfalls zum Ausdruck. Träume bewegen sich zwischen den Polen statisch - dynamisch, fragmentarisch - kohärent, gedankenartig - sinnenhaft, unverbunden - integriert und das träumende Ich übernimmt emotional beteiligt oder distanziert, erlebnisbezogen oder reflektiert verschiedene Rollen in einem Geschehen, das die Dimension zwischen Realitätsferne und Wirklichkeitsnähe umspannt.

Träume geben uns Einblick in die psychische Aktivität während des Schlafs und ihre Erscheinungsweise hat zahlreiche Theorien über ihre Entstehung und Funktion angeregt, die von mehr physiologischen bis zu rein psychologischen Auffassungen reichen. Wir gehen bei unseren Überlegungen zur Funktion des Träumens zunächst davon aus, daß der lebende Organismus ständig psychisch aktiv ist. Auch während des Schlafs tauchen fortlaufend aus unserem Gedächtnisschatz Vorstellungen auf, es werden interne Signale wahrgenommen und, wenn auch begrenzt, externe Informationen registriert, bewertet und verarbeitet. Die vielfältigen Traumvorgänge während des Schlafs könnten in erster Linie ganz allgemein der Aufrechterhaltung der psychischen Aktivität dienen, zu einer Zeit, wenn die Zuwendung zur Außenwelt herabgesetzt ist, die im Wachen unsere Gedanken und Vorstellungen ständig anregt.

Die psychische Aktivität während des Schlafs ist aber nicht nur kontinuierlich, sondern Träume präsentieren szenisch ausgestaltete Erlebnisse und reihen keineswegs nur zufällig ausgewählte Gedächtniselemente aneinander. Diese sinngebende Gestaltungskraft des Traums veranschaulicht, daß die Psyche die Zeit des Schlafens nutzt, um Erinnerungen und im Wachen angesammelte Eindrücke in neue Erlebnisse umzusetzen und damit wiederaufleben zu lassen. Diese sinnvolle Ausgestaltung der Träume kann somit auch dazu beitragen, Wacherfahrungen zu verarbeiten und Problemlösungen zu erproben.

Wir gehen weiterhin davon aus, daß die psychische Aktivität während des Schlafs dem Prinzip folgt, ihre Energie zwar fortlaufend einzusetzen, aber auch nicht zu verzehren. Unter dieser Annahme müssen Träume auch immer wieder alltäglich sein, weil die Psyche mit ihren Kräften haushälterisch umgeht und eine Balance zwischen Vertrautem und Neuem, Aktivität und Passivität, Erregung und Beruhigung herstellt.

Der besondere Gewinn der Träume im persönlichen Erleben ist aber wohl darin zu sehen, daß sie Nacht für Nacht Raum bieten, uns frei von sozialen Verpflichtungen und kritischen Selbstbewertungen darzustellen und kreativ mit den Wacherfahrungen umzugehen. Träume eröffnen uns eine Art zweiten Lebens, das keineswegs immer rosig, aber stets neu ist, in dem wir uns verbindlich auf neue Erlebnisse einlassen, aber auch spielerisch mit der Welt umgehen können.

Literatur

Antrobus, J. (1983). REM and NREM sleep reports: Comparison of word frequencies by cognitive classes. *Psychophysiology, 20(5)*, 562–568.

Aserinsky, E. & Kleitman, N. (1953). Regularly occurring periods of eye motility and concomitant phenomena during sleep. *Science, 118*, 273–274.

Berger, H. (1931). Ueber das Elektroenkephalogramm des Menschen. *Archiv für Psychiatrie und Nervenkrankheiten, 94*, 16–60.

Borbély, A. (1984). Schlafgewohnheiten, Schlafqualität und Schlafmittelkonsum der Schweizer Bevölkerung. Ergebnisse einer Repräsentativumfrage. *Schweizerische Aerztezeitung, 65(34)*, 1606–1613.

Bosinelli, M., Cicogna, P. & Cavallero, C. (1983). A model for dream modifications. *Sleep Research, 12*, 184.

Boss, M. (1953). *Der Traum und seine Auslegung.* Bern: Huber.

Calkins, M. W. (1893). Statistics of dreams. *American Journal of Psychology, 5*, 311–343.

Cartwright, R.D. (1974). The influence of a conscious wish on dreams: A methodological study of dream meaning and function. *Journal of Abnormal Psychology, 83(4)*, 387–393.

Cartwright, R.D., Lloyd, S., Knight, S. & Trenholme, I. (1984). Broken dreams: A study of the effects of divorce and depression on dream content. *Psychiatry, 47*, 251–259.

Cavallero, C., Cicogna, P. & Bosinelli, M. (1988). Mnemonic activation in dream production. In W.P. Koella, F. Obál, H. Schulz & P. Visser (Eds.), *Sleep '86. Proceedings of the Eighth European Congress on Sleep Research. Szeged, September 1986* (p. 91–94). Stuttgart: Gustav Fischer.

Dement, W. & Wolpert, E.A. (1958). Relationships in the manifest content of dreams occurring on the same night. *Journal of Nervous and Mental Disease, 126*, 568–578.

Fisher, Ch., Byrne, J., Edwards, A. & Kahn, E. (1970). A psychophysiological study of nightmares. *Journal of the American Psychoanalytic Association, 18(4)*, 747–782.

Foulkes, W.D. (1962). Dream reports from different stages of sleep. *Journal of Abnormal and Social Psychology, 65(1)*, 14–25.

Foulkes, D. (1978). *A grammar of dreams.* New York: Basic Books.

Foulkes, D. (1982). *Children's dreams. Longitudinal studies.* New York: John Wiley & Sons.

Foulkes, D. & Schmidt, M. (1983). Temporal sequence and unit composition in dream reports from different stages of sleep. *Sleep, 6(3)*, 265–280.

Foulkes, D., Sullivan, B., Kerr, N.H. & Brown, L. (1988). Appropriateness of dream feelings to dreamed situations. *Cognition and Emotion, 2(1)*, 29–39.

French, T.M. (1954). *The integration of behavior.* Chicago: University of Chicago.

Freud, S. (1961). Die Traumdeutung. Frankfurt: Fischer. (Original erschienen 1900).

Gardner, R., Grossman, W.I., Roffwarg, H.P. & Weiner, H. (1975). The relationship of small limb movements during REM sleep to dreamed limb action. *Psychosomatic Medicine, 37(2),* 147–159.

Gass, E., Gerne, M., Loepfe, M., Meier, B., Rothenfluh, Th. & Strauch, I. (1983). *Traumdatenbank (TDB). Manual für die standardisierte Gewinnung von Traumberichten im Labor und die Handhabung einer zugehörigen Datenbank auf dem Computer.* Unveröffentlichtes Manual, Universität Zürich, Psychologisches Institut, Abteilung Klinische Psychologie.

Haas, H., Guitar-Amsterdamer, H. & Strauch, I. (1988). Die Erfassung bizarrer Elemente im Traum. *Schweizerische Zeitschrift für Psychologie, 47(4),* 237–247.

Hacker, F. (1911). Systematische Traumbeobachtungen mit besonderer Berücksichtigung der Gedanken. *Archiv für die Gesamte Psychologie, 21,* 1–131.

Hall, C.S. (1953). *The meaning of dreams.* New York: Harper.

Hall, C.S. (1984). „A ubiquitous sex difference in dreams" revisited. *Journal of Personality and Social Psychology, 46(5),* 1109–1117.

Hall, C.S., Domhoff, G.W., Blick, K.A. & Weesner, K.E. (1982). The dreams of college men and women in 1950 and 1980: A comparison of dream contents and sex differences. *Sleep, 5(2),* 188–194.

Hall, C.S. & Van de Castle, R.L. (1966). *The content analysis of dreams.* New York: Appleton-Century-Crofts.

Hartmann, E. (1984). The nightmare. The psychology and biology of terrifying dreams. New York: Basic Books.

Hervey de Saint-Denys. (1964). *Les rêves et les moyens de les diriger.* o.O.: Claude Tschou. (Original erschienen 1867).

Hobson, J.A. (1988). *The dreaming brain.* New York: Basic Books.

Hobson, J.A. & McCarley, R.W. (1977). The brain as a dream state generator: An activation-synthesis hypothesis of the dream process. *American Journal of Psychiatry, 134(12),* 1335–1348.

Jacobson, E. (1938). *You can sleep well. The ABC's of restful sleep for the average person.* New York: Whittlesey House.

Jung, C.G. (1928). *Über die Energetik der Seele. Psychologische Abhandlungen, Bd.II.* Zürich: Rascher.

Köhler, P. (1912). Beiträge zur systematischen Traumbeobachtung. *Archiv für die Gesamte Psychologie, 22,* 415–483.

Koukkou, M. & Lehmann, D. (1980). Psychophysiologie des Träumens und der Neurosentherapie: Das Zustands-Wechsel-Modell, eine Synopsis. *Fortschritte der Neurologie, Psychiatrie und ihrer Grenzgebiete, 48,* 324–350.

Koulack, D. & Goodenough, D.R. (1976). Dream recall and dream recall failure: An arousal-retrieval model. *Psychological Bulletin, 83(5),* 975–984.

Kramer, M., Hlasny, R., Jacobs, G. & Roth, T. (1976). Do dreams have meaning? An empirical inquiry. *American Journal of Psychiatry, 133(7),* 778–781.

Kramer, M., Roth, T. & Palmer, T. (1976). The psychological nature of the „Rem" dream. I. A comparison of the Rem dream report and T.A.T. stories. *The Psychiatric Journal of the University of Ottawa, 1(3),* 128–135.

Kramer, M., Whitman, R.M., Baldridge, B.J. & Lansky, L.M. (1964). Patterns of dreaming: The interrelationship of the dreams of a night. *Journal of Nervous and Mental Disease, 139(5),* 426–439.

Kuhlo, W. & Lehmann, D. (1964). Das Einschlaferleben und seine neurophysiologischen Korrelate. *Archiv für Psychiatrie und Zeitschrift für die gesamte Neurologie, 205,* 687–716.

Ladd, G.T. (1892). Contribution to the psychology of visual dreams. *Mind, 1,* 299–304.

Maury, A. (1865). *Le sommeil et les rêves.* Paris: Librairie Académique.

Meier Faber, B. (1988). Psychophysiologische Faktoren der REM-Traumerinnerung. Dissertation, Philosophische Fakultät I, Universität Zürich.

Monroe, L.J., Rechtschaffen, A., Foulkes, D. & Jensen, J. (1965). Discriminability of REM and NREM reports. *Journal of Personality and Social Psychology, 2(3),* 456–460.

Moser, U., Pfeifer, R., Schneider, W. & von Zeppelin, I. (1980). *Computersimulation von Schlaftraumprozessen.* Bericht Nr. 6 aus der Interdisziplinären Konfliktforschungsstelle, Soziologisches Institut, Psychologisches Institut, Universität Zürich.

Purcell, S., Mullington, J., Moffitt, A., Hoffmann, R. & Pigeau, R. (1986). Dream self-reflectiveness as a learned cognitive skill. *Sleep, 9(3),* 423–437.

Rechtschaffen, A. (1978). The single-mindedness and isolation of dreams. *Sleep, 1,* 97–109.

Rechtschaffen, A. & Buchignani, C. (1983). Visual dimensions and correlates of dream images. *Sleep Research, 12,* 189.

Rechtschaffen, A. & Kales, A. (1968) (Eds.). *A manual of standardized terminology, techniques and scoring system for sleep stages of human subjects.* Washington, D.C.: Public Health Service, U.S. Government.

Riemann, D., Löw, H., Schredl, M., Wiegand, M., Dippel, B. & Berger, M. (1990). Traum und Depression. Experimentelle Untersuchungen zu Traumerinnerung und Trauminhalt depressiv erkrankter Patienten. *TW Neurologie und Psychiatrie, 4,* 531–543.

Roffwarg, H.P., Dement, W.C., Muzio, J.N. & Fisher, C. (1962). Dream imagery: Relationship to rapid eye movements of sleep. *Archives of General Psychiatry, 1,* 235–258.

Roffwarg, H.P., Herman, J.H., Bowe-Anders, C. & Tauber, E.S. (1978). The effects of sustained alterations of waking visual input on dream content. A preliminary report. In A.M. Arkin, J.S. Antrobus & S.J. Ellman (Eds.), *The mind in sleep: Psychology and Psychophysiology* (p. 295–349). Hillsdale, New Jersey: Lawrence Erlbaum.

Shimizu, A. & Inoue, T. (1986). Dreamed speech and speech muscle activity. *Psychophysiology, 23(2),* 210–214.

Silberer, H. (1919). *Der Traum.* Stuttgart: Enke.

Snyder, F. (1970). The phenomenology of dreaming. In H. Madow & C. Snow (Eds.), *The psychodynamic implication of the physiological studies on dreams* (p.124–151). Springfield, Illinois: Charles C. Thomas.

Strauch, I. & Meier, B. (1989). Das emotionale Erleben im REM-Traum. *Schweizerische Zeitschrift für Psychologie, 48 (4),* 233–240.

Uslar, D. von (1964). *Der Traum als Welt: Untersuchungen zur Ontologie und Phänomenologie des Traums.* Pfullingen: Neske. (3., durchgesehene Auflage 1990, Stuttgart: Hirzel)

Vogel, G., Foulkes, D. & Trosman, H. (1966). Ego functions and dreaming during sleep onset. *Archives of General Psychiatry, 14,* 238–248.

Winget, C. & Kramer, M. (1979). *Dimensions of dreams.* Gainesville: University Presses.

Medard Boss

Es träumte mir vergangene Nacht...

Sehübungen im Bereiche des Träumens und Beispiele für die praktische Anwendung eines neuen Traumverständnisses

2. Auflage 1991, 254 Seiten, Pappband
Fr. 44.— / DM 49.80

Die vorliegende Schrift will ein **Übungsbuch** sein. Einüben heißt vielfaches Wiederholen. Unentwegtes Üben ist die einzige Methode, die zu einem neuen Traumverständnis führt, das zu Recht ein daseinsanalytisches oder phänomenologisches genannt werden darf. Unter den (hier dargebotenen) Traumberichten finden sich Dutzende, die von gesunden und kranken Menschen anderer Kontinente stammen. Es geht also um das «Eigene» des heutigen menschlichen Träumens schlechthin und nicht nur um das Träumen einer geographisch und gesellschaftlich begrenzten Menschengruppe.

Raymond Battegay / Arthur Trenkel (Herausgeber)

Der Traum

aus der Sicht verschiedener psychotherapeutischer Schulen. Mit Beiträgen von Raymond Battegay, Armin Beeli, Medard Boss, Marcel Burner, Heinrich Karl Fierz, Victor Louis, Pierre-Bernard Schneider, Hildemarie Streich und Arthur Trenkel. 2., revidierte und erweiterte Auflage. 1987, 142 Seiten, kartoniert Fr. 34.— / DM 39.—

Das Buch informiert über die Art und Weise, wie die verschiedenen psychotherapeutischen Schulen den Traum interpretieren und mit ihm umgehen. Es enthält Beiträge namhafter Autoren zum Traumverständnis aus der Sicht der klassischen Psychoanalyse Freuds, der Individualpsychologie Alfred Adlers, der komplexen Psychologie C. G. Jungs, der Schicksalsanalyse L. Szondi, der Daseinsanalyse in der Sicht von M. Boss und der Methode des gelenkten Wachtraums (Desoille, Guillery, Leuner). Die Bedeutung des Traums in der Gruppenpsychotherapie wird ebenfalls erörtert. Die Beiträge der einzelnen Autoren wurden zum Teil stark überarbeitet und ergänzt. Ein Beitrag über «musikalische Träume» erscheint neu in dieser zweiten Auflage. Das Werk entfaltet ein breites Spektrum des Traumverständnisses, das dem Leser einen eindrucksvollen und instruktiven Schulenvergleich vermittelt.

Verlag Hans Huber
Bern Göttingen Toronto Seattle

Verlag Hans Huber
Bern Göttingen Toronto Seattle

Huber Psychologie
Sachbuch

David Fontana

Mit dem Streß leben

Aus dem Englischen übersetzt von Emily Achermann.
1991, 152 Seiten, kartoniert Fr. 26.— / DM 29.80

Streß im Berufsleben ist heute eines der am häufigsten
diskutierten und erforschten psychologischen Probleme.
Doch Streß ist kein «Schicksal»: Man kann ihn durchaus
regulieren lernen. Am Streß sind äußere Faktoren ebenso
beteiligt wie persönliche. Es gilt, Strategien zu entwickeln,
die es dem einzelnen erlauben, sich auf einem optimalen
«Streß-Pegel» zu halten. Fontana erläutert in verständ-
licher Sprache seine praxisnahen und leicht realisierbaren
Methoden zur Streßbewältigung. Der Leser wird Schritt
für Schritt dazu geführt, seine Resistenz gegen die negativen Wirkungen von Streß zu verbessern. Das führt zu
erhöhter Lebensqualität und Leistungsfähigkeit. Dies wird anhand zahlreicher Fall-
studien illustriert. Der Autor hat reiche Erfahrung bei der Vermittlung von Streßbewälti-
gungstechniken. Er führt regelmäßig Seminare durch und hält Radiovorträge zu diesem
Thema.

Paul L. Harris

Das Kind und die Gefühle

Wie sich das Verständnis für die anderen Menschen entwickelt

Aus dem Englischen übersetzt von Matthias Wengenroth. 1992, 240 Seiten, kartoniert
Fr. 34.— / DM 39.80

Wie entwickelt sich beim Kind dieses Verständnis für die Gefühle seiner Mitmenschen?
Noch bevor sie sprechen, reagieren Babys auf das Lächeln anders als auf den Ärger im
Gesicht ihrer Eltern. Mit vier oder fünf Jahren wissen die Kinder: Was eine Person glück-
lich macht, bringt eine andere zur Verzweiflung. Die Kinder verstehen nun, daß ein
emotionaler Zustand – z. B. Heimweh – das Bewußtsein überschwemmen kann. Sie
lernen aber auch, wie man sich «abhärtet», indem man seine Gedanken bewußt anderen
Dingen zuwendet.
«Dies ist ein wahrhaft herausragendes Buch. Es kombiniert in ungewöhnlichem Ausmaß
Klarheit mit Tiefgang und Substanz.» *(John H. Flavell, Stanford University)*